Germanistische
Arbeitshefte   27

Herausgegeben von
Gerd Fritz, Thomas Gloning und Jörg Kilian

Götz Hindelang

Einführung in die Sprechakttheorie

Sprechakte, Äußerungsformen, Sprechaktsequenzen

5., neu bearbeitete und erweiterte Auflage

De Gruyter

ISBN 978-3-11-023147-2
e-ISBN 978-3-11-023148-9
ISSN 0344-6697

Bibliografische Information der Deutschen Nationalbibliothek

Die Deutsche Nationalbibliothek verzeichnet diese Publikation in der Deutschen Nationalbibliografie; detaillierte bibliografische Daten sind im Internet über http://dnb.d-nb.de abrufbar.

© 2010 Walter de Gruyter GmbH & Co. KG, Berlin/New York

Gesamtherstellung: AZ Druck und Datentechnik GmbH, Kempten
∞ Gedruckt auf säurefreiem Papier

Printed in Germany

www.degruyter.com

Inhaltsverzeichnis

Vorwort zur 5., neu bearbeiteten und erweiterten Auflage VI

0. Einleitung 1

1. Was tun wir, wenn wir sprechen? 4

2. Sprechakte und Sprechaktverben 24
2.1 Der performative Gebrauch von SB-Ausdrücken 25
2.2 Der referierende Gebrauch von SB-Ausdrücken 31
2.3 SB-Ausdrücke als Namen für Sprechhandlungsmuster 36

3. Klassifizierung von Sprechakten 42
3.1 Kann man Sprechhandlungsmuster klassifizieren? 42
3.2 Die Taxonomie von Searle (1976) 43

4. Direktive Sprechakte 52
4.1 Die SB-Ausdrücke für direktive Sprechakte 52
4.2 Prinzipien der Subklassifizierung 53
4.3 Bindende Aufforderungen 55
4.4 Nicht-bindende Aufforderungen 58

5. Handlungsmuster und ihre sprachlichen Realisierungsformen 68
5.1 Ein Ansatz zur Darstellung der Äußerungsformen 68
5.2 Das System der Äußerungsformen für WEISUNGEN 73

6. Die Formulierung der Sprechakttheorie bei Searle 83
6.1 Bedingungen und Regeln: Searles Beschreibung illokutionärer Akte 83
6.2 Searles Theorie der indirekten Sprechakte 91

7. Sprechaktsequenzen 99
7.1 FRAGEN – auf FRAGEN reagieren 101
7.2 VORSCHLAGEN – auf einen VORSCHLAG reagieren 112
7.3 Verallgemeinerte Darstellung der Sprechaktsequenzen nach Franke (1990) 121

8. Lösungen zu den Aufgaben 134

9. Literatur 150

10. Register 155

Vorwort zur 5., neu bearbeiteten und erweiterten Auflage

Die erste Auflage dieses Arbeitshefts erschien 1983. Seit der Erstauflage gab es drei unveränderte Neuauflagen. Die vorliegende 5. Auflage wurde um ein Kapitel zum Thema Sprechaktsequenzen erweitert. Die übrigen Kapitel wurden an einigen Stellen überarbeitet. Die Literaturhinweise wurden aktualisiert.

Der Text konnte über längere Zeit unverändert bleiben, da sich die wesentlichen Positionen innerhalb der Theorie der Sprechakte, sofern sie für Linguisten relevant sind, nicht entscheidend geändert haben.[1]

In die vorliegende Überarbeitung musste lediglich die Auffassung von Searle/Vanderveken (1985) hinsichtlich der Beschreibung der performativen Äußerungen bzw. der Sprechaktklasse der Deklarationen aufgenommen werden. Da diese Theorie aber keine ungeteilte Zustimmung gefunden hat, kann auch in diesem Falle nicht davon gesprochen werden, dass sich grundsätzliche Positionen innerhalb der sprechakttheoretischen Diskussion verschoben hätten.

Die Sprechakttheorie wird in vielen Gebieten, die sich mit Sprache beschäftigen, mit Erfolg angewendet wie z.B. der Literaturanalyse, der Sprachdidaktik, der Theologie, Rechtsphilosophie usw. Die vorliegende Einführung kann keinen Überblick über diese vielfältigen Anwendungsgebiete geben. Das hätte den Umfang einer Einführung überschritten. Das Arbeitsheft hat auch nicht den Anspruch, die wissenschaftsgeschichtliche Entwicklung der Sprechakttheorie nachzuzeichnen. Es geht vielmehr um eine Darstellung der grundlegenden Einsichten der Sprechakttheorie und um die Skizzierung eines Ansatzes, der es erlaubt eine systematische Darstellung der sprachlichen Mittel zu geben, mit denen man sprachliche Handlungen vollziehen kann. In Gegensatz zu einer philosophischen Beschäftigung mit Sprechakten darf eine linguistische Sprechakttheorie auf eine Einbeziehung der Äußerungsformen und die Erfassung ihrer grammatischen Eigenschaften nicht verzichten.

Mein Dank gilt meinen Studenten, die mit mir in den Seminaren über den Text diskutiert haben. Einige der Änderungen in der vorliegenden Auflage gehen auf ihre Kritik zurück.

G. Hindelang   Münster, im August 2009

---

[1] Eine ähnliche Einschätzung vertritt auch Harras (2004, Vorwort).

0. Einleitung

Die Vielzahl der Theorieansätze, die die moderne Linguistik hervorgebracht hat, lässt sich im Wesentlichen drei Grundpositionen zuordnen. Es sind dies:

- der Strukturalismus als Theorie des Sprachsystems
- die generative Linguistik als Theorie der Sprachkompetenz
- die Sprechhandlungstheorie als Theorie des Sprachgebrauchs.[1]

Der Strukturalismus reduziert sein Beschreibungsinteresse auf die sprachlichen Formen und ihre Stellung innerhalb des Sprachsystems. Die generative Linguistik versucht, eine explizite Formulierung der Regeln zu geben, die unserer Fähigkeit zur Produktion immer neuer Sätze zugrunde liegen. Die Sprechhandlungstheorie schließlich untersucht den Gebrauch, den man von den sprachlichen Formen in der Kommunikation macht. Sie beschreibt, was wir mit den Sätzen tun, wie wir mit ihnen handeln bzw. als was das Äußern bestimmter sprachlicher Formen gilt.

Die Sprechhandlungstheorie hat ihren Ursprung in der englischen Ordinary-Language-Philosophy. Die Vertreter dieses philosophischen Ansatzes gehen davon aus, dass die traditionelle Philosophie an einer unklaren, überzüchteten und damit letztlich bedeutungslosen Sprache krankt. Als Heilmittel empfehlen sie das Philosophieren in einer einfachen Alltagssprache und die Beschreibung der alltäglichen Gebrauchsweisen von philosophisch relevanten Wörtern und Ausdrücken. Statt also z.B. darüber nachzudenken, was ‚das Ich' sei, untersuchen sie die Verwendung den Personalpronomens *ich* in der Alltagssprache und stellen fest, dass allein schon durch den in der Umgangssprache unüblichen substantivischen Gebrauch des Personalpronomens allen möglichen philosophischen Versuchungen Tür und Tor geöffnet sind.[2]

Als Begründer dieser philosophischen Richtung können Wittengstein,[3] Austin[4] und Ryle[5] gelten. In ihren Werken und in den Arbeiten ihrer Schüler finden sich ausführliche Analysen der Gebrauchsbedingungen philosophisch interessanter Wörter wie *sein, sollen, alle* bzw. entsprechender Ausdrücke wie *ich glaube, dass p; ich weiß, dass p; es ist wahr, dass p; ich will X; X ist gut; man soll X machen;* usw.

---

[1] Als weiteres wichtiges linguistisches Paradigma seien hier die Konversationsanalyse und die aus ihr hervorgegangenen Methoden (z.B. die ‚interaktive Linguistik') erwähnt. Die stark an soziologischen Fragen orientierte Konversationsanalyse zielt nicht so sehr auf die Beschreibung der Sprache, als vielmehr auf die soziale Organisation des Sprechens ab. Das Sprechen wird als soziale Interaktion verstanden, in der die Interagierenden die Ordnung des Gesprächs immer wieder neu hervorbringen. Vgl. dazu Bergmann (1994) oder Deppermann (2001).
[2] Zur ‚Philosophie der normalen Sprache' siehe E. v. Savigny (1974).
[3] Ludwig Wittgenstein (1889–1951).
[4] John Langshaw Austin (1911–1960).
[5] Gilbert Ryle (1900–1976).

Die Methodik und Begrifflichkeit dieser philosophischen Schule hatte einen großen Einfluss auf die Entwicklung der linguistischen Pragmatik, denn auch hier geht es darum, Gebrauchsbedingungen für sprachliche Ausdrücke anzugeben.

Die Zielsetzung einer linguistischen Beschreibung und einer philosophisch orientierten Sprachanalyse sind jedoch verschieden. Die Philosophen wollen den Gebrauch der sprachlichen Mittel klären, die ihnen beim Philosophieren unklar sind und deshalb Schwierigkeiten machen.

Die Linguisten haben bei ihren Beschreibungen immer das Gesamtsystem einer bestimmten Einzelsprache vor Augen und interessieren sich deshalb für alle sprachlichen Ausdrücke in gleicher Weise bzw. sie versuchen, traditionelle sprachwissenschaftliche Probleme mit Hilfe der Sprechhandlungstheorie zu lösen.[6]

Das vorliegende Arbeitsheft ist eine Einführung in eine linguistische Sprechhandlungstheorie, d.h. der hier vorgeschlagene Ansatz ist so angelegt, dass man die Strukturen einer Einzelsprache, hier speziell des Deutschen, damit erfassen und darstellen kann.

Das erste Kapitel setzt sich mit der Frage auseinander „Was tun wir, wenn wir sprechen?" Dort werden die Grundannahmen der Sprechhandlungstheorie dargestellt und die zentralen Begriffe eingeführt.

Das zweite Kapitel könnte man als Antwort auf die Frage betrachten „Wie reden wir über das, was wir tun, wenn wir sprechen?" Es behandelt das Verhältnis zwischen den Sprechhandlungen als solchen und den Verben, mit denen wir über Sprechhandlungen reden.[7]

Das dritte Kapitel stellt das Problem der Klassifizierung von Sprechhandlungen dar, d.h. es wird untersucht, welche Grundtypen sprachlicher Handlungen man unterscheiden kann.
Im vierten Kapitel wird exemplarisch vorgeführt, wie man die Sprechakte, die einem Grundtypus zugeordnet werden können, durch die Analyse der jeweils verschiedenen Handlungsbedingungen im Einzelnen beschreiben kann. Als Beispiel werden die auffordernden Sprechhandlungen beschrieben.

Die Fragestellung des fünften Kapitels ließe sich wie folgt formulieren: „Durch welche sprachlichen Mittel lässt sich ein bestimmter Sprechakt vollziehen und wie kann man diese verschiedenen sprachlichen Varianten systematisch darstellen?" In diesem Kapitel soll deutlich werden, welchen Beitrag eine Sprechhandlungstheorie zur grammatischen Beschreibung des Deutschen leisten kann.

Im sechsten Kapitel wird der Versuch gemacht, die spezifische Formulierung, die die Sprechhandlungstheorie durch John R. Searle erfahren hat, nachzuzeichnen. Es werden die von ihm entwickelte Bedingungs- und Regelbeschreibung für Sprechakte und seine Analyse der indirekten Sprechakte vorgestellt.[8]

---

[6] Das gilt nicht für alle von Linguisten vorgelegten Arbeiten zur Sprechhandlungstheorie. Vielfach orientiert man sich noch immer primär an philosophischen Fragestellungen.
[7] Im folgenden werden die Begriffe ‚Sprechakt', ‚Sprechhandlung' und ‚sprachliche Handlung' gleichbedeutend gebraucht.
[8] Ausgeklammert bleibt dabei allerdings die Behandlung der Bedeutungstheorie, die Searle im Zusammenhang mit seiner Sprechakttheorie entwickelt hat. Eine solche Darstellung hätte den

Im abschließenden siebten Kapitel geht es um die Beschreibung von Sprechaktsequenzen. Jeder Sprechakt eröffnet in der Regel ein ganzes System von Entgegnungsmöglichkeiten. Am Beispiel der Fragen und der Vorschläge soll exemplarisch vorgeführt werden, wie eine Beschreibung von Sprechaktsequenzen aussehen kann. Eine solche Konzeption geht über die von Searle vorgeschlagene Sprechakttheorie hinaus, die sich nur mit einzelnen, isolierten Sprechakten befasst.

Am Ende jedes Kapitels wird eine Reihe von Aufgaben gestellt, die es dem Leser ermöglichen sollen, das Gelesene zu vertiefen. Ein Teil der Aufgaben hat die Funktion, die im Text eingeführten Inhalte und Begriffe zu sichern, andere Aufgaben sind weiterführende, d.h. sie leiten zur Anwendung und Übertragung des Gelernten auf neue Zusammenhänge an oder ergänzen die Darstellung des Textteils. Für die meisten Aufgaben werden Lösungsvorschläge angeboten, bei den mit einem Sternchen (*) gekennzeichneten Aufgaben wurde auf die Angabe einer Lösung verzichtet, um so die Möglichkeit zu schaffen, diese Aufgaben in Seminaren als Übungsmaterial oder als Hausarbeit einsetzen zu können.

Rahmen der hier verfolgten Konzeption gesprengt, da sie eine ausführliche Diskussion sprachphilosophischer Grundpositionen notwendig gemacht hätte. Vgl. die in Kapitel 6 genannte Literatur.

1. Was tun wir, wenn wir sprechen?

Sprache kann unter den verschiedensten Perspektiven betrachtet und analysiert werden. Man kann untersuchen, wie eine bestimmte Sprache historisch geworden ist, man kann die formalen Strukturen der Sätze einer Sprache in den Mittelpunkt der Betrachtung rücken, oder man kann die sozialen und regionalen Varianten untersuchen, die innerhalb einer Sprache bestehen. Eine Vielzahl weiterer Ansatzpunkte ist möglich.

Die Sprechhandlungstheorie betont den Handlungscharakter der Sprache. Die zentralen Fragen, mit denen ein Sprechhandlungstheoretiker an sprachliche Phänomene herangeht, lauten:

(1) Was tun wir, wenn wir sprechen?
(2) Was tun wir, indem wir sprechen?

Für die Sprechhandlungstheorie gibt es also den Gegensatz zwischen ‚tun' und ‚sprechen' nicht, der im Alltagsbewusstsein besteht und sich in Äußerungen wie z.B. (3) zeigt.

(3) Jetzt haben wir lange genug geredet, lasst uns endlich etwas tun!

Sowohl Reden als auch konkretes praktisches Tun sind Handlungen; sie stellen jedoch jeweils verschiedene Handlungstypen dar, d.h. den in (3) angesprochenen Unterschied kann man durch eine Aufteilung in praktische Handlungen (wie z.B. pflügen, tanzen, kochen) und sprachliche Handlungen (wie z.B. erzählen, bitten, loben) erfassen. Die Unterschiede und Gemeinsamkeiten zwischen praktischen und sprachlichen Handlungen müssen auf dem Hintergrund einer allgemeinen Handlungstheorie beschrieben werden.

Für eine solche Abgrenzung ist es nützlich zu wissen, wie die Sprechhandlungstheorie die Fragen (1) und (2) beantwortet. Wir wollen uns deshalb zunächst der Klärung dieser Fragen zuwenden, indem wir ein Gedankenexperiment anstellen.

Betrachten wir folgende Situation: Zwei Studenten Alfred (A) und Bruno (B) treffen sich auf der Straße. Es entsteht folgender Dialog:

A: *Hallo, Bruno! Wohin so eilig?*
B: *Hallo, Alfred! Ich muss in die UB. Und du?*
A: *Ich, ich geh' ins Apollo. Hast du keine Lust mitzukommen? Es läuft ‚Spiel mir das Lied vom Tod' mit Charles Bronson.*
B: *Nein, nein. Das geht nicht. Ich habe keine Zeit. Ich muss in einer Woche ein Referat fertig haben.*
A: *Mensch, du bist vielleicht ein Streber! Eine Woche ist viel Zeit.*
B: *Nein. Ich muss dafür noch ein Buch von über fünfhundert Seiten lesen, und das muss ich jetzt in der UB abholen.*
A: *Was, jetzt? Es ist doch schon sechs Uhr. Die Ausleihstelle macht ja schon um fünf zu.*
B: *Verdammter Mist!*
A: *Also du siehst, du kannst das Buch gar nicht mehr abholen. Willst du nicht doch mit ins Kino kommen?*

B: *Ja, wenn das so ist, hat es wohl keinen Sinn mehr. Dann kann ich ja auch ins Kino gehen. Also, ich komme mit.*
A: *Na bitte! Ich wusste doch, dass du kein hoffnungsloser Fall bist.*

Wir stellen uns weiter vor, dass zwei Personen Sp1 und Sp2 die Interaktion zwischen A und B beobachtet haben und den Dialog verfolgt und verstanden haben.[1] Sp1 stellt Sp2 die Aufgaben (4a.)–(4c.).

(4) Schreibe alle wahren Antworten auf folgende Fragen auf:
   a. Was hat A gemacht?
   b. Was hat B gemacht?
   c. Was haben A und B gemacht?

Nehmen wir an, Sp2 lässt sich auf das Spiel ein, so wird er auf die Frage (4a.) vielleicht folgende Antworten geben.

(5) a. A hat B gegrüßt.
   b. A hat B etwas gefragt.
   c. A hat B's Frage beantwortet.
   d. A hat B vorgeschlagen, ins Kino zu gehen.
   e. A hat B provoziert.
   f. A hat triumphierend geguckt.
   g. A hat B davon überzeugt, dass es keinen Sinn hat, noch in die UB zu gehen.
   h. A hat B freundschaftlich auf die Schulter geklopft.

Als Antwort auf die Frage (4b.) könnte Sp2 die Sätze (6a.)–(6g.) auf seinem Zettel stehen haben:

(6) a. B hat A's Gruß erwidert.
   b. B hat gesagt, was er vorhat.
   c. B hat A's Vorschlag abgelehnt.
   d. B hat geflucht.
   e. B hat sich an den Kopf gelangt.
   f. B ist nervös von einem Fuß auf den anderen getreten.
   g. B hat einem Vorschlag zugestimmt.

Auf die Frage (4c.) wären z.B. folgende Angaben möglich:

(7) a. A und B haben sich unterhalten.
   b. A und B haben miteinander gesprochen.

---

[1] Im Folgenden sollen die Teilnehmer an einer sprachlichen Interaktion grundsätzlich als Sp1 (erster Sprecher) und Sp2 (zweiter Sprecher) abgekürzt werden. Eine solche Bezeichnung hat, im Gegensatz zu der Ausdrucksweise ‚Sprecher S' und ‚Hörer H' den Vorteil, dass sie der Tatsache Rechnung trägt, dass in einer kommunikativen Interaktion zwischen zwei Personen in der Regel beide Gesprächsteilnehmer abwechselnd die Rolle des Sprechers einnehmen.

c. A und B haben sich geeinigt, gemeinsam ins Kino zu gehen.

d. A und B sind gemeinsam weggegangen.

Die in (4a.)–(4c.) formulierten Fragen zielten ganz allgemein darauf ab, was A und B gemacht haben. Es war also sowohl nach den sprachlichen als auch nach den nichtsprachlichen Handlungen gefragt. Setzt man voraus, dass Sp2 durch seine Antworten ein adäquates Bild der Interaktion geliefert hat, so sieht man, dass der größte Teil der Aktivitäten von A und B sprachlicher Natur war. Lediglich die Antworten (5f.), (5h.), (6e.), (6f.) und (7d.) beziehen sich auf nichtsprachliche Handlungen.

In unserem Zusammenhang interessieren vor allem die sprachlichen Handlungen. Es darf aber nicht übersehen werden, dass in vielen Kommunikationssituationen sprachliche und nichtsprachliche Handlungen ineinander greifen.

Streicht man die nichtsprachlichen Beispiele aus den Listen, so stellen die verbleibenden Sätze Antworten auf die Frage (8) dar.

(8) Welche sprachlichen Handlungen haben A und B in ihrem Dialog gemacht?

Die in (5), (6) und (7) erfassten sprachlichen Handlungen stellen nur eine zufällige und bruchstückhafte Auswahl dar. Diese wenigen, nur auf einen einzigen Dialog bezogenen Antworten deuten aber schon die Richtung an, in der die Lösung für die in (1) und (2) formulierten Probleme zu suchen ist: wenn wir sprechen, tun wir immer mehr als nur sprechen, nämlich wir grüßen, wir stellen oder beantworten Fragen, machen Vorschläge, wir provozieren oder überzeugen. Mit diesem ersten Zwischenergebnis ist das Gedankenexperiment aber noch nicht abgeschlossen.

Nehmen wir an, dass Sp1 mit den Antworten, wie sie Sp2 bisher gegeben hat, nicht zufrieden ist und weiter fragt: ‚Was haben A und B noch getan?' Sp2 wird vielleicht nach einiger Zeit auf Antworten wie (9a.)–(9f.) verfallen.

(9) a. A hat Worte geäußert.

b. A hat Sätze geäußert.

c. A hat die Lippen bewegt.

d. A hat seine Zunge bewegt.

e. A hat Laute hervorgebracht.

f. A hat Schallwellen erzeugt.

Er könnte auch genauer auf den Inhalt der einzelnen Äußerungen eingehen und einen der folgenden Sätze aufschreiben:

(10) a. A hat das ‚Apollo' erwähnt.

b. A hat ‚Charles Bronson' erwähnt.

c. B hat etwas über die Ausleihstelle der UB gesagt.

d. A hat von B gesagt, dass er ein Streber ist.

e. B hat ‚Mist' gesagt.

Führen wir das Gedankenexperiment zu Ende: Nachdem alle spontan aufgeschriebenen Antworten zusammengestellt sind, fordert Sp1 Sp2 auf, die so entstandene Liste sprachlicher Handlungen zu systematisieren. Spätestens an dieser Stelle wird Sp2 den Spaß an dem Spiel verlieren und Sp1 empfehlen, doch selbst ein Ordnungssystem zu entwerfen.

Die Aufgabe, die Sp1 Sp2 gestellt hat, deckt sich mit den Fragestellungen, die hier zu lösen sind. Wir müssen im folgenden die verschiedenen Antworten in (5), (6), (7), (9) und (10) gliedern, den inneren systematischen Zusammenhang zwischen den einzelnen sprachlichen Handlungen in den verschiedenen Gruppen herausarbeiten, um so schließlich (1) und (2) beantworten zu können.

Betrachten wir zunächst (9a.)–(9f.). Diese Gruppe unterscheidet sich am deutlichsten von den unter (5), (6) und (7) aufgeführten Beispielen. Es fällt auf, dass die Beschreibungen unter (9a.)–(9f.) wie *A hat Worte geäußert* oder *A hat Sätze geäußert* auf alle Dialogbeiträge von A und B zutreffen,² während sich z.B. (6a.) *B hat A's Gruß erwidert* nur auf die erste Äußerung von B beziehen kann.

Diese Beobachtung lässt sich ohne weiteres generalisieren: Wann immer jemand etwas sagt, muss er notwendigerweise auch einige der unter (9a.)–(9f.) aufgeführten Handlungen machen. So kann man eben nur fluchen, eine Frage stellen, einen Vorschlag machen, etc., indem man Worte äußert, Laute hervorbringt und die Artikulationsorgane bewegt. Diese Aspekte der Kommunikation fasst man in der Sprechhandlungstheorie unter dem Begriff des Äußerungsaktes zusammen, d.h. das Äußern von Lauten, Worten und Sätzen wird jeweils als Teilkomponente des Äußerungsaktes aufgefasst.

Wir können die oben gemachte Beobachtung nun wie folgt formulieren: Immer, wenn jemand eine sprachliche Handlung ausführt, muss er auch einen Äußerungsakt vollziehen. Andererseits kann man natürlich nicht sagen, dass schon dann eine sprachliche Handlung vorliegt, wenn einige der unter (9) ausgeführten Handlungen ausgeführt werden. Stößt jemand z.B. sinnlose Lautfolgen oder unzusammenhängende Wortfetzen aus, so treffen auf dieses Verhalten zwar die Beschreibung (9c.)–(9f.) zu, eine sprachliche Handlung kommt dadurch aber nicht zustande.

Die Analyse des Äußerungsaktes hat in der Sprechhandlungstheorie eine geringe Rolle gespielt. Der Grund dafür liegt darin, dass die verschiedenen Aspekte des Äußerungsaktes, wie sie etwa unter (9) aufgeführt sind, schon von der traditionellen Sprachwissenschaft ausführlich beschrieben wurden. Diese Beschreibung erfolgte zwar nicht speziell unter dem Gesichtspunkt des Handlungsvollzuges; Laute, Wörter und Sätze lassen sich jedoch, wie die Ergebnisse der strukturellen Linguistik gezeigt haben, auch erfassen und systematisch

---

² Man könnte hier einwenden, dass Äußerungen wie *Hallo Alfred* oder *Verdammter Mist* keine Sätze sind. Das wäre insofern berechtigt, als nach der gängigen Auffassung von Syntax nur solche Äußerungsformen als ‚Sätze' bezeichnet werden, die eine bestimmte Struktur aufweisen, d.h. die z.B. Subjekt, Prädikat und Objekt besitzen. Es gibt jedoch auch andere Auffassungen von Syntax, nach denen alle sprachlichen Einheiten als Sätze betrachtet werden, durch deren Äußerung man eine sprachliche Handlung vollziehen kann (vgl. z.B. Heringer (1978: 3)). In diesem Sinne könnten auch einzelne Wörter (wie z.B. *Feuer!*, *Halt!*, *Vorsicht!*) oder eben Ausdrücke wie *Hallo Alfred* als Sätze angesprochen werden. Es muss jedoch betont werden, dass in der Sprechhandlungstheorie – im Gegensatz zur Syntax – nicht Sätze Gegenstand der Untersuchung sind, sondern sprachliche Handlungen und die entsprechenden Äußerungsformen, die zum Vollzug dieser Handlungen dienen können.

beschreiben, wenn man vom Handlungszusammenhang absieht, in dem sie gebraucht werden.

Im Folgenden soll kurz versucht werden, die einzelnen Antworten (9a.)–(9f.) den linguistischen Teilgebieten zuzuordnen, in denen die entsprechenden Phänomene behandelt werden. Mit der systematischen Erfassung der Wörter, der Erforschung ihres Aufbaus und ihrer Form sowie ihrer jeweiligen Stellung im Gesamtwortschatz beschäftigen sich die linguistischen Disziplinen der Morphologie, der Wortbildungslehre und der Lexikologie.

Sätze werden im Rahmen der S y n t a x erforscht; untersucht wird dabei aber nicht die Verwendung von Sätzen, sondern deren formale Struktur. Die Syntax als linguistische Disziplin abstrahiert von allen Faktoren, die mit dem situativen Gebrauch der Sätze zu tun haben und schafft sich so einen Gegenstandsbereich, der rein formal beschreibbar ist. Für die Frage: ‚Was tun wir, wenn/indem wir sprechen?' können wir bei den Syntaxtheorien keine systematische Antwort finden.

Die Punkte (9c) bis (9f) betreffen Aspekte der Sprache, mit denen sich innerhalb der Linguistik die P h o n e t i k beschäftigt. Die unter (9e) und (9f) erfassten Phänomene fallen dabei ins Arbeitsgebiet der a k u s t i s c h e n P h o n e t i k, die die konkreten, physikalisch messbaren Eigenschaften der sprachlichen Laute analysiert. Die a r t i k u l a t o r i s c h e P h o n e t i k beschreibt die Bewegung der Artikulationsorgane, die ein Sprecher bei der Lauterzeugung ausführt und ist somit für (9c) und (9d) zuständig.

Es wurde schon gesagt, dass man in der Sprechhandlungstheorie den Äußerungsakten wenig Aufmerksamkeit schenkt. Die Frage, die untersucht wird, lautet vielmehr: Welche sprachlichen Handlungen können durch Äußerungsakte vollzogen werden, oder anders ausgedrückt: Welche Rolle spielen Äußerungsakte im Zusammenhang sprachlicher Handlung? Äußerungsakte werden nicht um ihrer selbst willen gemacht; wir äußern Laute, Wörter und Sätze normalerweise nicht, weil wir Freude am Klang oder der Gestalt von Äußerungen haben, sondern deshalb, weil durch Äußerungen ganz bestimmte kommunikative Bedürfnisse befriedigt werden.[3] Wir wollen eine Frage stellen, eine Mitteilung machen, eine Warnung aussprechen, eine Empfehlung geben, eine Bitte vorbringen usw. Handlungen dieses Typs nennt man i l l o k u t i o n ä r e A k t e. Sie sind sozusagen die Bausteine einer jeden Kommunikation; sie stellen die einzelnen Züge innerhalb der kommunikativen Interaktion dar. In Abhängigkeit von der Situation, in der wir uns befinden, und davon, welche Absichten und Ziele wir verfolgen, vollziehen wir die entsprechenden illokutionären Akte. Die Zahl der illokutionären Akte ist groß. Folgende Beispiele (11a.)–(11j.) stellen Berichte über von Sp1 vollzogene illokutionäre Akte dar; durch sie soll der Begriff des illokutionären Aktes verdeutlicht werden.

(11) a. Sp1 hat Sp2 etwas versprochen.
 b. Sp1 hat Sp2 einen Rat gegeben.
 c. Sp1 hat Sp2 etwas berichtet.
 d. Sp1 hat Sp2 getadelt.

---

[3] Eine Ausnahme bilden in dieser Hinsicht sicher manche Formen der poetischen Sprachverwendung z.B. im Dadaismus oder Sprechübungen beim Sprachlernen.

e. Sp1 hat sich bei Sp2 bedankt.
f. Sp1 hat Sp2 etwas befohlen.
g. Sp1 hat Sp2 etwas angeordnet.
h. Sp1 hat Sp2 zu etwas beglückwünscht.
i. Sp1 hat Sp2 etwas verboten.
j. Sp1 hat Sp2 etwas angedroht.

Betrachtet man diese Beispiele, so wird deutlich, dass die Auswahl, die ein Sprecher Sp1 aus dem Repertoire der möglichen illokutionären Akte trifft, nicht willkürlich sein kann. Für jeden illokutionären Akt gelten ganz bestimmte H a n d l u n g s b e d i n g u n g e n, die vorliegen müssen, damit Sp1 die entsprechende sprachliche Handlung überhaupt vollziehen kann. Die Handlungsbedingungen können z.B. sozialer Art sein, d.h. sie betreffen die soziale Rollenbeziehung zwischen Sp1 und Sp2. Die illokutionären Akte (11d.), (11f.), (11g.) und (11i.) kann Sp1 nur ausführen, wenn er Sp2 gegenüber eine übergeordnete Stellung einnimmt. Als Handlungsbedingung für einen illokutionären Akt können auch ganz bestimmte Anlässe notwendig sein. So kann sich Sp1 nur dann bei Sp2 bedanken, wenn Sp2 vorher etwas Positives für Sp1 gemacht hat;[4] beim Beglückwünschen muss ein für Sp2 positives Ereignis vorliegen. Weiterhin können auch Wünsche und Erwartungen als Handlungsbedingungen gelten. Der Akt des Versprechens kann nur dann vollzogen werden, wenn das, was Sp1 verspricht, auch im Interesse von Sp2 liegt und von diesem tatsächlich gewünscht wird. Schätzt Sp1 die Situation falsch ein und glaubt irrigerweise, die Handlungsbedingungen für einen bestimmten illokutionären Akt seien gegeben, so misslingt diese sprachliche Handlung. Wenn z.B. Sp1 glaubt, dass Sp2 Geburtstag hat, und er sagt: *Herzlichen Glückwunsch zum Geburtstag!*, so ist der Glückwunsch misslungen.

Ein wichtiges Ziel der Sprechhandlungstheorie besteht darin, die Handlungsbedingungen der einzelnen illokutionären Akte genau zu beschreiben, die Unterschiede und Ähnlichkeiten der jeweiligen Bedingungsstrukturen herauszuarbeiten und so zu Gruppierungen von verwandten illokutionären Akten zu kommen.

Zu den Handlungsbedingungen für manche illokutionären Akte gehört auch ihre Stellung und Position innerhalb der Gesprächssequenz. So kann Sp2 nur dann die sprachliche Handlung des Zustimmens oder Akzeptierens vollziehen, wenn Sp1 vorher eine Behauptung, einen Vorschlag oder ein Angebot gemacht hat. Ein Widerspruch setzt voraus, dass etwas behauptet wurde, antworten kann man nur, wenn man etwas gefragt wurde usw. Sprechhandlungen, die nur als Reaktion auf einen vorhergehenden Zug des Kommunikationspartners möglich sind, sollen s e q u e n z a b h ä n g i g heißen.
Unter (12a.)–(12e.) sind einige sequenzabhängige sprachliche Handlungen und die entsprechenden illokutionären Reaktionen dargestellt.

---

[4] Ironische Verwendungen von Äußerungsformen wie *Vielen Dank, dass du mir geholfen hast* oder *Ich danke dir für deine Hilfe* sind dadurch gekennzeichnet, dass sowohl Sp1 also auch Sp2 weiß, dass die zentrale Handlungsbedingung für Danken (Sp2 hat etwas Positives für Sp1 gemacht) nicht erfüllt ist. Ironische Danksagungen dieser Art sind illokutionär als Vorwürfe von Sp1 an Sp2 zu werten, dass Sp2 nichts Positives für Sp1 gemacht hat, wofür dieser sich bedanken könnte.

(12) a. etwas leugnen: Reaktionszug auf eine Beschuldigung.
b. etwas abschlagen: Reaktionszug auf eine Bitte.
c. etwas ablehnen: Reaktionszug auf ein Angebot oder eine Einladung.
d. auf etwas beharren: Reaktionszug z.B. auf einen Widerspruch zu einer Behauptung.
e. auf etwas insistieren: Reaktionszug z.B. auf eine Ablehnung einer Forderung.

Vor allem die Beispiele (12d.) und (12e.), die Sprechhandlungen betreffen, deren Ausführung zwei vorausgehende Handlungen verlangen, zeigen, dass Handlungsbedingungen, die bei sequenzabhängigen illokutionären Akten vorliegen, sehr kompliziert sein. Sie können am besten beschrieben werden, indem man die ganze Gesprächssequenz analysiert, in der sie eingebunden sind.[5]

Kehren wir zur Behandlung der einfachen illokutionären Akte zurück und wenden wir uns der Frage nach der Beziehung zwischen dem illokutionären Akt und dem Äußerungsakt zu. Betrachten wir folgendes Beispiel: Sp1 macht gegenüber Sp2 die durch (13) repräsentierte Äußerung.

(13) Wo gehst du hin?

Er vollzieht damit zweifellos den illokutionären Akt ‚eine Frage stellen'. Gleichzeitig muss er aber auch den zur Realisierung von (13) notwendigen Äußerungsakt vollziehen. Der illokutionäre Akt und der Äußerungsakt werden aber nicht in dem Sinne gleichzeitig ausgeführt, wie man etwa die Zeitung lesen kann und dabei nebenher eine Zigarette raucht oder eine Katze streichelt. Der illokutionäre Akt wird nämlich vollzogen, i n d e m man einen Äußerungsakt hervorbringt. Eine Zeitung kann man jedoch nicht lesen, indem man eine Zigarette raucht. Diese Art der Beziehung, wie sie zwischen dem illokutionären Akt und dem Äußerungsakt besteht, ist keineswegs ungewöhnlich und kommt auch bei nichtsprachlichen Handlungen vor. Wir können z.B. Wasser heiß machen, indem wir den Boiler anstellen, ein Zimmer lüften, indem wir das Fenster öffnen, einen Schuss abfeuern, indem wir den Finger an den Abzug einer geladenen Schusswaffe legen und den Finger krümmen usw.

Die Beziehung zwischen Handlungen spielt in der Handlungstheorie eine wichtige Rolle;[6] sie wird dort als *indem*-Relation bezeichnet und durch einen Pfeil ‚→' symbolisiert. Wir können also sagen, dass zwischen dem illokutionären Akt und dem Äußerungsakt eine *indem*-Relation besteht. Symbolisiert man den illokutionären Akt durch ILLOK, den Äußerungsakt durch ÄUS, so kann man die Beziehung allgemein durch (14) darstellen.

(14) ILLOK → ÄUS

Für das in (13) angesprochene Beispiel würde sich damit folgende Darstellung ergeben:

(15) FRAG → ÄUS ( )

---

[5] Zu den sequenzabhängigen Sprechakten siehe Kap. 7.
[6] Vgl. dazu Heringer (1974), Kap. 2.

Der illokutionäre Akt des Fragens (Abk.: FRAG) wird vollzogen, indem man einen bestimmten, hier nur durch leere Klammern symbolisierten Äußerungsakt hervorbringt.
Wenden wir uns nun der Gruppe von sprachlichen Handlungen zu, die man ebenfalls tun kann, indem man einen Äußerungsakt vollzieht und betrachten wir folgende Berichte über solche Akte:

(16) a. Sp1 hat Sp2 gekränkt.
 b. Sp1 hat Sp2 getröstet.
 c. Sp1 hat Sp2 verunsichert.
 d. Sp1 hat Sp2 verärgert.
 e. Sp1 hat Sp2 aufgeheitert.
 f. Sp1 hat Sp2 eingeschüchtert.
 g. Sp1 hat Sp2 etwas ausgeredet.
 h. Sp1 hat Sp2 zu etwas verleitet.
 i. Sp1 hat Sp2 von etwas überzeugt.

Dieser Typ sprachlicher Handlung wird in der Sprechhandlungstheorie als **perlokutionärer Akt** bezeichnet.

Worin liegt nun der Unterschied zwischen den illokutionären und den perlokutionären Akten? Das wohl wichtigste Merkmal eines perlokutionären Aktes besteht darin, dass die Entscheidung über die Frage, ob er überhaupt zustande gekommen ist, davon abhängt, ob beim Hörer eine bestimmte Wirkung eingetreten ist. Solche Wirkungen können darin bestehen, dass der Hörer bestimmte Gefühle hat wie in (16a.)–(16f.) oder darin, dass Sp2 etwas tut oder unterlässt wie in (16g.) und (16h.) oder schließlich auch in einer primär kognitiven Wirkung wie in (16i).[7] Man spricht auch davon, dass eine sprachliche Handlung einen bestimmten **perlokutionären Effekt** hat. Wenn Sp1 also gegenüber Sp2 eine Drohung ausspricht, und Sp2 daraufhin eingeschüchtert ist, so kann man diese Wirkung als den perlokutionären Effekt des illokutionären Aktes der Drohung ansehen. Fast alle illokutionären Akte zielen mehr oder minder direkt auf einen perlokutionären Effekt ab. Ob der Effekt eintritt, ob also der perlokutionäre Akt zustande kommt, hängt aber davon ab, wie der Hörer reagiert. Der Sprecher kann also immer nur versuchen, einen bestimmten perlokutionären Akt zu vollziehen, völlig sicher kann er sich des Eintretens der intendierten Wirkung jedoch nie sein.

---

[7] Weitere Ausdrücke, mit denen man sich auf perlokutionäre Akte beziehen kann, sind z.B.: Sp1 hat Sp2 imponiert; Sp1 hat Sp2 beschämt; Sp1 hat Sp2 brüskiert; Sp1 hat Sp2 düpiert; Sp1 hat Sp2 zum Lachen gebracht; Sp1 hat Sp2 verblüfft; Sp1 hat Sp2 mit etwas geködert; Sp1 hat Sp2 aus der Fassung gebracht. Als besondere Gruppe müssen Ausdrücke wie ‚Sp1 hat Sp2 blamiert', ‚Sp1 hat Sp2 bloßgestellt' oder ‚Sp1 hat Sp2 diskreditiert' betrachtet werden, bei denen die thematisierte Wirkung nicht bei Sp2 eingetreten ist, sondern bei anderen Personen, die die Äußerungen von Sp1 gegenüber Sp2 mit angehört haben (vgl. Luge (1991:80)). Zur Diskussion des Begriffs der Perlokution siehe Austin (1972: 118–125), Rolf (1982), Zillig (1982a), Eyer (1987), Naumann (1995), Staffeldt (2007).

Umgekehrt kann die Äußerung eines Sprechers auch perlokutionäre Effekte haben, die er nicht beabsichtigt hat. So kann es etwa sein, dass Sp1 Sp2 durch einen Witz zum Lachen bringen will. Die Äußerung hat bei Sp2 dann aber einen ganz anderen als den von Sp1 intendierten Effekt, Sp2 ist z.B. gekränkt oder gelangweilt. Der von Sp1 intendierte perlokutionäre Akt ist in diesem Fall dann nicht geglückt.

Zu einem perlokutionären Akt gehört also immer zweierlei, einerseits die Absicht von Sp1 einen bestimmten Effekt E zu erzielen und andererseits das tatsächliche Eintreten von E bei Sp2. Aus diesem Grunde kann eigentlich nur der Sprecher selbst von sich behaupten, dass er einen perlokutionären Akt vollzogen hat, denn nur er weiß, ob er tatsächlich die Absicht hatte, den Effekt hervorzurufen. Allerdings kommt es immer wieder vor, dass ein Beobachter Sp3 einem Sprecher Sp1 einen perlokutionären Akt zuschreibt, indem er etwa eine Äußerung wie (17) macht:

(17) Du hast Peter ja ganz schön eingeschüchtert.

Mit (17) behauptet Sp3, dass Sp1 den perlokutionären Akt des Einschüchterns vollzogen hat, d.h. er unterstellt Sp1 die Absicht, dass er bei Sp2 emotionale Zustände wie Angst und Mutlosigkeit hervorrufen wollte. Sp1 kann einer Zuschreibung wie (17) widersprechen, in dem er (18) äußert.

(18) Das wollte ich auf keinen Fall. Ich habe doch nur erzählt, was ich in der Prüfung gefragt wurde.

Die emotionalen Wirkungen, die Sp1's Bericht bei Sp2 ausgelöst haben, werden als ‚nichtintendierte perlokutionäre Effekte' dargestellt, für die Sp1 nicht verantwortlich ist. Wir können also festhalten: Ein Äußerungsakt von Sp1 kann bei Sp2 einen perlokutionären Effekt E hervorrufen. Wenn die Hervorbringung von E von Sp1 intendiert ist, hat Sp1 einen perlokutionären Akt vollzogen. Im Gegensatz zum perlokutionären Akt, bei dem, wie wir gesehen haben, das Erzielen eines Effekts beim Hörer von zentraler Bedeutung ist, hängt der Vollzug eines illokutionären Aktes nicht davon ab, welche Reaktion der Hörer zeigt.

Da beim perlokutionären Akt das Erzielen bestimmter emotionaler, praktischer oder kognitiver Wirkungen im Vordergrund steht, ist es ein Kennzeichen vieler perlokutionärer Akte, dass sie auch durch nichtverbale Mittel vollzogen werden können.[8] Während illokutionäre Akte wie ‚etwas behaupten' oder ‚jemandem einen Rat geben' nur durch einen Äußerungsakt realisiert werden können, kann man jemanden auch durch nichtsprachliche Handlungen kränken oder zum Lachen bringen, z.B. indem man ihn keines Blickes würdigt bzw. Grimassen schneidet oder mit den Ohren wackelt.

Im Folgenden sollen zwei Kriterien erwähnt werden, die es in vielen Fällen ermöglichen, illokutionäre und perlokutionäre Akte zu unterscheiden.

---

[8] Es gibt jedoch Ausnahmen wie (16g) ‚jemandem etwas ausreden'. Nur durch sprachliche Mittel ist es möglich, jemandem etwas ‚auszureden'. Andrerseits gibt es auch eine Vielzahl von Gesten, die eine ähnliche Funktion haben wie illokutionäre Akte (vgl. Karabalić (1994)).

Bei Berichten über perlokutionäre Akte kann man wie in (19) ‚dadurch-dass' verwenden. Das ist bei Berichten über illokutionäre Akte, wie die Beispiele in (20) zeigen, nicht möglich.

(19) a. Er hat ihn dadurch verunsichert, dass er fragte: *Wie geht es Ihrer geschiedenen Frau?*
 b. Er hat ihn dadurch aufgeheitert, dass er ihm allerlei Anekdoten erzählt hat.
(20) a. *Er hat dadurch eine Frage gestellt, dass er sagte: *Wo warst du gestern Abend?*
 b. *Er hat dadurch einen Vorschlag gemacht, dass er sagte: *Lass uns noch ins Kino gehen!*

Ein weiteres Indiz dafür, dass ein illokutionärer Akt vorliegt, besteht darin, dass das Verb, mit dem man sich auf den entsprechenden illokutionären Akt beziehen kann, wie in den Beispielen (21a)–(21c) in der 1. Pers. Sing. Ind. Präs. beim Vollzug des illokutionären Aktes verwendet werden kann.

(21) a. Ich fordere Sie hiermit auf, das Gelände zu verlassen!
 b. Ich rate dir, der Veranstaltung fernzubleiben.
 c. Ich danke Ihnen hiermit vielmals für Ihre Gastfreundschaft.

Man sagt in diesem Fall, dass das Sprechhandlungsverb p e r f o r m a t i v gebraucht wird.[9] Die Verben, die perlokutionäre Akte bezeichnen, können nicht, wie die Beispiele (22a.)–(22c.) zeigen, performativ gebraucht werden.

(22) a. *Ich verunsichere Sie hiermit.
 b. *Ich tröste dich hiermit.
 c. *Ich überzeuge dich hiermit, dass meine Ansichten richtig sind.

Schreibt man PERLOK als Abkürzung für ‚perlokutionären Akt', kann man das Verhältnis zwischen perlokutionärem Akt, illokutionärem Akt und Äußerungsakt durch (23) symbolisieren.

(23) PERLOK → ILLOK → ÄUS

Ein Beispiel für den in (23) dargestellten Zusammenhang wäre etwa: Sp1 hat Sp2 zum Haschischrauchen verleitet (PERLOK), indem er ihn aufgefordert hat, Haschisch zu rauchen (ILLOK), indem er äußerte: *Komm, rauch doch auch mal einen Joint mit!* (ÄUS). Hier wird es notwendig, die *indem*-Relation nochmals näher zu betrachten. Die *indem*-Relation hat nämlich zwei verschiedene Varianten. Die Unterschiede zwischen diesen beiden Formen werden deutlich, wenn man die Umkehrrelation der *indem*-Relation bildet, d.h. die Handlungen, die rechts und links vom Pfeil stehen, vertauscht. Die Umkehrung gelingt am besten, wenn man nicht von Berichten über vergangene Handlungen ausgeht, sondern die *indem*-Relation zur Formulierung von Handlungsregeln verwendet wie in (24) und (25).

---

[9] Der performative Gebrauch der Verben wird im nächsten Kapitel ausführlich behandelt.

(24) a. Man kann jemanden grüßen, indem man den Hut zieht.
   b. Man kann jemandem drohen, indem man sagt: *Wenn das noch mal vorkommt, kannst du was erleben*.
(25) a. Man kann den Motor eines Autos anlassen, indem man die Zündung kurzschließt.
   b. Man kann Sekt kühl halten, indem man ihn auf Eis legt.

Die Umkehrungen von (24) und (25) in (24') und (25') machen deutlich, dass die *indem*-Relation zwei verschiedene Umkehrrelationen hat: *gilt als* und *führt (da)zu*.

(24') a. Den Hut ziehen, gilt als Gruß.
   b. Zu sagen: *Wenn das nochmals vorkommt, kannst du was erleben* gilt als Drohung.
(25') a. Die Zündung kurzschließen, führt dazu, dass der Motor des Autos anspringt.
   b. Den Sekt auf Eis zu legen, führt dazu, dass er kühl bleibt.

Man kann also zwischen zwei Formen der *indem*-Relation unterscheiden, der k o n ventionellen *indem*-Relation und der k a u s a l e n *indem*-Relation. Die konventionelle *indem*-Relation zwischen einer Handlung X und einer Handlung Y besteht, wenn die Ausführung von X aufgrund von Konventionen als Ausführen von Y gilt: Den Hut zu ziehen, gilt als Gruß. Die kausale *indem*-Relation besteht zwischen den Handlungen X und Y, wenn die Ausführung von X aufgrund von kausalen Abläufen zu einem Ergebnis führt, dessen Erzielung als Y bezeichnet wird. Erzielt man die Wirkung, dass der Motor eines Autos läuft, sagt man, dass man den Motor des Autos angelassen hat.

Nach diesen Überlegungen können wir uns wieder der Analyse der in (23) ausgedrückten Beziehung zuwenden. Der erste Pfeil in (23) symbolisiert eine kausale *indem*-Relation, der zweite eine konventionelle. Die Umkehrrelation von (14) ist also:

(14) ILLOK → ÄUS
(26)   ÄUS   gilt als   ILLOK
(27) a. *Wo warst du?* sagen   gilt als   Frage.
   b. *Still gestanden!* sagen   gilt als   Befehl.
   c. *An deiner Stelle würde ich das tun.* sagen   gilt als   Ratschlag.[10]

Beispiele für die Umkehrung (29) von (28) sind unter (30) zusammengestellt; dabei steht PERLOK für die Erzielung eines perlokutionären Effekts.

(28) PERLOK → ILLOK
(29)   ILLOK   führt zu   PERLOK
(30) a. Die Frage   führt zu   einer Verunsicherung von Sp2.
   b. Die Drohung   führt zu   einer Einschüchterung von Sp2.
   c. Die Behauptung   führt zu   einer Verstimmung bei Sp2.

Während die Beziehung zwischen dem illokutionären Akt und dem Äußerungsakt konventioneller Natur ist, d.h. aufgrund der Regeln besteht, die in einer bestimmten Sprache gelten,

---

[10] Dabei sind natürlich die entsprechenden Handlungsbedingungen vorauszusetzen.

ist die Beziehung zwischen illokutionärem und perlokutionärem Akt kausal bestimmt. Zu sagen *Wie geht es Ihrer geschiedenen Frau?*, gilt nicht konventionellerweise als Verunsicherung. Unter bestimmten Bedingungen kann eine solche Frage jedoch beim Hörer den Effekt hervorrufen, dass er verunsichert ist.[11] Diese Wirkung ist aber nicht in der Weise durch die Sprache vorprogrammiert wie die Tatsache, dass *Ich werde dir beim Umzug helfen* als Versprechen gilt oder *Reich mir doch bitte mal das Salz!* und *Könntest du mir mal das Salz reichen?* als Bitte gelten.

Als wichtiges Ziel der Sprechhandlungstheorie wurde oben die Beschreibung und Abgrenzung der Handlungsbedingungen der einzelnen illokutionären Akte genannt. Das spezielle Interesse einer linguistischen Sprechhandlungstheorie besteht darüber hinaus darin, für eine bestimmte Einzelsprache, wie z.B. das Deutsche, die konventionelle Beziehung zwischen den Äußerungsakten und den illokutionären Akten zu erforschen. Das Hauptaugenmerk bei der Analyse der Äußerungsakte liegt dabei auf der sprachlichen Gestalt der Äußerungen, d.h. auf den syntaktischen und lexikalischen Eigenschaften der Äußerung, oder, wie hier gesagt werden soll, auf den Ä u ß e r u n g s f o r m e n . Es wird also gefragt, welche Äußerungsformen sind geeignet für den Vollzug welcher illokutionärer Akte bzw. durch welche Äußerungsformen kann man konventionellerweise die einzelnen illokutionären Akte vollziehen.

Der Grad der konventionellen Beziehung zwischen illokutionärem Akt und Äußerungsform kann variieren. Die stärkste konventionelle Bindung besteht, wenn die Äußerungsform nur für einen einzigen illokutionären Akt verwendet werden kann, wie z.B. die Äußerungsform (31), die normalerweise nur zum Ausdruck einer Bitte verwendet werden kann.

(31) Ach, sei so nett und bring mir doch bitte eben die Zeitung.

Da eine Äußerungsform wie (31) nur für einen Typ von illokutionären Akten in Frage kommt, sieht man ihr auch unabhängig von den für den illokutionären Akt vorgegebenen Handlungsbedingungen ihre kommunikative Funktion an oder, wie man sagt, ihre i l l o k u t i o n ä r e R o l l e . Die illokutionäre Rolle einer Äußerungsform kann man an einer Reihe von sprachlichen Mitteln festmachen:

– an der syntaktischen Eigenschaft der Äußerungsform. In (31) z.B. an der Spitzenstellung des als ‚Imperativ' markierten Verbs (‚Imperativsatz')
– am Vorhandensein bestimmter kleiner ‚Füllwörter', wie z.B. die sog. Abtönungspartikeln *doch*, *mal*, *eben* in (31)
– an formelhaften Ausdrücken, wie z.B. *ach, sei so nett* in (31) und an besonderen lexikalischen Elementen wie *bitte*

---

[11] Wenn man für dieses Beispiel unterstellt, dass der in (28) dargestellte Zusammenhang PERLOK → ILLOK gilt, setzt man voraus, dass der Sprecher den Effekt absichtlich hervorgerufen hat, d.h. dass er den perlokutionären Akt des Verunsicherns vollzogen hat.

– an explizit-performativ gebrauchten Verben wie *erlauben* und *versprechen* in Äußerungen wie *ich erlaube dir zu kommen*, oder *ich verspreche dir zu kommen*. (Siehe dazu Kapitel 2.)
– außerdem spielt die Intonation eine entscheidende Rolle.[12]

Diese sprachlichen Mittel bezeichnet man auch als I n d i k a t o r e n d e r i l l o k u t i o n ä r e n R o l l e oder als I l l o k u t i o n s i n d i k a t o r e n, weil man an diesen sprachlichen Eigenschaften mehr oder weniger eindeutig ablesen kann, welche Illokution mit der entsprechenden Äußerung vollzogen werden soll. In vielen Fällen enthalten die Äußerungsformen jedoch keine eindeutigen Illokutionsindikatoren. Es entstehen aber nicht immer gleich Missverständnisse, da die situativen Bedingungen, die Sp1 und Sp2 normalerweise gleich einschätzen, nur den Handlungsbedingungen eines ganz bestimmten illokutionären Aktes entsprechen und so die Zuordnung der Äußerungsform zu einem anderen illokutionären Akt ausgeschlossen ist. So könnte etwa (32) sowohl zum Vollzug einer Drohung als auch zum Ausdruck eines Versprechens gebraucht werden.

(32) Ich komme morgen wieder!

Es wird jedoch selten der Fall sein, dass sich Sp1 und Sp2 so uneinig über die Definition der Situation sind, dass Sp1 z.B. (32) als Drohung meint, Sp2 aber (32) so interpretiert, dass er glaubt, Sp1 habe damit ein Versprechen geben wollen. Trotzdem kommt es in der täglichen Kommunikation immer wieder zu solchen verschiedenen Interpretationen; eine wohlgemeinte Warnung kann z.B. als Verbot missverstanden werden, eine Feststellung als Vorwurf usw.[13] Diese Missverständnisse entstehen, wenn Sp1 und Sp2 die Situation und das heißt meist auch ihre Beziehung zueinander verschieden einschätzen. Äußerungsformen, die nicht so eindeutig sind wie (32), gelten nur dann als Mittel zum Vollzug eines bestimmten illokutionären Aktes, wenn die entsprechenden Handlungsbedingungen vorliegen. Sind sich Sp1 und Sp2 über die Deutung von situativen Faktoren nicht einig, die hinsichtlich dieser Handlungsbedingungen relevant sind, kommt es zu einem illokutionären Missverständnis.

In der kommunikativen Praxis bedient man sich jedoch nicht immer solcher Äußerungsformen, denen durch die allgemeinen Sprachkonventionen ganz bestimmte illokutionäre Rollen zukommen. So kann z.B. ein Vater Sp1 sein Kind Sp2 ins Bett schicken, indem er eine Äußerungsform wie (33) verwendet.

(33) Peter, es ist acht Uhr!

---

[12] Im Folgenden konzentrieren wir uns bei der Beschreibung auf die ersten drei Punkte und setzen dabei voraus, dass die Äußerungsformen jeweils passend intoniert sind. Zur Beschreibung von Intonationsverhältnissen in Gesprächen vgl. z.B. Selting (1995) und Kehrein (2002).

[13] Ein wichtiges praktisches Ziel der Sprechhandlungstheorie ist es, die betreffenden Voraussetzungen zu schaffen, um solche Missverständnisse lokalisierbar und damit besser beschreibbar zu machen.

Als Aufforderung, ins Bett zu gehen, kann Sp2 dies nur verstehen, wenn in der entsprechenden Familie die Norm gilt: Kinder müssen um acht Uhr ins Bett gehen. In ähnlicher Weise lassen sich auch (34a) und (35a) erklären, wenn sie von Sp1 in dem in (34b) bzw. (35b) explizierten Sinn verwendet werden.

(34) a. Morgen ist wieder die Miete fällig.
    b. Stelle mir einen Scheck aus, damit ich die Miete zahlen kann.
(35) a. Es kommt nur kaltes Wasser.
    b. Schalte den Durchlauferhitzer an, damit ich warmes Wasser habe.

Besteht in der Beziehung zwischen dem, was Sp1 m e i n t , und dem, was die Äußerungsform isoliert b e d e u t e t , kein konventioneller Zusammenhang, kann man die Äußerung als H i n w e i s oder A n d e u t u n g bezeichnen. Um Andeutungen und Hinweise im kommunikativen Zusammenhang richtig verstehen zu können, muss Sp1 auf frühere kommunikative Erfahrungen mit Sp2 zurückgreifen können. Hinweise und Andeutungen funktionieren deshalb am besten zwischen Kommunikationspartnern, die eine gemeinsame Lebenspraxis verbindet, wie das z.B. in einer Familie der Fall ist. Da Hinweise und Andeutungen aufgrund individueller Interaktionsroutinen verstanden werden und nicht aufgrund allgemeiner sprachlicher Regeln, werden solche Äußerungsformen im Folgenden nicht in die Beschreibung einbezogen.

    Wenden wir uns jetzt nochmals den anfangs gestellten Fragen (1) und (2) zu.

(1)   Was tun wir, wenn wir sprechen?
(2)   Was tun wir, indem wir sprechen?

Die Antwort der Sprechhandlungstheorie auf (1) und (2) lautet: Wenn wir kommunizieren, vollziehen wir Äußerungsakte, illokutionäre Akte, und normalerweise gelingt es uns auch, die perlokutionären Effekte zu erzielen, die wir angestrebt haben.

    Zum Abschluss dieses Kapitels sollen die hier verwendeten Ausdrücke mit der Terminologie von Austin (1962) und Searle (1969) verglichen werden. Die Unterschiede betreffen hauptsächlich die Rolle des Äußerungsaktes.

    Austin unterscheidet zunächst zwischen dem l o k u t i o n ä r e n Akt,[14] dem i l l o k u t i o n ä r e n Akt und dem p e r l o k u t i o n ä r e n Akt. Innerhalb des lokutionären Aktes differenziert er nochmals zwischen dem p h o n e t i s c h e n Akt, dem p h a t i s c h e n Akt und dem r h e t i s c h e n Akt. Als phonetischen Akt bezeichnet Austin die Produktion sprachlicher Laute, wie sie oben durch die Beschreibungen (9c.)–(9f.) erfasst wurde.

(9)   c. A hat die Lippen bewegt.
    d. A hat seine Zunge bewegt.
    e. A hat Laute hervorgebracht.
    f. A hat Schallwellen erzeugt.

---

[14] Vgl. dazu insbesondere Austin (1962: 91–120) bzw. Austin (1972:108–122).

Unter dem phatischen Akt versteht Austin die durch (9a.) und (9b.) repräsentierten Aspekte einer sprachlichen Handlung, d.h. also die Befolgung von syntaktischen und lexikalischen Regularitäten einer Sprache beim Vollzug der Äußerung.

(9) a. A hat Worte geäußert.
    b. A hat Sätze geäußert.

Austin (1962: 92) selbst definiert den phatischen Akt als „the act of uttering certain vocables or words, i.e. noises of certain types belonging to and as belonging to a certain vocabulary, in a certain construction, i.e. conforming to and as conforming to a certain grammar, with a certain intonation, &c."

Will man den phatischen Akt wiedergeben, den ein Sprecher Sp1 vollzogen hat, muss man genau, Wort für Wort reproduzieren, was Sp1 gesagt hat, wie z.B. in (36) eine Äußerung aus dem oben angeführten Beispieldialog berichtet wird.

(36) Alfred sagte: *Mensch, du bist vielleicht ein Streber.*

Den entsprechenden rhetischen Akt des Sprechers gibt man nach Austin durch die indirekte Rede wieder, wie in (36).

(37) Alfred sagte, dass Bruno ein Streber sei.

Durch (37) wird berichtet, dass A gesagt hat, dass jemand die Eigenschaft hat, ein Streber zu sein und weiterhin, dass dieser jemand B ist. Es ist auffällig, dass der Sprecher Sp1 von (37) die Identifizierung und Benennung von B selbst vornimmt, denn A hat sich, wie aus (36) hervorgeht, auf B mit *du* bezogen. Sp1 spricht von B in (37) aber als Bruno. Nach Austin besteht der rhetische Akt darin, die im phatischen Akt ‚bereitgestellten' sprachlichen Mittel mit mehr oder minder eindeutigem ‚sense and reference' zu gebrauchen. Unter Referenz versteht man den Bezug, den sprachliche Ausdrücke auf die Dinge der Welt haben. Man kann also sagen, *du* in (36) und *Bruno* in (37) hätten die gleiche Referenz, da sie sich auf dieselbe Person beziehen.

Unter ‚sense' kann das verstanden werden, was gesagt wird, ohne Rücksicht darauf, worüber es gesagt wird. Betrachtet man die Beispiele in (38), so stellt man fest, dass sie weder richtig noch falsch sein können.

(38) sagen, dass ... ein großer Geiger ist.
    sagen, dass ... gut schmeckt.
    sagen, dass ... rund ist.
    sagen, dass ... notwendig ist.

Erst wenn die leeren Stellen in (38) ausgefüllt werden, kann man entscheiden, ob die so entstehenden Aussagen zutreffend sind oder nicht. Es muss also jeweils erst auf eine Person oder ein Ding referiert werden, damit ein sinnvoller und wahrheitsfähiger Ausdruck entsteht.[15]

‚Sense' und ‚reference' machen nach Austin die B e d e u t u n g (meaning) einer Äußerung aus. Der rhetische Akt hat also mit der Bedeutung von Äußerungen zu tun.

Mit diesem Aspekt der Äußerungsformen, ihrer allgemeinen, vom illokutionären Akt losgelösten Bedeutung, werden wir uns in Kapitel 5 und 6.2 beschäftigen. Der rhetische Akt hat deshalb in dieser Beschreibung bisher keine Rolle gespielt. Nur am Rande war er durch die Beispiele in (10) in Erscheinung getreten; so repräsentiert (10d) etwa einen rhetischen Akt.

(10) a. A hat das ‚Apollo' erwähnt.
 b. A hat ‚Charles Bronson' erwähnt.
 c. B hat etwas über die Ausleihstelle der UB gesagt.
 d. A hat von B gesagt, dass er ein Streber ist.
 e. B hat ‚Mist' gesagt.

Searle (1969) unterscheidet bei sprachlichen Handlungen den Ä u ß e r u n g s a k t, den p r o p o s i t i o n a l e n Akt, den i l l o k u t i o n ä r e n Akt und den p e r l o k u t i o n ä r e n Akt.[16] Bei der bisherigen Verwendung von ‚Äußerungsakt' sind wir der Gebrauchsweise von Searle (1969) gefolgt. Searle versteht unter ‚Äußerungsakt' das kon-

---

[15] Während Austin den Ausdruck ‚reference' genauer erklärt und kein Zweifel darüber entstehen kann, dass er damit das Bezugnehmen auf Gegenstände in der Welt meint, wird der Ausdruck ‚sense' von ihm nicht kommentiert. Austin (1962: 95) charakterisiert den rhetischen Akt wie folgt: „The rhetic act is the performance of an act of using those vocables with a certain more-or-less definite sense and reference". Mit „vocables" meint er die Wörter und Ausdrücke des phatischen Akts. In der deutschen Übersetzung Austin (1972: 113) gibt Savigny diese Stelle wie folgt wieder: „Der rhetische Akt besteht darin, daß man diese Vokabeln dazu benutzt, über etwas mehr oder weniger genau Festgelegtes zu reden und darüber etwas mehr oder weniger genau Bestimmtes zu sagen." An einer anderen Stelle heißt es bei Austin (1962: 97): „I add one further point about the rhetic act: of course sense and reference (naming and referring) themselves are here ancillary acts performed in performing the rhetic act." Hieraus geht hervor, dass ‚sense' und ‚reference' von Austin als Handlungen aufgefasst werden. Savigny übersetzt die Stelle wie folgt: „Eine weitere Bemerkung zum rhetischen Akt: Über etwas Sprechen und etwas darüber Sagen sind natürlich untergeordnete Handlungen im Vollzug des rhetischen Aktes." Meine obige Darstellung des rhetischen Aktes folgt der Übersetzung Savignys. Man kann den Gebrauch von ‚sense' und ‚reference' aber auch möglicherweise in Bezug auf die Unterscheidung von ‚Sinn' und ‚Bedeutung' bei Frege (1892) verstehen. Unter ‚Bedeutung' versteht Frege das, was heute allgemein als ‚Referenz' bezeichnet wird. ‚Sinn' ist die ‚Art des Gegebenseins' des durch einen Ausdrucks bezeichneten Gegenstandes (Frege (1892: 26)). In diesem Sinne haben nach Frege die Ausdrücke ‚Morgenstern' und ‚Abendstern' die gleiche Bedeutung (Referenz) aber jeweils einen unterschiedlichen Sinn, da die Art, wie wir uns mit diesen Ausdrücken auf den gleichen Himmelskörper beziehen, unterschiedlich ist. Austin zitiert Frege nicht, man kann aber davon ausgehen, dass er seine Schriften gekannt hat. Die Übersetzung von Savigny rückt ‚sense' und ‚reference' bei Austin in die Nähe der Unterscheidung von Prädikationsakt und Referenzakt, die Searle (1969) vorschlägt.

[16] Vgl. hierzu insbesondere Searle (1969: 22–33) bzw. Searle (1971: 38–54).

krete Äußern von Wörtern und Sätzen. Eine Einteilung in die phonetischen und formalen Aspekte der Äußerungen nimmt er nicht vor. Auch bei der Verwendung der Ausdrücke ‚illokutionärer Akt' und ‚perlokutionärer Akt' haben wir uns an Austin (1962) bzw. Searle (1969) orientiert.

Erläuterung bedarf der propositionale Akt. Searle geht bei seinen Überlegungen von Beispielen wie (39a.)–(39f.) aus.

(39) a. Bruno ist fleißig.
　　 b. Ist Bruno fleißig?
　　 c. Bruno, sei fleißig!
　　 d. Ach, wäre Bruno doch fleißig!
　　 e. Bruno, warum bist du so fleißig?
　　 f. Warum ist Bruno fleißig?

Nach Searle besitzen (39a.)–(39f.) zwar ganz verschiedene illokutionäre Rollen (wie man an den entsprechenden illokutionären Indikatoren ablesen kann), die Beispiele haben jedoch auch alle etwas gemeinsam: In allen Fällen ist nämlich von Bruno die Rede und von seinem Fleiß. Nach Searle liegt damit in (39a.)–(39f.) der gleiche propositionale Akt vor. Ein propositionaler Akt besteht nach Searle aus einem R e f e r e n z a k t und einem P r ä d i k a t i o n s a k t . Sowohl der Referenzakt als auch der Prädikationsakt sind in den oben aufgeführten Beispielen identisch.[17]

Ein Sprecher Sp1, der (39a.)–(39f.) äußert, bezieht sich auf Bruno, d.h. e r r e f e r i e r t jeweils auf den gleichen Gegenstand. In allen Fällen wird Bruno die Eigenschaft des Fleißes zugeordnet, oder wie Searle sagen würde, von Bruno wird p r ä d i z i e r t , dass er fleißig ist; damit liegt dann der gleiche Prädikationsakt vor.

Dass Sp1 im propositionalen Akt von Bruno prädiziert, dass er fleißig ist, bedeutet natürlich nicht, dass er behauptet, dass Bruno fleißig ist, denn behaupten ist ein illokutionärer Akt. Die Proposition, ‚dass Bruno fleißig ist', wird aber nur in (39a.) behauptet; nur dort wird der Anspruch erhoben, dass sie wahr ist. In (39b.) wird es als ungewiss hingestellt, ob man von Bruno prädizieren kann, dass er fleißig sei. In (39c.) und (39d.) dagegen wird die Herbeiführung eines Zustands als wünschenswert gekennzeichnet, in dem man wahrheitsgemäß von Bruno behaupten kann, er sei fleißig. Bei (39e.) und (39f.) schließlich wird die Wahrheit der Proposition nicht behauptet, sondern vorausgesetzt oder, wie man auch sagt, präsupponiert.

Abschließend soll das Schaubild (40) die Beziehungen zwischen den Teilakten des Sprechakts bei Austin (1962) und Searle (1969) verdeutlichen.

---

[17] Der propositionale Akt bei Searle entspricht in etwa dem rhetischen Akt bei Austin. Vgl. Schaubild (40).

(40)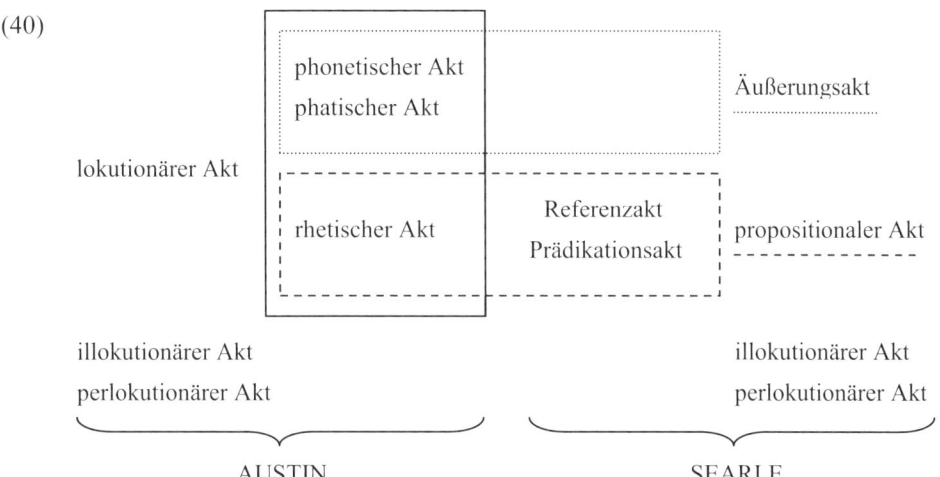

AUFGABEN KAPITEL 1

1.1

1.1.1 Versuchen Sie, die einzelnen illokutionären Akte, die Vater und Sohn in dem folgenden literarischen Dialog vollziehen, zu benennen. Berücksichtigen Sie bei der Beschreibung, dass die Sprechakte mit Ausnahme des initialen Sprechaktes[18] sowohl in Bezug auf ihre Stellung zu dem unmittelbar vorhergehenden Sprechakt als auch hinsichtlich ihrer Rolle im Gesamtzusammenhang des Dialogs charakterisiert werden können.

    (1) Sohn: a. Soll ich dir helfen, die Schuhe auszuziehen?
                        b. Du bist doch sicherlich müde?
    (2) Vater: Du willst mir helfen?
    (3) Sohn: Natürlich, wenn du willst.
    (4) Vater: Und darf ich fragen, was mich diese plötzliche Liebenswürdigkeit kosten wird?
    (5) Sohn: Geh, Papa!
    (6) Vater: a. Nix ‚geh Papa'.
                        b. Wie viel, hab ich gefragt. [...]
    (7) Sohn: Wirklich Papa, ich blas am letzten Loch.
    (8) Vater: Und meine Antwort ist nein.
    (9) Sohn: Papa, du musst mir helfen!
    (10) Vater: Nein, mein Sohn!

---

[18] Als ‚initialen Sprechakt' bezeichnet man den ersten Sprechakt einer Sprechakt-Sequenz.

(11) Sohn: Schau Papa, ich brauche einfach ein größeres Taschengeld, das ist die ganze Geschichte.
(12) Vater: a. Hör zu!
b. Jetzt lass mich mal reden.
c. Und so wahr ich hier bin, ich will kein Wort mehr von dir hören!

aus: I. Kass. Der Boxring. Dialoge. Universaledition. Wien. o.J. (Zitiert nach Apeltauer (1978: II, 110f.).

1.2 McCone widersetzte sich auch weiterhin allen Bemühungen, Diem zu stürzen. Als einer der vietnamesischen Generale Cone Anfang Oktober 1963 mitteilte, seine Mitverschwörer hätten jetzt drei Alternativpläne für den Sturz von Diem – nach einem dieser Pläne sollte Diem ermordet werden – , schickte McCone dem CIA-Büro in Saigon ein Telegramm, in dem er die dortigen Beamten aufforderte, Lodge dringend von dem Staatsstreich abzuraten.

Um die gleiche Zeit sprach McCone mit den Brüdern Kennedy, drängte sie, das Vorhaben der Generale nicht zu unterstützen. Aber Kennedy hatte genug von Diem. Lodge erhielt von Präsident Kennedy die Anweisung, den Putschisten die politische Unterstützung der Vereinigten Staaten zuzusichern. Der Staatsstreich fand am 1. November 1963 statt, Diem und sein Bruder Nhu wurden ermordet.

General Taylor, der militärische Berater des Präsidenten, war im Weißen Haus, als die Nachricht von den Morden eintraf. In seinen Memoiren beschreibt er die Reaktion des Präsidenten mit einem einzigen Satz: „Kennedy sprang auf und eilte mit einem so verzweifelten Gesichtsausdruck, wie ich ihn noch nie gesehen hatte, aus dem Zimmer." (aus: SPIEGEL 1980/41 S.211)

1.2.1 Stellen Sie die sprachlichen Ausdrücke zusammen, mit denen im oben stehenden Text auf Sprechakte Bezug genommen wird. Nach welchen Gesichtspunkten könnte man die Ausdrücke ordnen?

1.2.2 Wo wird in dem Text eine sprachliche Handlung einschließlich des entsprechenden phatischen Aktes wiedergegeben? Wo wird nur der rhetische, nicht aber der phatische Akt in dem Bericht erfasst?

1.2.3 Wo werden in diesem Text perlokutionäre Effekte von sprachlichen Handlungen beschrieben?

1.3 Diskutieren Sie, ob man sich mit dem Verb *beleidigen* auf einen illokutionären oder einen perlokutionären Akt bezieht.

1.4 Diskutieren Sie folgende Stelle aus Habermas (1981: 396) auf dem Hintergrund der sprechhandlungstheoretischen Begriffe von Austin (1962) und Searle (1969).

> Wer eine Wette abschließt, einen Offizier zum Oberbefehlshaber ernennt, wer einen Befehl gibt, eine Ermahnung oder eine Warnung ausspricht, eine Voraussage macht, eine

Erzählung vorträgt, ein Geständnis ablegt, eine Enthüllung macht usw., handelt kommunikativ und kann auf derselben Interaktionsebene überhaupt keine perlokutionären Effekte erzeugen. Perlokutionäre Ziele kann der Sprecher nur dann verfolgen, wenn er sein Gegenüber darüber täuscht, dass er strategisch handelt; wenn er beispielsweise den Befehl gibt, anzugreifen, um die Truppe in einen Hinterhalt laufen zu lassen; wenn er eine Wette um dreitausend Mark anbietet, um den anderen in Verlegenheit zu bringen; wenn er am späten Abend noch eine Geschichte erzählt, um den Aufbruch eines Gastes zu verzögern usw. Gewiss können im kommunikativen Handeln jederzeit Handlungsfolgen eintreten, die nicht beabsichtigt sind; sobald aber die Gefahr besteht, dass diese dem Sprecher als intendierte Erfolge zugerechnet werden, sieht dieser sich zu Erklärungen und Dementis, gegebenenfalls zu Entschuldigungen genötigt, um den falschen Eindruck zu zerstreuen, die Nebenfolgen seien perlokutionäre Effekte.

2. Sprechakte und Sprechaktverben

In diesem Kapitel soll das Verhältnis zwischen den sprachlichen Handlungen und den sprachlichen Ausdrücken diskutiert werden, mit denen man sich auf diese sprachlichen Handlungen bezieht.

Die sprachlichen Mittel, die im Wortschatz einer Sprache zum Sprechen über sprachliche Handlungen vorhanden sind, sollen ‚sprechhandlungsbezeichnende Ausdrücke' (Abk.: SB-Ausdrücke) genannt werden. Zu den SB-Ausdrücken gehören neben den einfachen Verben wie in (1) auch entsprechende nominale Ausdrücke wie (2) sowie feststehende Redewendungen wie in (3).

(1) jemanden loben
 jemanden tadeln
 etwas geloben
 jemandem etwas empfehlen
 jemanden belügen
(2) ein Lob aussprechen; Lob zollen; Lob spenden
 einen Tadel aussprechen
 ein Gelübde (Gelöbnis) ablegen
 eine Empfehlung aussprechen
 jemandem Lügen auftischen
(3) jemanden über den grünen Klee loben
 jemanden zur Schnecke machen
 jemandem sein Ehrenwort geben
 jemandem etwas ans Herz legen
 jemandem einen Bären aufbinden

Die Behandlung von SB-Ausdrücken ist deshalb wichtig, weil sie in drei für die Beschreibung von Sprechakten zentralen Zusammenhängen auftauchen:

(i) Eine Reihe von SB-Ausdrücken kommt in den Äußerungsformen selbst vor, mit denen man die entsprechende sprachliche Handlung vollzieht.
(ii) Sprecher verwenden SB-Ausdrücke, um sich auf vergangene oder zukünftige sprachliche Handlungen zu beziehen.
(iii) SB-Ausdrücke dienen den Sprechhandlungstheoretikern als Ausgangspunkt ihrer Analysen.

Die unter (i) beschriebene Verwendung von SB-Ausdrücken wird performativ genannt. Beispiele dafür sind (4) und (5).

(4) Ich gelobe hiermit, mich hinfort immer für die Ziele des Deutschen Pfadfinderbundes einzusetzen.
(5) Ich gebe zu, dass es in letzter Zeit zu einigen Unregelmäßigkeiten gekommen ist.

Die durch (ii) charakterisierte Funktion wird als referierender Gebrauch bezeichnet. Beispiele für diese Gebrauchsweise sind (6) und (7).

(6) Kaum war Peter zur Tür hereingekommen, da fragte er schon: *Wo ist das Bier?*
(7) Peter versuchte, alle Argumente, die ich vorbrachte, mit ein paar abfälligen Bemerkungen abzutun.

In 2.1 wird die performative Verwendung von SB-Ausdrücken behandelt; 2.2 hat ihre referierende Funktion zum Gegenstand. Abschließend soll in 2.3 die Rolle der SB-Ausdrücke bei der Etablierung von Sprechhandlungsmustern beschrieben werden.

2.1 Der performative Gebrauch von SB-Ausdrücken

Bei der Beschreibung der Rolle der SB-Ausdrücke soll die Diskussion ihrer performativen Verwendung am Anfang stehen, weil die so genannten performativen Verben in der Entwicklung der Sprechakttheorie traditionell einen besonderen Platz einnehmen. Austin hat Äußerungen wie (8) und (9) zum Ausgangspunkt seiner Überlegungen gemacht, die ihn zu den im letzten Kapitel referierten Unterscheidungen: lokutionärer Akt, illokutionärer Akt und perlokutionärer Akt geführt haben.

(8) Ich taufe dieses Schiff auf den Namen ‚Queen Elizabeth'.
(9) Ich eröffne hiermit die 5. Jahresausstellung des Kaninchenzüchtervereins.
(10) Ich rate dir, die Aktien so schnell wie möglich abzustoßen.
(11) Ich verspreche dir, dass ich dir treu bleiben werde.

Von Beispielen wie (8)–(11) würde Austin sagen, dass es sich um explizit-performative Äußerungen handelt.[1] Die Verwendung der Verben (*taufen, eröffnen, raten, versprechen*) in diesen Beispielen nennt er performativ. Explizit-performative Äußerungen grenzt Austin von Beispielen wie (10') und (11') ab, die zwar die gleiche kommunikative Funktion wie (10) und (11) erfüllen können, die aber kein performatives Verb enthalten. (10') und (11') werden nach Austin als implizit-performative Äußerung bezeichnet.

(10') Ich an deiner Stelle würde die Aktien so schnell wie möglich abstoßen.
(11') Ich werde dir immer treu bleiben.

Bei Beispielen wie (8) und (9) handelt es sich sozusagen um den verbalen Höhepunkt einer rituellen Handlung, die ganz bestimmte Formulierungen, eben explizit-performative Äußerungen, erfordert.

Syntaktisch haben die explizit-performativen Äußerungen in ihrer Idealform die in (12) dargestellte Struktur.

---

[1] Zur weiteren Charakterisierung des Konzepts der explizit-performativen Äußerungen siehe Kap 3. S. 47f.

(12) Ich X-e dir (hiermit), dass [...]
 |_____| |_____|
      übergeordneter Satz   eingebetteter Satz
      (‚performativer Vorspann')

Das Subjekt des übergeordneten Satzes ist ein Personalpronomen in der 1. Pers. Sing. Das Verb X ist entsprechend als 1. Pers. Sing. Indikativ Präsens Aktiv markiert; als indirektes Objekt steht das Personalpronomen der 2. Pers. Sing. Der eingebettete Satz, der in (12) durch [...] symbolisiert ist, wird durch die Konjunktion *dass* eingeleitet. Das Verb X muss ein Verb des Sagens, also ein SB-Verb sein; dies wäre als semantische Eigenschaft explizit-performativer Äußerungen zu bezeichnen. Schließlich muss eine Äußerung nach dem Muster (12) den Vollzug der durch X angezeigten sprachlichen Handlung darstellen bzw. konventionellerweise als Vollzug des X-ens gelten. Diese letzte entscheidende Bedingung bedeutet aber nichts anderes, als dass man sich auf eine Äußerung nach dem Muster (12) durch (13) oder (14) beziehen kann.

(13) Sp1 hat ge-X-t.
(14) (12) äußern, gilt als X-en.

(12) gilt nicht deshalb als Idealform, weil diese Formel für den größten Teil der performativen Äußerungen gilt; nur wenige Verben wie z.B. *erlauben*, *verbieten*, *versprechen* und *garantieren* lassen sich in diese Formel einsetzen.

(12) ist deshalb als die typische syntaktische Form explizit-performativer Äußerungen zu betrachten, weil in diesem Rahmen für X schon allein aufgrund syntaktischer Eigenschaften nur solche Verben eingesetzt werden können, die eine explizit-performative Äußerung ergeben. Dass das nicht für alle syntaktischen Vorkommen von performativen Verben gilt, zeigt die Gegenüberstellung der Beispiele (15) und (16).

(15) Ich erlaube dir die Fahrt.
(16) Ich bügle dir das Hemd.

Sie haben beide die gleiche syntaktische Oberflächenstruktur, aber nur (15) ist eine explizit-performative Äußerung. Will man der ganzen Fülle der SB-Ausdrücke gerecht werden, darf man sich als Maßstab nicht auf die Formel (12) oder ähnliche syntaktische Rahmen festlegen. Es muss vielmehr untersucht werden, in welchen syntaktischen Konstruktionen SB-Ausdrücke tatsächlich performativ gebraucht werden.

Im Folgenden sollen drei performative Verwendungstypen von SB-Ausdrücken beschrieben werden:
(i) der Gebrauch im performativen Satz (z.B. (8)–(11))
(ii) der Gebrauch als performative Einstufung (z.B. (17))
(iii) der Gebrauch als explizit-performative Reaktion (z.B. (18))

(17) Ich möchte Sie etwas fragen: Wie schätzen Sie die Leistungen von Kollege Hübelkötter ein?
(18) Sp2: Wir brauchen in unserem Staat einen starken Mann!
     Sp1: Da kann ich nur zustimmen.

Betrachten wir zunächst die verschiedenen Formen performativer Sätze. Für p e r f o r -
m a t i v e   S ä t z e ist charakteristisch, dass der performative SB-Ausdruck innerhalb des
gleichen Satzes vorkommt, in dem auch der propositionale Gehalt der Äußerung ausgedrückt ist.[2] Die im performativen Verb angezeigte sprachliche Handlung ist also durch die
Äußerung des Satzes vollzogen.

Syntaktisch sind performative Sätze, wie gesagt, aus einem übergeordneten Satz
(Matrixsatz) mit einem einbetteten Satz (Konstituentensatz) aufgebaut. Im übergeordneten
Satz steht der performative SB-Ausdruck. Der eingebettete Nebensatz enthält den propositionalen Gehalt der Äußerung.

Die Matrixsätze können syntaktisch zwei Formen haben; sie können V2-Sätze sein wie
in (19), sie können aber auch V1-Sätze sein wie in (20):

(19) Ich bitte dich, mir 20 Euro zu leihen.
(20) Darf ich Sie bitten, das Rauchen einzustellen?

In (19) steht das finite Verb *bitte* an zweiter Satzgliedstelle. In (20) steht das finite Verb
darf an erster Stelle.[3]

Bei den performativen Sätzen mit V2-Stellung im Matrixsatz kann man weiterhin unterscheiden, ob sie mit oder ohne Modalverb gebildet sind. Die Sätze unter (21) sind performative Sätze mit Modalverb, die Beispiele (22) enthalten kein Modalverb. Performative
Sätze mit Modalverben kann man auch als ‚modalisiert-performativ' bezeichnen. In (22b.)
steht das performative Verb im Konjunktiv II.

(21) a. Ich muss gestehen, dass ich mich nicht vorbereitet habe.
   b. Ich darf Sie bitten, die elektronischen Geräte jetzt abzuschalten.
   c. Ich möchte anfragen, ob meine Bestellung mittlerweile eingetroffen ist.
(22) a. Ich gestehe, dass ich mich nicht vorbereitet habe.
   b. Ich würde dir empfehlen, häufiger zum Zahnarzt zu gehen.

---

[2] Zum propositionalen Gehalt vgl. Kap. 1.
[3] In der traditionellen Grammatik werden die V2-Sätze in der Regel als ‚Aussagesatz' oder
‚Deklarativsatz' bezeichnet. V1-Sätze, bei denen das Verb nicht als Imperativ markiert ist, wie in
(20), werden als ‚Fragesätze' bzw. im vorliegenden Fall als ‚Entscheidungsfragesätze'
klassifiziert. V1-Sätze, bei denen das initiale Verb die morphologische Form des Imperativs trägt,
heißen ‚Aufforderungs-, Befehls- oder Imperativsätze'. (*Bringe mir die Zeitung!*) Wie man leicht
sieht, verwendet die traditionelle Grammatik illokutionäre Größen wie ‚Aussage', ‚Frage',
‚Aufforderung' zur Bezeichnung syntaktischer Gegebenheiten. Die ist jedoch nicht sehr günstig,
weil z.B. Aufforderungen auch durch ‚Fragesätze' vollzogen werden können (*Kannst du mir 50
Euro leihen?*) oder Fragehandlungen durch ‚Imperativsätze' realisiert werden können. (*Sagen Sie
mit bitte, welche Waren Sie mit sich führen!*) Weiterhin kann man auch Behauptungen vollziehen,
indem man einen Fragesatz äußert. (*Wer glaubt denn noch an den Erfolg der Reformen?*) Da es
also keine 1:1-Entsprechung zwischen Satzart und illokutionärer Rolle gibt, sollte man besser auf
die Bezeichnungen ‚Fragesatz', ‚Aussagesatz', ‚Aufforderungssatz' verzichten und bei der
Bezeichnung der Sätze auf rein syntaktische Kriterien zurückgreifen. Vgl. dazu Näf (1984),
Altmann (1987).

Performative V1-Sätze müssen immer ein Modalverb enthalten. Auch hier kann man wieder unterscheiden, ob das performative Verb im Indikativ wie bei (23a.) oder im Konjunktiv II wie bei (23b.) steht.

(23) a. Darf ich sie darüber informieren, dass Ihr Kontostand seit zwei Monaten ein Minus von 2000 Euro aufweist?
b. Dürfte ich dich bitten, mir morgen dein Auto zu leihen?

Nach formalen Kriterien kann man die performativen Sätze also wie folgt klassifizieren.

(24)

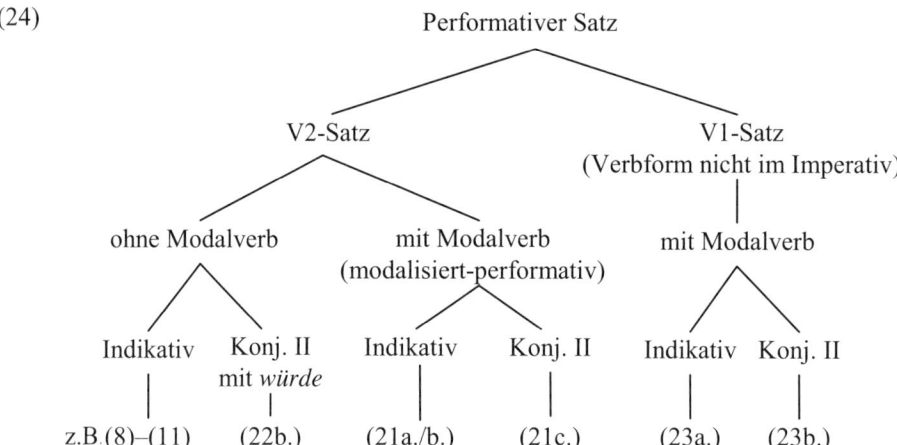

Beim performativen Satz sind, wie bereits ausgeführt, der Teil, der das SB-Verb enthält, und der Teil, der den propositionalen Gehalt der Äußerung repräsentiert, in einer syntaktischen Konstruktion zusammengeschlossen; in dieser Idealform enthält der Hauptsatz das performative Verb und der Nebensatz die propositionale Information.

Anders ist es bei Äußerungen mit performativen Einstufungen; sie sind aus zwei syntaktisch getrennten Teilen aufgebaut: der performativen Einstufung plus einer implizit performativen Äußerung, in der die entsprechende Proposition realisiert wird. Die beiden Teile sind aber so eng aufeinander bezogen, dass sie als eine Äußerungsform betrachtet werden sollen. Der Grad der syntaktischen Selbstständigkeit der performativen Einstufung kann unterschiedlich groß sein. Betrachten wir folgende Beispiele:

(25) a. Ich warne Sie: An Ihrer Stelle würde ich nicht ohne Colt ausgehen.
b. Ich flehe Sie an: Stunden Sie mir doch das Geld noch eine Woche!
(26) a. Ich kann es dir schwören: Ich habe mit der Sache nichts zu tun.
b. Ich muss Ihnen etwas gestehen: Ihr Antrag ist noch nicht bearbeitet, weil ich ihn versehentlich in den Reißwolf gesteckt habe.
c. Ich kann Ihnen folgendes anbieten: Ich übernehme alle Kosten, die Ihnen entstanden sind, und zahle Ihnen ein Schmerzensgeld von 2000 Euro.
(27) a. Ich gebe dir einen Rat: Lass die Finger von der Sache.
b. Ich hätte eine große Bitte an dich: Könntest du das nächste Wochenende den Bereitschaftsdienst für mich machen?

(28) Wenn ich Ihnen einen Tipp geben darf: Es ist für den Motor besser, wenn man das Handgas nach einiger Zeit zurücknimmt.

Am selbstständigsten sind performative Einstufungen wie (25a.), bei denen das SB-Verb als Ergänzung nur den syntaktisch als Akkusativ-Objekt-NP[4] realisierten Adressaten verlangt. Solche Verben (neben *warnen* auch *loben* und *tadeln*) können, wie (30) zeigt, auch in referierendem Gebrauch im syntaktischen Rahmen (29) verwendet werden.

(29)   Subjekt-NP   –   SB-Verb   –   Akk.-Objekt-NP
         Sprecher der Äußerung   Adressat der Äußerung
(30) Der Ganove warnte die Bande.

Man wird eine Äußerungsform wie (25b.) mit performativer Einstufung wohl immer dann verwenden, wenn eine Bitte nachdrücklich vorgetragen werden soll. Die in (25b.) gewählte syntaktische Form erlaubt die Verwendung einer größeren Zahl von illokutionären Indikatoren als eine Konstruktion wie (31).

(31) Ich flehe Sie an, mir das Geld noch eine Woche zu stunden.

Im Gegensatz zu (31) enthält (25b.) zwei illokutionäre Indikatoren: das SB-Verb in der performativen Einstufung plus dem Imperativsatz für die Formulierung des propositionalen Gehalts.

In den Beispielen (26a.)–(26c.) ist die Beziehung zwischen performativer Einstufung und implizit performativer Äußerung enger. Syntaktisch ist das an der Tatsache abzulesen, dass die performativen Einstufungen einen Platzhalter wie *es*, *etwas*, *folgendes* (in anderen Fällen auch darum) enthalten, die für den in der implizit-performativen Äußerung nachgelieferten propositionalen Gehalt stehen.

Die enge Zusammengehörigkeit wird auch dadurch deutlich, dass die Äußerung der performativen Einstufung allein nicht als Vollzug der entsprechenden sprachlichen Handlung aufgefasst werden kann. Wenn ich sage *Ich warne Sie*, habe ich u.U. eine Warnung ausgesprochen, durch die Äußerung von *Ich möchte Sie etwas fragen* aber noch keine Frage gestellt. Die Beispiele unter (26) sind für den Gebrauch von SB-Verben in performativen Einstufungen am typischsten und haben die Einführung dieses Begriffs notwendig gemacht.

(27a) und (27b) enthalten nominale SB-Ausdrücke. In diesen Beispielen ist die performative Einstufung syntaktisch selbständig. Unter sprechhandlungstheoretischem Gesichtspunkt sind sie aber ebenso unvollständig wie die Beispiele unter (26). Der Gebrauch dieser SB-Ausdrücke dient ähnlich wie in (25) und (26) dazu, die illokutionäre Rolle der nachfolgenden implizit-performativen Äußerung anzuzeigen. Es ist also wenig

---

[4] ‚NP' steht für ‚Nominalphrase'. Nominalphrasen sind Ausdrücke wie *der Mann*, *des Königs*, *einem frohen Krokodil*, usw. die einen nominalen Ausdruck enthalten. Der kategoriale Begriff ‚Nominalphrase' ist von funktionalen Bestimmungen wie ‚Subjekt' oder ‚Objekt' zu unterscheiden. NPs können sowohl als Subjekte (*Der König tanzt*) als auch als Objekte (*Man liebt den König*) fungieren. Näheres findet sich in jeder Einführung in die Syntax.

plausibel, solche performativen Einstufungen analog zu Ankündigungen wie (32) zu beschreiben.

(32) Ich will Ihnen jetzt ein Gedicht vortragen: *Sah ein Knab ein Röslein stehn ...*

Die dritte Form des performativen Gebrauchs von SB-Verben wurde als e x p l i z i t - p e r f o r m a t i v e Reaktion bezeichnet. Es handelt sich dabei hauptsächlich um zustimmende oder ablehnende Reaktionen eines Sprechers Sp1 auf die unmittelbar zuvor gemachte Äußerung seines Gesprächspartners Sp2. Die explizit-performativen Reaktionen sind also, wie schon ihr Name sagt, durch ihre Stellung in der Sequenz gekennzeichnet. In ihrer typischen Form drücken sie keinen selbstständigen propositionalen Gehalt aus, sondern beziehen sich auf die Proposition der Äußerung von Sp2; sie enthalten jedoch meist Elemente, die auf die Äußerung von Sp2 zurückverweisen wie in (33) und (34).

(33) Sp2: In den letzten Jahren haben die Übergriffe der Kultusbürokratie ein unerträgliches Ausmaß angenommen.
 Sp1: Dem kann ich nur beipflichten.
(34) Sp2: Peter war in der fraglichen Zeit gar nicht in München, sondern in Augsburg.
 Sp1: Das kann ich bestätigen.
(35) Sp2: Wer wirklich Arbeit sucht, kann immer eine Stelle finden!
 Sp1: Da muss ich ganz entschieden widersprechen.
(36) Sp2: Die Produktion von Nahrungsmitteln nach der biologisch-dynamischen Anbaumethode ist völlig unrentabel.
 Sp1: Dagegen wäre einzuwenden, dass die Ernten nach einer gewissen Umstellungszeit durchaus mit den Erträgen vergleichbar sind, die bei herkömmlichem Anbau erzielt werden.

In (33) und (34) wird der Rückbezug auf den Gesprächsbeitrag durch die Demonstrativpronomen *dem* und *das* geleistet. Eine ähnliche Funktion hat das lokaldeiktische Adverb *da* in (35). Der Sprecher Sp1 markiert damit, dass sein Beitrag auf den aktuellen Stand des Gesprächs und damit auf die unmittelbar vorhergegangene Äußerung von Sp2 zu beziehen ist. In (36) wird der Anschluss an die Äußerung durch das Pronominaladverb *dagegen* hergestellt. Statt eines pronominalen Anschlusses wäre, wie auch in den anderen Beispielen, ein Rückbezug durch die Benennung des Sprechakts von Sp2 möglich. Beispiele dafür wären etwa (37) für (36) oder (38) für (34).

(37) Gegen diese Behauptung wäre einzuwenden ...
(38) Diese Aussage kann ich bestätigen.

Damit sind bereits die nicht-performativen Verwendungen von SB-Ausdrücken angesprochen, die in 2.2 diskutiert werden sollen.

2.2 Der referierende Gebrauch von SB-Ausdrücken

Als Ausgangspunkt wurde hier der performative Gebrauch von sprechaktbezeichnenden Ausdrücken gewählt, weil die explizit-performativen Äußerungen seit jeher im Mittelpunkt des Interesses von Linguisten und Sprachphilosophen gestanden haben (vgl. Grewendorf 1979 a und b). Aus dieser Tatsache darf man jedoch nicht ableiten, dass die performativen Verben auch in der alltäglichen Kommunikation eine herausragende Rolle spielen. Untersucht man authentische Gespräche, so stellt man fest, dass der performative Gebrauch von SB-Ausdrücken in der normalen Kommunikation recht selten ist.[5]

Sehr viel häufiger werden die SB-Ausdrücke r e f e r i e r e n d gebraucht, d.h. der Sprecher bezieht sich mit dem sprechaktbezeichnenden Ausdruck auf eine vergangene oder zukünftige sprachliche Handlung. In (1)–(4) sind einige Äußerungen zusammengestellt, in denen der Sprecher auf eine vergangene sprachliche Handlung referiert.

(1) Gestern hat Peter Elfi v o r g e w o r f e n, sie habe ihn betrogen.
(2) Peter f r a g t e Elfi: „Wo warst du letzte Nacht?"
(3) Sp2: Räum hier mal den Dreck weg!
    Sp1: Von dir lass ich mir doch nichts b e f e h l e n !
(4) [...] Nun reg' dich nicht so auf, das war ja nur ein V o r s c h l a g .

Unter (5)–(8) sind Beispiele zusammengestellt, in denen der Sprecher eine zukünftige Sprechhandlung thematisiert.

(5) E n t s c h u l d i g e dich sofort bei Tante Elfriede!
(6) Morgen werde ich meinen Chef um eine Gehaltserhöhung b i t t e n .
(7) Ich meine, wir sollten jetzt über die Ausführung des Planes b e r a t e n .
(8) Fragen, die sich auf meine finanzielle Situation und mein Privatleben beziehen, werde ich nicht b e a n t w o r t e n .

Im Folgenden konzentrieren wir uns auf Beispiele wie (1) und (2). Man bezeichnet solche Äußerungen als R e d e w i e d e r g a b e oder R e d e e r w ä h n u n g (vgl. Wunderlich (1972: 161ff.), Kaufmann (1976) und Gülich (1978)).[6]

Bei der Beschreibung von Redewiedergaben hat man es mit zwei Kommunikationssituationen zu tun: erstens mit der in der Vergangenheit liegenden Situation Sit_1 und zweitens mit der Berichtssituation Sit_2, in der man sich auf Sit_1 bezieht. Geht man von der

---

[5] Performative Verben werden meist nur in Kontexten gebraucht, in denen eine Äußerung problematisiert wird. Betrachtet man die Sequenz (i)–(iii), so sieht man, dass das performativ formulierte Versprechen erst als Reaktion auf den von Sp2 in (ii) geäußerten Zweifel auftritt:
(i) Ich bring dir morgen deine Bohrmaschine zurück.
(ii) Und wer dann morgen wieder nicht kommt, das bist du.
(iii) Ich verspreche dir, dass du sie morgen ganz bestimmt wieder hast.
Solche Sequenzbedingungen sind auch für den Gebrauch vieler anderer performativer Verben charakteristisch. Vgl. hierzu auch Hundsnurscher (1976).

[6] Zur Redewiedergabe in Gesprächen siehe z.B. Brünner (1991) und Günthner (1997).

einfachsten Konstellation aus, so hat man es also mit vier Personen zu tun: dem Sprecher A und seinem Hörer B in Sit_1 und dem Sprecher Sp1 und seinem Hörer Sp2 in Sit_2.[7] Wie der Vergleich von (1) und (2) zeigt, gibt es zwei Typen von Redewiedergaben, und zwar die direkte wie in (2) und die indirekte wie in (1). Welche Unterschiede bestehen nun zwischen den bei den Varianten?

Im letzten Kapitel wurde bei der Behandlung der einzelnen Teilakte einer Sprechhandlung bereits ausgeführt, dass der Sprecher Sp1 bei der direkten Redewiedergabe auch den phatischen und manchmal in einem gewissen Umfang auch den phonetischen Akt von A reproduziert, d.h. er wählt genau die gleichen Worte und die gleichen syntaktischen Konstruktionen, die A in Sit_1 gebraucht hat. Manche Sprecher versuchen bei der direkten Redewiedergabe, den Sprechakt sozusagen nachzuspielen und ahmen die Intonationsverhältnisse und die Stimmführung der Sprechhandlung nach, die sie wiedergeben.[8]

Bei der indirekten Redewiedergabe wird nur die Proposition reproduziert, nicht aber die phonetischen, syntaktischen und lexematischen Eigenheiten des wiedergegebenen Sprechakts. Betrachten wir folgende Beispiele:

(9) a. [A (= Peter) zu B (= Karin)]: Ich hole dich morgen um halb drei ab.
   b. [Sp1 zu Sp2]: Peter hat Karin versprochen, dass er sie heute um halb drei abholt.
   c. [Sp1 zu Sp2]: Peter sagte zu Karin: *Ich hole dich morgen um halb drei ab*.
(10) a. [A (= Peter) zu B (= Karl)]: Karin und ich werden im August heiraten.
   b. [Sp1 zu Sp2]: Peter hat deinem Bruder erzählt, er wolle das Mädchen heiraten, mit dem er letzte Woche auf deiner Party erschienen ist.

In (9a.) referiert A auf sich mit *ich*, auf seinen Adressaten B mit *dich* und auf einen bestimmten Zeitpunkt Z mit *morgen um halb drei*. Bei der direkten Redewiedergabe in (9c.) werden die sprachlichen Mittel, mit denen A diese Referenz herstellt, unverändert übernommen. Bei der indirekten Redewiedergabe wählt Sp1 selbst die sprachlichen Ausdrücke aus, mit denen er auf A, B und Z referiert. Dabei wird er sich an den Bedingungen der aktuellen Kommunikationssituation Sit_2 orientieren und die Ausdrücke für A, B und Z so wählen, dass Sp2 die entsprechenden Individuen identifizieren kann. Dieses Prinzip wird vor allem an (10b.) deutlich. Sp1 setzt voraus, dass der Eigenname *Karin* nicht geeignet ist, um Sp2 mitzuteilen, wen Peter heiraten will. Deshalb wählt Sp1 eine charakterisierende Beschreibung, die an eine Erfahrung von Sp2 mit der Person anknüpft, über die Sp1 sprechen will. Aus der Tatsache, dass Sp1 die sprachlichen Mittel zur Herstellung der Referenz selbst und in Bezug auf seine eigene Sprechsituation wählt, lässt sich auch der Unterschied zwischen *morgen um halb drei* in (9a.) und *heute um halb drei* in (9b.) erklären. Lokal- und zeitdeiktische Ausdrücke, wie sie unter (11a.) und (11b.) zusammengestellt sind, müssen immer in Beziehung zur aktuellen raum-zeitlichen Situation des Sprechers verwendet werden.

---

[7] In manchen Fällen kann natürlich A mit Sp1 oder Sp2 identisch sein. Weiter unten werden auch solche Beispiele behandelt werden.
[8] Vgl. Günthner (2002).

(11) a. *hier, dort, da, dahin, hierher, dorthin, hiesig* usw.
  b. *jetzt, vorhin, nachher, gestern, morgen, in zwei Tagen* usw.

Der gleiche Zeitpunkt Z, auf den A in (9a.) als *morgen um halb drei* referiert hat, muss deshalb von Sp1 als *heute um halb drei* bezeichnet werden, wenn zwischen der Äußerung von A und der Redewiedergabe von Sp1 ein Tag vergangen ist und der Zeitpunkt Z am gleichen Tag liegt, an dem Sp1 auf Z referiert.

Ein weiteres Problem, das bei der Beschreibung der indirekten Redewiedergabe traditionellerweise eine wichtige Rolle spielt, soll hier nur kurz angesprochen werden. Es handelt sich dabei um die Verwendung des Konjunktivs in der indirekten Rede. Betrachten wir folgende Beispiele:

(12) Peter sagte, dass er sehr traurig $\begin{Bmatrix} \text{ist.} \\ \text{sei.} \end{Bmatrix}$

(13) Peter sagte, er $\begin{Bmatrix} \text{ist} \\ \text{sei} \end{Bmatrix}$ sehr traurig.

(14) Peter war sehr traurig. Er sprach von seinem Liebeskummer. Er sei auch gesundheitlich völlig am Ende.

Während in (12) und (13) Indikativ und Konjunktiv frei austauschbar sind und allenfalls stilistische Unterschiede bestehen, ist der Konjunktiv in (14) nicht durch den Indikativ ersetzbar. In diesem Fall ist die Konjunktivform *sei* das einzige Anzeichen dafür, dass im zweiten Satz von (14) eine Äußerung von Peter wiedergegeben wird und es sich dabei nicht um eine Behauptung des Sprechers von (14) handelt. Bei (12) und (13) wird durch die Konjunktion *dass* bzw. durch die Redeeinleitung *Peter sagte* hinreichend deutlich, dass es sich um eine Redewiedergabe handelt, die Markierung des Verbs als Konjunktiv ist dann redundant.[9]

Wenden wir uns nun wieder den Fragen zu, die unmittelbar mit der Rolle der SB-Ausdrücke bei der Redewiedergabe zu tun haben.

(15) a. [Peter zu Elfi]: Du hast in einem von Hausbesetzern bewohnten Haus übernachtet!
  b. [Sp1 zu Sp2]: Peter hat Elfi vorgeworfen, dass sie in einem von Hausbesetzern bewohnten Gebäude übernachtet habe.

Durch die Verwendung des SB-Ausdrucks *vorwerfen* bringt Sp1 eine bestimmte Interpretation von (15a.) in seine Redewiedergabe ein. Er setzt voraus, dass Peter negativ bewertet, was Elfi getan hat.[10] Das Beispiel (15b.) stellt keinen Sonderfall dar. Es ist vielmehr in der

---

[9] Eine umfassende Darstellung der Verwendung von Konjunktiv I und II in indirekter Rede gibt Kaufmann (1976: 20-37). Vgl. auch Kaufmann (1976: 15-18) für die Behandlung der deiktischen Ausdrücke.

[10] Solche Interpretationen sind in realen Kommunikationssituationen meist richtig. Sp1 kennt vielleicht die Einstellungen und Werte von A oder konnte aus dem Ton der Äußerung oder dem Handlungskontext entnehmen, dass (15a.) ein Vorwurf und keine anerkennende Feststellung war. Wenn sich Sp1 hinsichtlich der Einschätzung der Bewertung von Peter getäuscht hat, beruht die Redewiedergabe von Sp1 auf einem illokutionären Missverständnis.

Regel so, dass Sp1 nicht eigentlich berichtet, was A gesagt hat, sondern er gibt wieder, wie er das, was A gesagt hat, verstanden hat, und als was er es verstanden hat. Der Gebrauch der meisten SB-Ausdrücke impliziert also eine bestimmte Deutung und Bewertung des Sprechakts, auf den sie sich beziehen. Lediglich durch *A sagte* oder *A äußerte* eingeleitete direkte Redewiedergaben sind frei von Interpretationen von Sp1. Ein etwas anders gelagertes Beispiel mag dies noch weiter verdeutlichen.

(16) a. [Ede zu Karl]: Ich habe meiner Großmutter 100 Euro aus dem Sparstrumpf gestohlen. Das tut mir jetzt schrecklich Leid.
  b. [Sp1 zu Sp2]: Ede behauptete, er habe seiner Großmutter 100 Euro aus dem Sparstrumpf gestohlen, das tue ihm jetzt Leid.
  c. [Sp1 zu Sp2]: Ede bereut es, dass er seiner Großmutter 100 Euro aus dem Sparstrumpf gestohlen hat.

Referiert Sp1 mit (16b.) auf (16a.), so legt er sich dadurch nicht fest, ob Ede tatsächlich seiner Großmutter 100 Euro aus dem Sparstrumpf gestohlen hat, und ob er das jetzt bereut. Gibt Sp1 (16a.) jedoch durch (16c.) wieder, so setzt er dabei voraus, dass Ede seine Großmutter bestohlen hat, und dass ihm das jetzt Leid tut. Durch die Verwendung eines Ausdrucks wie *bereut* p r ä s u p p o n i e r t Sp1 die Wahrheit oder, wie man sagt, die F a k t i z i t ä t des berichteten Sachverhalts. Umgekehrt gibt es auch Fälle, bei denen das von Sp1 zur Redewiedergabe verwendete Verb impliziert, dass der Sachverhalt, den A behauptet hat, falsch ist, wie z.B. in (17b.).

(17) a. [Peter zum Personalchef]: Ich habe lange bei der IBM gearbeitet und beherrsche die wichtigsten Programmiersprachen.
  b. [Sp1 zu Sp2]: Peter hat dem Personalchef weisgemacht, dass er etwas von der elektronischen Datenverarbeitung versteht.

Neben der Information, dass Sp1 den von Peter in (17a.) behaupteten Sachverhalt für unwahr hält, beinhaltet (17b.) auch noch einen Bericht über einen perlokutionären Akt von Peter, denn zur Semantik von *weismachen* gehört, dass B geglaubt hat, was A fälschlicherweise behauptet hat.

Redewiedergaben können nicht nur Interpretationen des berichteten Sprechakts enthalten und Präsuppositionen hinsichtlich seines Wahrheitswertes mit sich tragen, sondern sie drücken auch sehr häufig eine Bewertung des Sprechakts aus, über den berichtet wird. Folgende Beispiele können das zeigen:

(18) Peter hat Karin dazu verleitet, Bananen zu essen.
(19) Der Vertreter hat dem Ökobauern eine Melkmaschine für seine Ziege aufgeschwatzt.
(20) Eva hat ständig am Essen herumgemäkelt.
(21) Erwin hat den ganzen Abend über seine Psychotherapie und die Psychoanalyse geschwafelt.

Durch (18) setzt Sp1 voraus, dass es schlecht war, dass Karin Bananen gegessen hat. In diesem Beispiel wurde bewusst eine Handlung gewählt, die an sich wertneutral ist, um zu zeigen, dass allein aufgrund des SB-Ausdrucks *verleiten* eine negative Bewertung des von

Peter vollzogenen kommunikativen Akts zustande kommt. Ganz ähnlich ist das Beispiel (19) gelagert. Bezeichnet man eine Kaufinteraktion als *aufschwatzen*, so bringt man damit zum Ausdruck, dass der Käufer übervorteilt worden ist, d.h. man bewertet die Art, wie der Verkäufer das Kaufgespräch geführt hat, als negativ. Auch hier ist, wie bei (17b.) und (18), der perlokutionäre Akt des Sprechers A ins Blickfeld gerückt.

Wenn Sp1 in (20) Evas Kritik am Essen als *herummäkeln* wiedergibt, so stuft er ihre Bewertungen als ungerechtfertigt oder doch zumindest als unpassend ein.[11] Sehr auffällig ist die Bewertungskomponente auch bei *schwafeln*. Durch (21) charakterisiert Sp1 Erwins Äußerungen zu seiner Psychotherapie und zur Psychoanalyse als wortreiche und unerwünschte Redebeiträge ohne ausreichende sachliche Fundierung.

An *schwafeln* lässt sich eine Eigenschaft von SB-Ausdrücken demonstrieren, die bisher noch nicht angesprochen wurde. SB-Ausdrücke können nicht nur einzelne Sprechakte wiedergeben, sie fassen vielmehr häufig längere Gesprächsabschnitte zusammen oder geben ganze Konversationen summarisch wieder wie in den folgenden Beispielen:

(22) Peter und Karin haben sich heftig gestritten.
(23) Herr Hübelkötter hat mit meinem Mann über Fertigungstechnik gefachsimpelt.
(24) In der letzten Seminarsitzung wurde über die gesellschaftliche Relevanz der Linguistik diskutiert.

Auch für diese Gruppe von sprechaktbezeichnenden Ausdrücken gilt, dass Sp1 bei der Redewiedergabe seine eigene Interpretation der berichteten kommunikativen Interaktion einbringt. So könnte es z.B. sein, dass Peter und Karin mit einer Äußerung wie (25) gegen (22) protestieren.

(25) Das war doch gar kein Streit, wir haben uns nur angeregt unterhalten.

Im Folgenden soll nun abschließend noch auf einen weiteren Aspekt der Redewiedergabe eingegangen werden, und zwar auf ihr illokutionäres Potential. Der Begriff ‚Redewiedergabe' charakterisiert die Proposition einer Äußerung und somit ihre semantischen Eigenschaften. Über die illokutionäre Rolle einer Äußerung ist durch ihre Klassifizierung als ‚Redewiedergabe' noch nichts ausgesagt. Redewiedergaben können bei ganz verschiedenen illokutionären Akten vorkommen wie z.B. beim Behaupten, Berichten, Vorwerfen, Tadeln, Loben, Widersprechen, Bestätigen, sich Rechtfertigen usw. Darüber hinaus können Redeerwähnungen auch in komplexeren Sequenzen wie beim Argumentieren oder beim Beweisen eine zentrale Rolle spielen. Will man untersuchen, in welchen illokutionären Akten Redeerwähnungen vorkommen können, so ist es sinnvoll, auch Beispiele einzubeziehen, bei denen die Äußerung, die Sp1 wiedergibt, von Sp2 stammt. Die folgenden Beispiele illustrieren die kommunikativen Funktionen der Redewiedergabe.

(26) Sp2: Peter ist ja nach wie vor Kommunist.
     Sp1: Gestern hat er aber gesagt, dass er das nächste Mal CDU wählen will.

---

[11] Zillig (1982) spricht in solchen Fällen von ‚Bewertungsbewertungen'.

(27) Sp2: Warum sind die Abrechnungen für das zweite Quartal noch nicht fertig, Herr Hübelkötter?
Sp1: Der Chef hat angeordnet, dass wir zuallererst die Mahnungen bearbeiten sollen.
(28) Vater: Auf jetzt, ins Bett!
Kind: Aber du hast uns doch versprochen, dass wir noch die Mainzelmännchen sehen dürfen.
(29) [Mann zu seiner Frau]: Gestern hast du dich schon wieder bei meiner Mutter darüber beklagt, dass ich mich nicht genug um die Kinder kümmere.

In (26) widerspricht Sp1 einer Meinung von Sp2 über Peter, indem er eine Äußerung von Peter zitiert, die im offensichtlichen Widerspruch zu der Behauptung von Sp2 steht. In (27) rechtfertigt sich Sp1, indem er sich durch eine Redewiedergabe auf eine Anordnung des Chefs beruft. In (28) klagt das Kind ein gegebenes Versprechen ein, und (29) soll schließlich als Beispiel für eine Redeerwähnung stehen, die illokutionär als Vorwurf intendiert ist. Diese wenigen Beispiele zeigen, dass Redewiedergaben nicht nur einfach als Berichte fungieren, sondern dass sie die verschiedensten kommunikativen Funktionen erfüllen können. Deutlich wird dies auch am Auftreten entsprechender illokutionärer Indikatoren wie *aber, doch* und *schon wieder* in (26), (28) und (29).

Die Ausführungen zum Gebrauch von Verben wie *weismachen, verleiten, aufschwatzen, mäkeln* etc. waren notwendig, um einen Fehler zu vermeiden, der nicht selten vorkommt. Er besteht darin, Sprechaktverben mit Sprechakten gleichzusetzen. So führt z.B. Wagner (2001: 155) in seiner Liste der illokutionären Akte PETZEN auf. Es kann aber keine Sprechakte des Petzens geben. Bezeichnet ein Sprecher Sp_1 in einer Redewiedergabe einen Sprechakt als *petzen*, so gibt er einen Sprechakt des Informierens wieder, den er als negativ bewertet. Sprechaktverben sind wichtige Hinweise auf illokutionäre Akte. Eine Gleichsetzung von Verben und Sprechakten führt jedoch zu einer Vermischung von semantischen und pragmatischen Faktoren, die es unmöglich machen, eine klare Übersicht über die illokutionären Akte und ihre Eigenschaften zu bekommen.[12] Im folgenden Unterpunkt werden wir genauer auf dieses Problem eingehen.

2.3 SB-Ausdrücke als Namen für Sprechhandlungsmuster

Ziel der Ausführungen in 2.2 war es nicht, einen Überblick über alle Aspekte der Redewiedergabe zu geben; es war vielmehr beabsichtigt eine Reihe von Vorkommensweisen von SB-Ausdrücken darzustellen und so die vielfältigen kommunikativen Funktionen vorzuführen, die sie erfüllen. Sie sind sozusagen Mehrzweckinstrumente, mit denen man in der alltäglichen Kommunikation ganz unterschiedliche Aufgaben wahrnimmt. Die SB-Ausdrücke sind ein aus diesen kommunikativen Aufgaben gewachsener Teil unseres Wort-

---

[12] Zur Beschreibung von Sprechaktverben siehe Wierzbicka (1987), Hindelang (1998) und (2005), Harras (2007).

schatzes.[13] Die in einer Sprache vorhandenen sprechaktbezeichnenden Lexeme spiegeln die Unterscheidungen wider, die sich im Laufe der geschichtlichen Entwicklung beim Sprechen über Sprache, d.h. bei Redewiedergaben, metakommunikativen Akten und in anderen Zusammenhängen als kommunikativ relevant erwiesen haben und deshalb lexikalisch gefasst wurden.

Auch in der bisherigen Darstellung haben die SB-Ausdrücke des Deutschen dazu gedient, über Sprechhandlungen zu reden. Eine systematische Beschreibung der Sprechhandlungsmuster, wie sie in den nächsten Kapiteln versucht werden soll, lässt sich jedoch nicht unmittelbar auf der Semantik der SB-Ausdrücke aufbauen. Jedes Sprechaktverb weist eine Reihe von semantischen Besonderheiten auf, die sich nicht immer mit der Systematik der Handlungsbedingungen für Sprechakttypen zur Deckung bringen lassen. Betrachten wir folgende Beispiele:

(1) a. Ich verspreche dir ein Eis, wenn du jetzt schön brav bist.
    b. Ich verspreche dir eine Tracht Prügel, wenn du jetzt nicht brav bist.
(2) a. [Chef zur Sekretärin]: Darf ich Sie bitten, diesen Brief nochmals abzuschreiben!
    b. Der Chef bat seine Sekretärin, den Brief nochmals abzuschreiben.
    c. *Ach lass mich doch die Mainzelmännchen noch anschauen*, bat der kleine Junge.

Während in (1a.) das Verb *versprechen* performativ gebraucht wird, um ein Versprechen zu geben, wird es in (1b.) zur Formulierung einer Drohung eingesetzt. Würde man aus der Tatsache, dass eine Verwendung von *versprechen* wie in (1b.) durchaus üblich ist, den Schluss ziehen, man müsse zum Sprechhandlungstyp Versprechen auch Äußerungen wie (1b.) rechnen, würde man eine ganz entscheidende Handlungsbedingung für Versprechen außer acht lassen, nämlich die Voraussetzung, dass der Adressat des Versprechens die versprochene Handlung wünscht.

Etwas anders sind die Beispiele in (2) gelagert. In allen drei Äußerungen spielt das Verb *bitten* eine entscheidende Rolle. In (2a.) wird es performativ gebraucht, in (2b.) und (2c.) tritt es in Redewiedergaben auf. Es wäre jedoch sehr wenig plausibel, sowohl (2a.) und (2b.) als auch (2c.) gleichermaßen als Bitten zu analysieren, da sich die situativen Bedingungen in beiden Fällen erheblich unterscheiden. Während nämlich in (2a.) und (2b.) die Sekretärin den Brief abschreiben muss, weil der Chef ihr sonst in letzter Konsequenz mit Entlassung drohen kann, hat der kleine Junge in (2c.) keine vergleichbare Möglichkeit, seiner Bitte Nachdruck zu verleihen. Die Beispiele zeigen, dass weder das performative noch das referierende Vorkommen eines bestimmten SB-Ausdrucks X in einer Äußerung A allein schon dazu berechtigen können, A dem Sprechhandlungsmuster X zuzuordnen. Will man also nicht die Bedeutung von SB-Ausdrücken beschreiben,[14] sondern Sprechhandlungsmuster, muss man von den konkreten Verben abstrahieren. SB-Ausdrücke werden semantisch

---

[13] Rolland (1969) hat allein ca. 1650 sprechaktbezeichnende Verben gezählt Diese Zahl würde sich erheblich vergrößern, wenn man alle Formen von SB-Ausdrücken berücksichtigen würde.

[14] Verschueren (1985) schlägt vor, die Sprechhandlungstheorie von der Analyse der Sprechaktverben her aufzubauen und gibt eine kontrastive Analyse von englischen und flämischen SB-Ausdrücken.

beschrieben, indem man die Gesamtheit ihrer Gebrauchsmöglichkeiten und Gebrauchsbedingungen aufführt. Ein Sprechhandlungsmuster X wird beschrieben, indem man die Regeln formuliert, die für den Vollzug von X gelten, und das heißt in erster Linie:

− Angabe des Zwecks, der mit X verfolgt wird.
− Angabe der situativen Handlungsbedingungen, die gegeben sein müssen, damit man nach dem Muster X handeln kann.
− Angabe der Äußerungsformen, deren Realisierungen als Vollzug von X gelten.

Bei der Frage, welche Sprechhandlungsmuster anzusetzen sind, kann man sich jedoch durchaus an dem Bestand von SB-Ausdrücken orientieren, da in den sprechaktbezeichnenden Lexemen eine ganze Reihe von wesentlichen Unterscheidungen angelegt sind.[15]
Wir wollen nun folgende Konvention einführen: Die Namen für Sprechhandlungsmuster werden in Versalien geschrieben. BEFEHL oder BEFEHLEN steht also für ein Handlungsmuster, während das entsprechende Verb als *befehlen* notiert wird. *Befehlen* ist ein Verb des Deutschen, BEFEHLEN ist als ein Terminus einer speziellen pragmalinguistischen Fachsprache aufzufassen. Als solchen können wir den Terminus BEFEHLEN in einem gewissen Rahmen definieren, indem wir für den entsprechenden Handlungstyp die konstitutiven Handlungsbedingungen angeben. Man könnte z.B. festlegen, dass Handlungen nach dem Muster BEFEHLEN nur in militärischen Zusammenhängen gegeben werden. Das hätte zur Folge, dass ein Sprechakt wie der durch (3) wiedergegebene nicht dem Muster BEFEHLEN zugerechnet werden könnte, obwohl man auf ihn mit dem SB-Verb *befehlen* referieren kann.

(3) *Geben Sie das ganze Geld heraus!* befahl der Gangster mit vorgehaltener Pistole.

Das Sprechhandlungsmuster BEFEHLEN ist also eine genauer bestimmte Beschreibungskategorie, als es das entsprechende Verb mit seinen vielfältigen Gebrauchsweisen sein könnte.

Ziel einer systematischen Sprechhandlungstheorie ist es nun, durch die Etablierung und Beschreibung der wichtigsten Sprechhandlungsmuster die Voraussetzung dafür zu schaffen, dass man in einer exakteren und eindeutigeren Weise über sprachliche Handlungen reden kann, als das aufgrund der ‚naturwüchsigen' SB-Ausdrücke möglich wäre.

Bei der Bezeichnung für Sprechhandlungsmuster wird man zwar versuchen, auf die vorhandenen SB-Ausdrücke zurückzugreifen, es ist jedoch aus der Semantik bekannt, dass eine Sprache häufig nicht für alle unter systematischen Gesichtspunkten relevanten Unterscheidungen ein entsprechendes Lexem zur Verfügung hat.[16] So kann es vorkommen, dass man von den Handlungsbedingungen her einen Sprechakt klar abgrenzen kann, dass aber im Lexembestand des Deutschen dafür kein passendes Einzelwort vorhanden ist. In solchen

---

[15] In der Semantik spricht man davon, dass bestimmte Unterscheidungen l e x i k a l i s i e r t, d.h. durch ein eigenes Lexem (= Wort) repräsentiert sind.
[16] In der lexikalischen Semantik spricht man dann davon, dass eine sog. lexikalische Lücke besteht. So gibt es z.B. im Deutschen kein Lexem für *sich freiwillig melden*, während im Englischen diese Bedeutung als *to volunteer* lexikalisiert ist.

Fällen muss man zu speziellen Zusammensetzungen greifen oder zu Neuschöpfungen, die ans Lateinische oder Griechische angelehnt sind.[17]

Wie soll man sich nun das methodische Vorgehen bei der Beschreibung von Sprechhandlungsmustern vorstellen? Bei einer Analyse von Sprechhandlungsmustern ist es sinnvoll, sich zunächst mit den entsprechenden SB-Ausdrücken auseinanderzusetzen. Dadurch kann man sich in einem ersten Schritt einen Überblick darüber verschaffen, welche unterschiedlichen Handlungsbedingungen lexikalisiert sind. Man geht also z.B. von Wortfeldern wie den Verben des Aufforderns, den Verben des Versprechens, den Verben des Informierens usw. aus und analysiert die aus der Verbsemantik ableitbaren Handlungsbedingungen. In einem zweiten Schritt wird man versuchen, eine systematische Gliederung und Strukturierung der relevanten Handlungsbedingungen vorzunehmen, die von der Bedeutung der Lexeme unabhängig ist. Auf diese Weise kann man ein System von Handlungsmustern etablieren, das auf der Systematik der Handlungsbedingungen beruht, aber dennoch die in den einzelnen Lexemen zusammengefassten Unterscheidungen nicht aus dem Auge verliert.

AUFGABEN KAPITEL 2

2.1   In einer politischen Diskussion in einer germanistischen Fachschaftsgruppe macht der linguistisch gebildete Sprecher Sp1 der gegnerischen Fraktion folgenden Vorwurf: *Ihr haltet ‚kämpfen' wohl für ein performatives Verb*. Erklären Sie, was Sp1 mit diesem Vorwurf gemeint hat.[18]

2.2   Eine Kundin Sp2 will sich einen Mantel kaufen. Sie ist jedoch unentschlossen, ob sie einen roten, einen beigen oder einen olivfarbenen kaufen soll. Nach einer halben Stunde macht der Verkäufer Sp1 folgende Äußerung:

   (i)   Nehmen Sie doch den roten, der passt gut zu Ihren Haaren.

2.2.1 Stellen Sie verschiedene explizit-performative Äußerungen zusammen, die Sp1 anstatt von (i) hätte machen können. Bestimmen Sie diese Formen nach den in Kapitel 2.1 vorgeschlagenen Kriterien.

2.2.2 Konstruieren Sie eine Sequenz, in der eine der Äußerung von (i) äquivalente performative Reaktion von Sp1 vorkommt.

---

[17] Dies ist vor allem notwendig, wenn man Namen für Sprechaktklassen sucht. Beispiele für solche Neuschöpfungen finden sich deshalb hauptsächlich in Kap. 3; vgl. auch die Aufgaben 3.1 und 3.3.
[18] Dieses Beispiel stammt aus dem Anekdotenschatz von Gerd Fritz.

2.3 Vergleichen Sie die unter (A) aufgeführte Äußerung von Helmut Schmidt in der Bundestagsdebatte vom 14.3.1975 aus verschiedenen deutschen Zeitungen. Welche Interpretationen und Bewertungen gehen in die Redewiedergaben ein?

(A) H. Schmidt: *Es ist wahr, dass in unserem Lande seit den Tagen der so genannten APO manches verharmlost und bagatellisiert worden ist, das nicht hätte bagatellisiert werden sollen, ...*

(1) BILD: Schmidt, die Hände in den Hosentaschen: Es ist wahr, dass in unserem Land seit den Tagen der APO manches verharmlost oder bagatellisiert worden ist, was nicht hätte sein dürfen.

(2) WELT: Er räumte ein, dass „seit der APO (Außerparlamentarische Opposition) manches verharmlost und bagatellisiert werden durfte."

(3) WESTDEUTSCHE ZEITUNG: Er gestand sogar Irrtümer und Versäumnisse ein, wodurch sich der CDU-Redner Dregger um einen Teil seiner präparierten Argumente gebracht fand.

(4) STUTTGARTER ZEITUNG: (Schmidt zierte sich nicht, von der notwendigen „Infiltration in die Sympathisantengruppen" zu sprechen; die Länder konfrontierte er mit dem Wunsch nach einer „Bundespolizei"; prophezeite sie allerdings dennoch für einen Zeitraum „innerhalb der nächsten 25 Jahre";) „bagatellisiert" wurde auch manches seit den Tagen der APO, „was nicht hätte bagatellisiert werden dürfen"; („übertriebene Langmut" hat er entdeckt, „übertriebene Duldsamkeit") ...

(aus: Hoppenkamps (1977: 83–86))

2.4 Inwiefern ist (i) doppeldeutig? Geben Sie zwei mögliche direkte Redewiedergaben an, die von einer solchen Doppeldeutigkeit frei sind.

(i) Karin sagte mir, dass sie einen Inder heiraten will.

2.5 Der Ganove Ede macht gegenüber Kommissar Freitag folgende Aussage (i):

(i) Kalle hat den Einbruch bei Tiffany & Co. gemacht.

Der ebenfalls zur Unterwelt gehörende Charly berichtet seinem Freund Andy über die Äußerung von Ede.

(ii) Ede hat Kommissar Freitag davon i n f o r m i e r t , dass Kalle den Einruch bei Tiffany gemacht hat.

(iii) Ede hat gegenüber Kommissar Freitag b e h a u p t e t , dass Kalle den Einruch bei Tiffany gemacht hat.

(iv) Ede hat es an Kommissar Freitag v e r p f i f f e n , dass Kalle den Einruch bei Tiffany gemacht hat.

(v) Ede hat Kalle den Einbruch bei Tiffany a n g e h ä n g t .

2.5.1 Geben Sie an, welche Präsuppositionen Charly hinsichtlich des Wahrheitswerts von (i) macht.

2.5.2 Geben Sie weiterhin an, welche Bewertungen Charly durch den Gebrauch der Verben *informieren*, *behaupten*, *verpfeifen* und *jemandem etwas anhängen* zum Ausdruck bringt.

3. Klassifizierung von Sprechakten

3.1 Kann man Sprechhandlungsmuster klassifizieren?

Betrachten wir zunächst einmal die folgende Liste von sprechaktbezeichnenden Ausdrücken:

(1) *anordnen, befehlen, behaupten, berichten, bitten, feststellen, geloben, informieren, schwören, verbieten, versprechen, zusagen*

Wenn man versucht, diese alphabetische Liste nach semantischen Gesichtspunkten zu gliedern, so bereitet das keine Schwierigkeiten. Die Beispiele unter (1) lassen sich leicht in drei Gruppen ordnen:

(1') a. *anordnen, befehlen, bitten, verbieten*
 b. *behaupten, berichten, feststellen, informieren*
 c. *geloben, schwören, versprechen, zusagen*

Die Lexeme, die unter (1'a.), (1'b.) und (1'c.) zusammengestellt sind, sind keineswegs synonym, denn es ist ein Unterschied, ob ich jemandem etwas befehle, oder ob ich jemanden um etwas bitte. Mit den Verben in den einzelnen Gruppen bezieht man sich also nicht auf Sprechakte, die völlig identische Handlungsbedingungen haben. Die Verben unter (1'a.), (1'b.) und (1'c.) teilen jedoch eine Reihe von semantischen Eigenschaften.

Die Tatsache, dass sich sprechaktbezeichnende Ausdrücke zu Bedeutungsgruppen zusammenfassen lassen, wirft die Frage auf, ob man ähnliche Gruppen auch bei den illokutionären Akten selbst bilden kann. Ist es also z.B. möglich, Sprechhandlungsmuster wie BITTEN, BEFEHLEN, VERBIETEN, ANORDNEN usw. einer gemeinsamen Großgruppe zuzuordnen?

Um dieses Problem behandeln zu können, ist es sinnvoll, zunächst folgende Fragen zu beantworten:

(A) Ist eine Klassifikation von Sprechhandlungsmustern überhaupt möglich, und welche Eigenschaften können solche Klassifikationen haben?
(B) Wie viele solcher Gruppen von Sprechakten soll man ansetzen, und nach welchen Kriterien sollen die Gruppen gebildet werden?

In (A) ist eine sehr grundsätzliche Frage aufgeworfen. Es ist deshalb auch notwendig, einige grundsätzliche Überlegungen anzustellen. Die Beantwortung der Frage (A) hängt zunächst einmal davon ab, welche Ansprüche man an eine Klassifikation stellt. Verlangt man, dass eine Gruppierung von Sprechakten den strengen Anforderungen genügt, die Mathematiker oder Logiker an Klassifikationen stellen, so muss man zu dem Ergebnis kommen, dass eine solche Klassifizierung im strengen Sinne wohl kaum möglich ist.[1]

---

[1] Vgl. dazu Ballmer (1979: 252–255).

Sprechhandlungen lassen sich nicht absolut eindeutig und zwingend zu Klassen zusammenfassen. Eine Klassifizierung in diesem mathematischen Sinne wird hier nicht angestrebt und wäre dem Gegenstand auch völlig unangemessen. Zwischen den einzelnen Sprechhandlungsmustern bestehen nämlich Beziehungen, die Wittgenstein (1969: 324) als „Familienähnlichkeiten" bezeichnet hat. Er schreibt: „Wir sehen ein kompliziertes Netz von Ähnlichkeiten, die einander übergreifen und kreuzen." Auch Austin (1962) spricht bei seiner Taxonomie von illokutionären Akten von „größeren Familien verwandter und einander überlappender Sprechakte".[2] Da sich die Ähnlichkeiten zwischen den Sprechhandlungen überkreuzen, ist es gar nicht möglich, eine eindeutige, ‚wasserdichte' Abgrenzung zu schaffen. Es ist jedoch durchaus sinnvoll, das komplizierte Netz von Familienähnlichkeiten auf einfachere Strukturen zu reduzieren, indem man manche Verbindungen deutlicher hervorhebt und andere in den Hintergrund treten lässt. Auf diese Weise kann man eine gewisse Übersicht über die Vielfalt der Phänomene schaffen und kann durch die Einführung entsprechender Bezeichnungen für Gruppen von Sprechhandlungen ein fachsprachliches Vokabular etablieren, das beim Sprechen über Sprechhandlungen sehr hilfreich ist.[3] Wenn also im Folgenden Begriffe wie Klassifikation oder Taxonomie gebraucht werden, soll damit die Gruppierung von durch Familienähnlichkeiten verbundenen Phänomenen verstanden werden und nicht eine Klassifikation im mathematischen Sinne. Mit dieser Einschränkung ist die Frage (A) klar positiv zu beantworten.

Wenden wir uns nun der zweiten Frage (B) zu: Wie viele Großgruppen soll man ansetzen und nach welchen Kriterien soll man dabei vorgehen? Diese Frage wurde seit Austin (1962), der einen ersten Versuch einer Taxonomie vorgelegt hat, von verschiedenen Linguisten und Philosophen unterschiedlich beantwortet. Wir können die einzelnen Klassifikationsversuche hier nicht im Detail diskutieren. Wir werden uns im Folgenden an der bekanntesten Taxonomie orientieren, und zwar an der Gliederung, die Searle (1976; dt. 1980b) vorgelegt hat.

3.2 Die Taxonomie von Searle (1976)

Searle unterscheidet insgesamt fünf Großgruppen, und zwar: Repräsentativa, Direktiva, Kommissiva, Expressiva und Deklarationen. Zunächst sollen nun, repräsentiert durch entsprechende Verben, die wichtigsten Sprechhandlungsmuster aufgeführt werden, die nach Searle zu den einzelnen Gruppen zu zählen sind. In einem zweiten Schritt sollen die Kriterien diskutiert werden, die Searle zu dieser Klassenbildung geführt haben; auf diesem Hintergrund werden die Klassen dann inhaltlich charakterisiert werden.

---

[2] Austin (1962: 150; dt. 1972: 165).
[3] Folgendes Zitat von Wittgenstein (1969:325) geht in eine ähnliche Richtung: „Kannst du die Grenzen angeben? Nein. Du kannst welche ziehen, denn es sind noch keine gezogen."

Repräsentativa sind z.B. behaupten, mitteilen, berichten, informieren, feststellen, beschreiben sowie klassifizieren, diagnostizieren, taxieren, datieren, vorhersagen usw.

Direktiva sind z.B. bitten, befehlen, anordnen, verbieten, eine Weisung geben, einen Antrag stellen sowie raten, vorschlagen, empfehlen, aber auch erlauben und fragen.

Kommissiva sind z.B. versprechen, geloben, garantieren, schwören, vereinbaren, ausmachen, sich verabreden sowie drohen, wetten und anbieten.

Expressiva sind z.B. danken, Beileid aussprechen, gratulieren, klagen, willkommen heißen, grüßen, verfluchen, fluchen, auf etwas trinken, jemandem etwas wünschen (z.B. jemandem eine gute Fahrt wünschen) sowie sich entschuldigen.

Deklarationen sind z.B. ernennen, entlassen, nominieren, abdanken, den Krieg erklären, kapitulieren, taufen, trauen, verhaften, begnadigen, jemandem etwas vermachen sowie definieren, jemandem oder etwas einen Namen geben, etwas als etwas abkürzen und schließlich auch freisprechen, schuldig sprechen sowie eine Tatsachenentscheidung treffen (Tatsachenentscheidungen werden z.B. von Schiedsrichtern ausgesprochen).

Zur Etablierung dieser fünf Großgruppen zieht Searle drei Unterscheidungskriterien heran:[4]

- den illokutionären Zweck (illocutionary point) des Sprechakts. Als illokutionären Zweck kann man die kommunikativen und praktischen Absichten bezeichnen, die ein Sprecher mit seiner Äußerung verfolgt. Diesen Aspekt betrachtet Searle als das wichtigste Unterscheidungsmerkmal.
- die psychische Einstellung (psychological state), die der Sprecher mit dem Sprechakt zum Ausdruck bringt. Als psychologische Einstellungen können z.B. Wunsch, Absicht, Glauben, Bedauern, Verärgerung etc. gelten.
- die Entsprechungsrichtung (direction of fit) zwischen den Worten und den Tatsachen. Dieses Kriterium kann man am besten an Beispielen erklären. Äußert ein Sprecher ein Direktiv oder ein Kommissiv, so sollen sich die Tatsachen so ändern, wie es in der sprachlichen Handlung (in den Worten) angegeben ist; es geht also darum, dass man aufgrund der Äußerung die Welt so verändert, dass sie dem propositionalen Gehalt des

---

[4] Zur weiteren Untergliederung der Großgruppen schlägt Searle (1980b: 86–88) neun weitere Unterscheidungskriterien vor, von denen die wichtigsten hier genannt werden sollen:
- „Unterschiede in der Kraft oder Stärke, mit der der Illokutionszweck dargeboten wird" (z.B. *bitten* vs. *flehen*).
- „Unterschiede im sozialen Status des Sprechers und Hörers und zwar insofern, als sich diese auf die Illokutionskraft der Äußerung auswirken" (z.B. Aufforderung eines Vaters an sein Kind vs. Aufforderung des Kindes an den Vater).
- „Unterschiede in der Art und Weise, wie sich Äußerungen auf den Nutzen des Sprechers und Hörers beziehen" (z.B. *beglückwünschen* vs. *kondolieren*).
- „Unterschiede im Bezug zum übrigen Diskurs" (z.B. *behaupten* vs. *widersprechen*).
- „Unterschiede im propositionalen Gehalt, die vom Illokutionsindikator abhängen" (z.B. *berichten* vs. *vorhersagen*).
- „Unterschiede zwischen Sprechakten, die zu ihrem Vollzug außersprachliche Institutionen erfordern, und solche, bei denen das nicht der Fall ist" (z.B. *fragen* vs. *verhören*).
- „Unterschiede im Vollzugsstil des Sprechaktes" (z.B. *verkünden* vs. *anvertrauen*).

Sprechakts entspricht. Bei den Repräsentativa ist es umgekehrt; hier kommt es darauf an, dass die Äußerung ‚stimmt', d.h. dass die Worte den Tatsachen entsprechen.

Mit diesen drei Kriterien lassen sich die fünf Sprechaktklassen nun wie folgt charakterisieren:

R e p r ä s e n t a t i v a : „Der Illokutionszweck der Sprechakte der repräsentativen Klasse besteht darin, den Sprecher (in verschiedenen Graden) darauf festzulegen, dass etwas der Fall ist, d.h. ihn an die Wahrheit der ausgedrückten Proposition zu binden." (Searle (1980b: 92f.)) Zu den Repräsentativa gehören also alle Sprechhandlungen, bei denen die entsprechende Proposition p wahr oder falsch sein kann. Die durch Repräsentativa ausgedrückte psychische Einstellung ist der Glaube, dass p wahr ist. Die Dimension der Entsprechungsrichtung lässt sich bei den Repräsentativa problemlos angeben: Die Worte müssen den Tatsachen entsprechen.[5]

D i r e k t i v a : Vollzieht ein Sprecher Sp1 einen Sprechakt aus der Klasse der Direktiva, so besteht der illokutionäre Zweck seiner Äußerung darin, seinen Hörer dazu zu bewegen, eine bestimmte Handlung X auszuführen. Der durch ein Direktiv ausgedrückte psychische Zustand ist also der Wunsch von Sp1, dass Sp2 X ausführen möge. Die Entsprechungsrichtung von Worten und Tatsachen ist auch hier eindeutig bestimmbar: Die Tatsachen sollen so geändert werden, dass sie den Worten entsprechen.

K o m m i s s i v a : Als Kommissiva sind nach Searle (1980b: 94) solche illokutionären Akte zu verstehen, „deren Zweck darin besteht, den Sprecher auf eine zukünftige Handlung festzulegen oder dazu zu verpflichten." Durch ein Kommissiv drückt ein Sprecher die Absicht aus, eine bestimmte Handlung auszuführen oder zu unterlassen. Die Richtung der Entsprechung zwischen Worten und Tatsachen ist die gleiche wie bei den Direktiva: die Welt soll so eingerichtet werden, dass sie der in dem Kommissiv geäußerten Proposition entspricht. Im Gegensatz zu den Direktiva ist es bei den Kommissiva jedoch der Sprecher Sp1, der diese Veränderung in der Welt herbeiführen soll.[6]

E x p r e s s i v a : Der illokutionäre Zweck der Sprechakte dieser Klasse besteht nach Searle (1980b: 95) darin, eine bestimmte „psychische Einstellung zu einem im propositionalen Gehalt spezifizierten Sachverhalt auszudrücken." Beispielhafte Äußerungsformen für Expressiva wären demnach (2) bis (4).

(2) Entschuldige, dass ich dir den Abend verdorben habe!
(3) Herzlichen Glückwunsch, dass du den Admiral's Cup gewonnen hast!
(4) Danke, dass du mir geholfen hast!

Hier fallen also der illokutionäre Zweck eines Sprechakts und der Ausdruck der psychischen Einstellung zusammen: Der illokutionäre Zweck besteht im Ausdruck einer psychischen Einstellung zu einer Proposition p. Diese Proposition ist nach Searles Auffassung in Beispielen wie (2) bis (4) jeweils in den *dass*-Sätzen enthalten; die rudimentären Hauptsätze drücken psychische Einstellungen wie Bedauern, Freude und Dankbarkeit in

---

[5] Eine ausführliche Darstellung der Repräsentativa findet sich in Rolf (1983).
[6] Graffe (1990) gibt eine detaillierte Darstellung der kommissiven Sprechakte.

Bezug auf p aus. Searle kommt zu dem Schluss, dass es bei den Expressiva keine Entsprechungsrichtung zwischen Worten und Tatsachen gibt. Er begründet das damit, dass in Sprechakten wie z.B. (4) weder behauptet wird, dass die Tatsache besteht, dass Sp1 Dankbarkeit empfindet, noch dass es eine Tatsache ist, dass Sp2 Sp1 geholfen hat. (4) gilt als Ausdruck der Dankbarkeit und die Wahrheit der Proposition, dass Sp2 Sp1 geholfen hat, wird präsupponiert, d.h. bei einem solchen Sprechakt als selbstverständlich vorausgesetzt.[7]

D e k l a r a t i o n e n : Als besonders typische Fälle von deklarativen Sprechakten kann man Beispiele wie (5) bis (7) ansehen.

(5)   Hiermit ernenne ich Sie zum Honorarkonsul von Guatemala.
(6)   Ich taufe dieses Schiff auf den Namen ‚Amalasuntha'.
(7)   Sie sind hiermit von der Mordanklage freigesprochen.

Wird (5) unter den entsprechenden Umständen von einer autorisierten Person geäußert, so ist der Adressat durch die Äußerung von (5) Honorarkonsul von Guatemala. Analoges gilt für (6) und (7). Allein dadurch, dass Sp1 (7) äußert, ist Sp2 von der Anklage freigesprochen. Vorausgesetzt ist natürlich auch hier, dass der Sprecher von (7) dazu berechtigt ist, die Deklaration zu vollziehen, d.h. dass er Richter oder Vorsitzender der Geschworenen ist. Aus diesen Beispielen wird bereits deutlich, dass es sich bei Deklarationen hauptsächlich um Sprechakte handelt, die im Rahmen von Institutionen vollzogen werden. Eine bestimmte institutionelle Tatsache p wird eben dadurch herbeigeführt, dass ein Vertreter der entsprechenden Institution erklärt, dass p besteht. Institutionelle Tatsachen betreffen hauptsächlich die Rolle oder den Status, den bestimmte Personen oder Objekte innerhalb dieser Institution innehaben. So kann man z.B. einer Akte den Status eines Beweisstücks in einem Prozess zusprechen, oder man kann zwei Personen innerhalb der Institution der bürgerlichen Gesellschaft zu Eheleuten erklären usw.[8] In diesem Sinne ist auch Searles (1980b: 96) Charakterisierung der Deklarationen zu verstehen: „Das Definitionsmerkmal dieser Klasse besteht darin, dass der erfolgreiche Vollzug dieser Sprechakte ihren propositionalen Gehalt mit der Wirklichkeit zur Deckung bringt."

Aufgrund dieser Bestimmung kommt Searle (1980b: 98) zu dem Schluss, dass bei den Deklarationen die Entsprechungsrichtung ‚Worte-Tatsachen' in beiden Richtungen verläuft: Die (institutionellen) Tatsachen werden durch die Worte verändert, und die Worte entsprechen den (institutionellen) Tatsachen. Eine besondere psychische Einstellung kommt nach Searle durch Deklarationen nicht zum Ausdruck.

---

[7] Eine ausführliche Darstellung der Expressiva gibt Marten-Cleef (1991). Zu den expressiven sprachlichen Handlungen siehe auch Sander (2003). Eine knappe Zusammenfassung der Arbeiten von Rolf (1983), Graffe (1990), Marten-Cleef (1991) und anderen Ansätzen zur Ausdifferenzierung der Großgruppen bei Searle findet sich in Kohl/Kranz (1992).

[8] Selbstverständlich können nur institutionelle, nicht aber natürliche Tatsachen durch Deklarationen verändert werden. So ist es z.B. natürlich unmöglich, einen Regentag zu einem Sonnentag zu machen, indem man ihn dazu erklärt, oder eine Wüste per Deklaration in eine fruchtbare Landschaft zu verwandeln. Zur Unterscheidung zwischen natürlichen und institutionellen Tatsachen vgl. Searle (1971: Kap. 2.7).

Searle spricht zwei Untergruppen von Deklarationen an. Für die erste Gruppe ist charakteristisch, dass sie keine außersprachlichen Institutionen erfordert. Zu dieser Gruppe gehören hauptsächlich Sprechakte, durch die Sp1 eine bestimmte Bezeichnungskonvention für ein einzelnes Objekt oder für eine Klasse von Objekten einführt, wie in den Beispielen (8) und (9).

(8) Die oben aufgeführte Gruppe von Verben soll im Folgenden ‚transpirativ' genannt werden.
(9) ‚Subjekt' definiere ich als diejenige NP, die unmittelbar von S dominiert wird.

Die zweite Gruppe der Deklarationen, die Searle (1980b: 99) herausarbeitet, werden von ihm als „Repräsentativdeklarationen" bezeichnet. Typische Vertreter dieser Klasse sind z.B. (10) und (11), wenn man voraussetzt, dass sie von einem Richter bzw. einem Schiedsrichter geäußert werden:

(10) Sie sind des Mordes schuldig!
(11) Der Ball ist aus!

(10) und (11) sind insofern den Repräsentativen verwandt, als sie, wie diese, wahr oder falsch sein können. Als Deklarationen können sie jedoch eingestuft werden, weil durch solche Äußerungen in den entsprechenden institutionellen Zusammenhängen festgelegt wird, dass der Ball im Aus war, bzw. dass der Angeklagte schuldig ist. Searle (1980b: 99) schreibt zu diesem Typ der Deklarationen folgendes:

> In manchen Institutionen ist es erforderlich, dass Behauptungen von der Klasse der Repräsentativa mit der Illokutionskraft von Deklarationen geäußert werden, damit der Streit über die Wahrheit einer Behauptung zu einem Ende kommen kann und die nächsten institutionellen Schritte, die von dieser Entscheidung abhängen, unternommen werden können.

Bei dieser Untergruppe der Deklarationen geht Searle davon aus, dass sie zusätzlich zu der für die Deklarationen charakteristischen doppelten Entsprechungsrichtung zwischen Worten und Tatsachen auch noch die Entsprechungsrichtung der Repräsentativa besitzen. Im Gegensatz zu den normalen Deklarationen drücken die Repräsentativdeklarationen eine psychische Einstellung aus, und zwar den Glauben, dass der entsprechende Sachverhalt wahr ist. Auch hierin gleichen sie den Repräsentativa.[9]

In Searle/Vanderveken (1985) und Searle (1989) werden alle performativen Äußerungen den Deklarationen zugerechnet. Eine Äußerung wie *Ich befehle Ihnen den Raum zu verlassen* wäre dann nicht den Direktiven, sondern den Deklarationen zuzuordnen. Eine solche Analyse ist wenig plausibel, da nach dieser Beschreibung Äußerungen wie (12) und (13) unterschiedlichen Sprechaktklassen zugeordnet werden müssten.

---

[9] Eine noch komplexere Analyse von Gerichtsurteilen als Sprechakten gibt Ho (2006). Er sieht u.a. auch eine expressive Komponente in Gerichtsurteilen: „it expresses, with greater or lesser force, a negative attitude ranging from strong condemnation to mild disapproval of the defendant's past conduct." (Ho (2006: 26)). Zu Sprechakten im juristischen Kontext siehe auch Kurzon (1986).

(12) Ich bitte dich, mir 5 Euro zu leihen.
(13) Leih mir bitte 5 Euro!

Sowohl mit (12) als auch mit (13) verfolgt der Sprecher jedoch den gleichen illokutionären Zweck; er will den Hörer dazu bewegen, ihm 5 Euro zu leihen. Werden alle performativen Äußerungen unter die Deklarationen gezählt, wird es unmöglich, die Deklarationen als Sprechakte zur Schaffung oder Veränderung von institutionellen Tatsachen zu verstehen.

Harras (2001) hat ein weiteres Argument gegen die Auffassung vorgetragen, dass alle explizit-performativen Äußerungen Deklarationen seien. Sie untersucht, wie man einen bestimmten Sprechakt ZURÜCKWEISEN[10] kann. Bei einer ZURÜCKWEISUNG bringt Sp2 zum Ausdruck, dass der erste Sprechakt I von Sp1 nicht richtig vollzogen worden ist, d.h. dass Sp1 die Regel des Sprechakts I nicht richtig befolgt hat. In folgenden Beispielen (14)–(16) WEIST Sp2 in b) den Sprechakt I in a) ZURÜCK.

(14) a. Sp1: Ich verspreche dir, dich zu besuchen.
   b. Sp2: Wie kommst du denn darauf, dass ich von dir besucht werden will?
(15) a. Sp1: Ich bitte dich, mir diesen Satz aus dem Lateinischen zu übersetzen.
   b. Sp2: Du weißt doch ganz genau, dass ich nicht Lateinisch kann.
(16) a. Sp1: Ich teile dir hiermit mit, dass morgen der Kaminkehrer kommt.
   b. Sp2: Ach, das weiß ich doch schon lange.

Die ZURÜCKWEISUNGEN beziehen sich nun in allen Fällen auf die besonderen Handlungsbedingungen des VERSPRECHENS, BITTENS oder MITTEILENS, nicht aber auf Eigenschaften, die für DEKLARATIONEN charakteristisch wären.[11]

Zusammenfassend lassen sich die fünf Klassen von Searle (1976) wie folgt charakterisieren:[12]

R e p r ä s e n t a t i v a sind solche Sprechakte, durch die der Sprecher zu erkennen gibt, was er glaubt, dass in der Welt der Fall ist.

D i r e k t i v a sind solche Sprechakte, durch die der Sprecher zu erkennen gibt, was er will, das der andere tun soll.

K o m m i s s i v a sind solche Sprechakte, durch die der Sprecher zu erkennen gibt, was er selbst vorhat zu tun.

E x p r e s s i v a sind Sprechakte, durch die der Sprecher zu erkennen gibt, wie ihm zumute ist.

D e k l a r a t i o n e n sind solche Sprechakte, durch die der Sprecher zu erkennen gibt, was in einem bestimmten institutionellen Rahmen der Fall sein soll.

---

[10] Siehe dazu Kap. 7.1.1.4.
[11] Zu weiteren Argumenten gegen die Auffassung, explizit-performative Äußerungen seien Deklarationen siehe Martinich (2002) und Grewendorf (2002). Einen Überblick über verschiedene Theorien zur Beschreibung explizit-performativer Ausdrücke geben Harnish (2007) und Rolf (2009).
[12] Die Kurzdefinitionen gehen auf Formulierungen von F. Hundsnurscher zurück.

49

AUFGABEN KAPITEL 3

3.1   Searle (1976) entwickelt seine Taxonomie in Abgrenzung von dem Klassifikationsvorschlag, den Austin (1962) vorgelegt hat. Austin unterscheidet verdiktive Äußerungen (z.B. *ich diagnostiziere dieses Verhalten als paranoide Schizophrenie*), exerzitive Äußerungen (siehe unten), kommissive Äußerungen (z.B. *ich schwöre Ihnen, dass ich mit der Sache nichts zu tun habe*), konduktive Äußerungen (z.B. *ich bedanke mich sehr herzlich bei Ihnen*) und expositive Äußerungen (z.B. *ich bestreite, dass ich in diese Affäre verwickelt bin*). Die exerzitiven Äußerungen definiert Austin (1972: 166) wie folgt:

> Mit den exerzitiven Äußerungen übt man Macht, Rechte oder Einfluss aus. Hierher gehören zum Beispiel Ernennen, Stimmen (für), Anweisen, Drängen, Ratgeben, Warnen und so weiter.

An anderer Stelle schreibt Austin (1972: 170):

> Eine exerzitive Äußerung besteht darin, dass man für oder gegen ein bestimmtes Verhalten entscheidet oder spricht. Sie ist eine Entscheidung, dass etwas so und so sein solle, und kein Urteil, es sei so; sie ist Befürwortung im Unterschied zur Bewertung; sie ist Anerkenntnis im Unterschied zur Berechnung; sie ist Strafausspruch im Unterschied zum Schuldspruch.

Folgende Beispielliste gibt Austin (1972: 170f.).
   Klasse der exerzitiven Äußerungen:

(1)   befehlen   (2)   bestimmen
(3)   anweisen   (4)   beauftragen
(5)   untersagen   (6)   verbieten
(7)   (Gesetz usw.) erlassen   (8)   (Steuern usw.) auferlegen
(9)   verordnen   (10) verfügen
(11) vorschreiben   (12) übertragen
(13) anvertrauen   (14) (zu etw.) verurteilen
(15) (mit Buße usw.) belegen   (16) ächten
(17) verzeihen   (18) begnadigen
(19) (Vollstreckung usw.) aussetzen   (20) (Verfahren usw.) einstellen
(21) erlauben   (22) bewilligen
(23) gewähren   (24) schenken
(25) vermachen   (26) überlassen
(27) widmen   (28) (zu etw.) wählen
(29) (für/zu etw.) bestimmen   (30) ernennen
(31) (in ein Amt usw.) einsetzen   (32) absetzen
(33) entlassen   (34) (Besitz usw.) aufgeben
(35) zurücktreten   (36) vorschlagen
(37) (zu etw.) raten   (38) empfehlen
(39) befürworten   (40) (etw.) verurteilen

(41)	tadeln	(42)	rügen
(43)	billigen	(44)	anerkennen
(45)	(für/gegen) etw. stimmen	(46)	(eine Sache) vertreten
(47)	plädieren	(48)	darauf bestehen, dass
(49)	abraten	(50)	warnen
(51)	Einspruch erheben	(52)	Veto einlegen
(53)	sich entscheiden	(54)	beschließen
(55)	bitten	(56)	(in jdn.) dringen
(57)	anflehen	(58)	bestürmen
(59)	fordern	(60)	verlangen
(61)	ermahnen	(62)	(um etw.) beten
(63)	Antrag stellen	(64)	beanspruchen
(65)	beschlagnahmen	(66)	bestellen
(67)	verzichten	(68)	(den Krieg usw.) erklären
(69)	(für eröffnet usw.) erklären	(70)	(Waffenstillstand usw.) ausrufen
(71)	(jdn. zu etw.) ausrufen	(72)	nominieren
(73)	Namen geben	(74)	(an jdn.) verweisen
(75)	aufheben	(76)	absagen
(77)	abbestellen	(78)	außer Kraft setzen

3.1.1 Vergleichen Sie die Definition der Klasse der exerzitiven Äußerungen von Austin mit der Definition der Sprechaktklasse der Direktiva bei Searle.

3.1.2 Ordnen Sie die Ausdrücke (1)–(78) der obigen Liste den entsprechenden Gruppen bei Searle zu: z.B. (1) *befehlen* gehört zu den Direktiva usw.

3.2 Searle rechnet *permit* (*erlauben*) zu den direktiven Sprechakten. Überprüfen Sie anhand der drei Kriterien ‚illokutionärer Zweck', ‚propositionale Einstellung' und ‚Wort-Welt-Entsprechung', ob diese Zuordnung zutreffend ist.

*3.3 Vergleichen Sie folgende Sprechakttaxonomie aus Wunderlich (1976:77) mit der Klassifikation von Searle (1976; 1980b).

„Folgende illokutive Typen werden von mir unterschieden:

(a) Direktiv: Aufforderungen, Bitten, Befehle, Anweisungen, Anordnungen, Instruktionen, Normsetzungen
(b) Commissiv: Versprechungen, Ankündigungen, Drohungen
(c) Erotetisch: Fragen
(d) Repräsentativ: Behauptungen, Feststellungen, Berichte, Beschreibungen, Erklärungen, Versicherungen
(e) Satisfaktiv: Entschuldigungen, Danksagungen, Antworten, Begründungen, Rechtfertigungen

(f)	Retraktiv:	Zurückziehen eines Versprechens, Korrektur einer Behauptung, Erlaubnisse
(g)	Deklarationen:	Benennungen, Definitionen, Ernennungen, Schuldsprüche, Festsetzen einer Tagesordnung, Eröffnung einer Sitzung [...]
(h)	Vokativ:	Anrufe, Aufrufe, Anreden"

4. Direktive Sprechakte

Im Folgenden soll nun versucht werden, eine der von Searle vorgeschlagenen fünf Sprechaktklassen exemplarisch zu beschreiben. Als Gegenstand der Analyse sollen die direktiven Sprechakte dienen. Die Beschreibung erfolgt nach den in 2.3 formulierten methodischen Prinzipien. Im vorliegenden 4. Kapitel wird auf dem Hintergrund der entsprechenden SB-Ausdrücke das System der direktiven Sprechhandlungen skizziert. Im Kapitel 5 sollen dann Möglichkeiten zur Beschreibung der Äußerungsformen aufgezeigt werden, die zum Vollzug direktiver Sprechhandlungen dienen.

4.1 Die SB-Ausdrücke für direktive Sprechakte

Die Listen (1) und (2) mit Verben bzw. mit SB-Ausdrücken, die ein nominales Element enthalten, geben einen ersten Überblick über die verschiedenen Formen direktiver Sprechhandlungen.

(1) *anfeuern, anflehen, anfordern, anordnen, anregen, anstiften, auffordern, jmdn. zu etw. aufrufen, jmdn. etw. auftragen, beantragen, beauftragen, befehlen, darauf bestehen, dass; bestellen, bitten, darauf drängen, dass; einladen, empfehlen, ersuchen, ermahnen, jmdn. zu etw. ermuntern, flehen, fordern, gebieten, kommandieren, jmdn. etw. nahe legen, jmdn. zu etw. nötigen, raten, untersagen, verbieten, verleiten, verlangen, verordnen, vorschlagen, vorschreiben, wegschicken, wünschen* usw.

(2) *einen Antrag stellen, einen Appell richten an, eine Anweisung geben, jmdm. eine Anleitung geben, einen Auftrag erteilen, einen Aufruf ergehen lassen, einen Befehl geben, eine Bestellung aufgeben, eine Bitte äußern, eine Eingabe machen, eine Forderung stellen, eine Gebrauchsanweisung geben, ein Gesuch einreichen, Instruktionen geben, ein Kommando geben, an jmdn. eine Petition richten, Richtlinien erlassen, Verfügungen erlassen, Verordnungen erlassen, Weisungen geben, Wünsche äußern* usw.

Für die nähere Beschreibung der Untermuster der direktiven Sprechakte sind einige Einschränkungen notwendig. Ausgeklammert werden:

(i) Direktiva, die primär schriftlich vorgetragen werden wie z.B. *einen Antrag stellen* oder *eine Eingabe machen*
(ii) Direktiva, die nur an bestimmte Institutionen gebunden sind wie z.B. *einen Erlass herausgeben, ein Gesetz verabschieden* oder *jmdn. bei Gericht vorladen*

(iii) Direktiva, die in eine Sprechaktsequenz eingebettet sind bzw. sich auf eine ganze Sequenz beziehen wie z.B. *flehen, bitten und betteln, darauf bestehen, dass; darauf drängen, dass* usw.[1]

Beschrieben werden sollen also nur solche Direktiva, die nicht sequenziell oder institutionell determiniert sind, und die in direkter face-to-face Interaktion geäußert werden.

Der illokutionäre Zweck, den ein Sprecher mit einer direktiven Äußerung verfolgt, besteht darin, seinen Hörer Sp2 zu einer bestimmten Handlung X zu veranlassen. Die direktiven Sprechakte lassen sich nun u.a. dadurch in Untergruppen einteilen, dass man die Typen von Handlungen unterscheidet, die Gegenstand einer direktiven Sprechhandlung sein können. Direktiva, bei denen Sp1 Sp2 zu einer aktiven Handlung veranlassen will, sollen als Aufforderungen bezeichnet werden, Sprechhandlungen, bei denen der illokutionäre Zweck darin besteht, Sp2 zu einer negativen Handlung, d.h. also zu einer Unterlassung, zu bewegen, sollen zur Gruppe der Verbote gerechnet werden. Zu dieser Unterklasse zählen alle Sprechakte, auf die man sich mit Verben wie *untersagen, verbieten, abraten* bzw. mit SB-Ausdrücken wie z.B. *die Erlaubnis versagen* oder *ein Verbot aussprechen* bezieht.[2]

Eine wichtige Untergruppe der Aufforderungen stellen die Fragen dar. Bei einer Frage ist X eine sprachliche Handlung. Sp1 fordert Sp2 dazu auf, durch eine sprachliche Handlung ein Wissensdefizit bei Sp1 zu beheben. Dass es sich bei den Fragen um eine wichtige Gruppe direktiver Sprechakte handelt, kann man u.a. daran ablesen, dass in fast allen Sprachen ein eigener grammatisch-syntaktischer Modus, eben der Fragesatz, zur Markierung dieser illokutionären Akte ausgebildet ist.[3]

Im Folgenden wird nun der Versuch gemacht, für die Aufforderungen eine Feinklassifizierung vorzuschlagen. In Anlehnung an entsprechende SB-Ausdrücke sollen die wesentlichsten Unterschiede der Handlungsbedingungen bei den Aufforderungen herausgearbeitet werden.[4]

4.2 Prinzipien der Subklassifizierung

Zur vollständigen Beschreibung eines Sprechhandlungsmusters gehören folgende drei Komponenten:

(i) die Angabe des illokutionären Zwecks des Sprechakts, d.h. der Absichten des Sprechers
(ii) die Angabe der Handlungsbedingungen, unter denen der Sprechakt vollzogen wird
(iii) die Angabe der Äußerungsformen, die zur Realisierung des entsprechenden Musters dienen.

---

[1] Zur Beschreibung solcher Sprechaktsequenzen siehe Kap. 7.
[2] Zu den VERBOTEN siehe Hindelang (1998).
[3] Zur Beschreibung der Fragehandlungen siehe Hindelang (1981) und Yang (2003).
[4] Für eine detaillierte Beschreibung der Aufforderungshandlungen siehe Hindelang (1978).

Der erste Aspekt ist durch die Zuordnung der Aufforderungen zu den direktiven Sprechakten bereits abgedeckt. Die unter (iii) angesprochenen Eigenschaften eines Sprechakts werden im Kapitel 5 behandelt werden. Im vorliegenden Abschnitt wird es also hauptsächlich darum gehen, die verschiedenen Handlungsbedingungen zu charakterisieren, in denen sich Aufforderungen unterscheiden können.

Die Faktoren, die als Handlungsbedingungen in Frage kommen, lassen sich in verschiedene Gruppen zusammenfassen. Entscheidend zur Charakterisierung eines Untertyps von Aufforderungen sind u.a.

(a) Angaben darüber, ob Sp2 verpflichtet ist, der Aufforderung zu folgen, und falls ja, welcher Art diese Verpflichtung ist.
(b) Angaben darüber, ob Sp1 gegenüber Sp2 Sanktionsmittel in der Hand hat, falls Sp2 der Aufforderung nicht nachkommt.
(c) Angaben über die Rollen- und Beziehungsstruktur, die zwischen Sp1 und Sp2 vorliegt.
(d) Angaben über die der Aufforderung zugrunde liegenden persönlichen Wünsche und Bedürfnisse von Sp1 und Sp2.
(e) Angabe über die Problemlage, zu deren Lösung die Ausführung der Aufforderung beitragen soll.
(f) Angaben über die Arten von Handlungen, zu denen Sp1 auffordern kann.

Als oberstes Gliederungskriterium zur Unterscheidung der ‚Aufforderungen' soll die folgende Frage dienen: Muss Sp2 die Handlung, zu der ihn Sp1 aufgefordert hat, ausführen, oder ist es in sein Belieben gestellt, ob er der Aufforderung von Sp1 nachkommt oder nicht? Aufforderungen, die Sp2 befolgen muss, sollen b i n d e n d genannt werden, solche, die er nicht ausführen muss, sollen n i c h t - b i n d e n d heißen.

Bindende Aufforderungen liegen dann vor, wenn Sp2 aufgrund eines Vertrages oder Gesetzes die gewünschte Handlung vollziehen muss oder wenn Sp1 gegenüber Sp2 Sanktionsmittel in der Hand hat, mit denen er Sp2 zwingen kann, seiner Aufforderung Folge zu leisten. Meistens hängen diese beiden Aspekte zusammen, da Gesetze und Verordnungen in der Regel mit Strafandrohungen verbunden sind. Umgekehrt gibt es jedoch Fälle, in denen Sp2 einer Aufforderung von Sp1 aus Angst vor den Sanktionshandlungen von Sp1 nachkommt, ohne dass die Strafandrohung irgendeine gesetzliche oder legale Grundlage hat.

Bindende Aufforderungen in diesem Sinne sind also sprachliche Handlungen, auf die man sich mit SB-Ausdrücken wie *Befehl, Gebot, Weisung, Anordnung, Erpressung* oder *Nötigung* bezieht.

Während die Unterscheidung innerhalb der bindenden Aufforderungen vor allem aufgrund von Handlungsbedingungen der Typen (a) und (b) erfolgen, können die nicht-bindenden Aufforderungen am besten durch Handlungsbedingungen differenziert werden, die unter die Gruppen (c) und (d) fallen. Typische SB-Ausdrücke für nicht-bindende Aufforderungen sind *Bitte, Ratschlag, Tipp, Vorschlag, Anleitung* usw.

4.3 Bindende Aufforderungen

Betrachten wir zunächst die wichtigsten Unterscheidungen innerhalb der Gruppen der bindenden Aufforderungen. Die zentrale Frage lautet hier: Aufgrund welcher Faktoren kann die Situation entstehen, dass Sp2 tun muss, wozu ihn Sp1 auffordert. Wie bereits angedeutet, kann man zwei Situationstypen unterscheiden, a) Sp1 hat das Recht, Sp2 zum X-en aufzufordern, und Sp2 ist verpflichtet zu X-en, wenn Sp1 es von ihm verlangt, b) Sp1 hat kein Recht, Sp2 zum X-en aufzufordern; Sp1 hat Sp2 gegenüber aber direkte Sanktionsmöglichkeiten in der Hand, die es ihm ermöglichen, Sp2 zu zwingen, X auszuführen. Man könnte Aufforderungen des Typs a) berechtigt, solche des Typs b) unberechtigt nennen.

Bei den berechtigten bindenden Aufforderungen ist es sinnvoll, weitere Unterscheidungen in Bezug auf die Art der Verpflichtung vorzunehmen, die der Aufforderung zugrunde liegt. So gibt es etwa Verpflichtungen, die Sp2 freiwillig eingegangen ist. Alle Aufforderungen, die Sp2 ausführen muss, weil er sich z.B. in einem Arbeitsvertrag einem Arbeitgeber gegenüber verpflichtet hat, gewisse Tätigkeiten auszuführen, basieren auf solchen freiwillig übernommenen Verpflichtungen. Werden solche Verträge von einer der beiden Seiten aufgekündigt, ist Sp2 nicht mehr daran gebunden, den Aufforderungen seines Vorgesetzten Folge zu leisten. Werden die direktiven Sprechakte von einem Vorgesetzten Sp1 gegenüber einem Untergebenen Sp2 geäußert, soll diese Äußerung dem Muster WEISUNG zugeordnet werden. Wenn z.B. ein Chef Sp1 seiner Sekretärin Sp2 sagt, sie solle ihm einen bestimmten Brief abtippen, so soll diese Aufforderung dem Sprechakttyp WEISUNG zugeordnet werden. Dabei spielt es keine Rolle, ob Sp1 zur Formulierung der WEISUNG eine Äußerungsform wie (3) gebraucht, die man auch dazu verwenden kann, um Bitten vorzutragen, oder ob er die WEISUNG in einer schroffen Form wie in (4) ausdrückt.

(3) Könnten Sie mir bitte diesen Brief dreimal abschreiben, Frau Gerda?
(4) Diesen Brief dreimal abschreiben!

Eng verwandt mit den WEISUNGEN sind Aufforderungen, die ein Kunde oder ein Gast an einen Verkäufer oder einen Kellner richtet. Sprechakte dieses Typs sollen AUFTRAG genannt werden. Sp2 ist, ähnlich wie bei WEISUNGEN, aufgrund eines Arbeitsvertrags gebunden, bestimmte AUFTRÄGE von Kunden oder Gästen auszuführen. Die Arten der Handlungen, zu denen Sp2 bei WEISUNGEN und AUFTRÄGEN verpflichtet ist, sind durch den Arbeitsvertrag festgelegt. So kann z.B. ein Gast nicht von einem Kellner verlangen, dass dieser ihm die Schuhe putzt, und ein Chef hat normalerweise keine Möglichkeiten, Aufforderungen auszusprechen und durchzusetzen, die das Privatleben des Angestellten betreffen.

Die zweite Gruppe der berechtigten bindenden Aufforderungen ist dadurch gekennzeichnet, dass sich die Verpflichtung, der Aufforderung Folge zu leisten, direkt oder indirekt aus staatlichen Rechtsvorschriften ableiten lässt. In diesem Bereich ist es möglich, vier Untertypen direktiver Sprechakte anzusiedeln; es sind dies: der BEFEHL, die ANORDNUNG, die FORDERUNG und das GEBOT.

Dem Sprechhandlungsmuster BEFEHL sollen hier ausschließlich bindende Aufforderungen zugerechnet werden, die im militärischen Bereich von einem Vorgesetzten gegenüber einem Untergebenen geäußert werden. Das militärische Subordinationsverhältnis kann als eine verschärfte Form der Unterordnung des Individuums unter die Rechtsvorschriften der Staatsgewalt betrachtet werden. Bindende Aufforderungen, wie sie von Vertretern der Staatsgewalt gegenüber Bürgern geäußert werden, sollen als ANORDNUNGEN bezeichnet werden. Wenn also ein Polizist Sp1 einen Autofahrer Sp2 dazu veranlasst, sein Auto aus dem Parkverbot wegzufahren, oder ihn dazu auffordert, ihm bei einer Verkehrskontrolle die Ausweispapiere zu zeigen, so könnte man diese Sprechakte dem Muster ANORDNUNG zurechnen.

Für das Muster FORDERUNG ist charakteristisch, dass der Auffordernde Sp1 aufgrund gültiger gesetzlicher Vorschriften einen Rechtsanspruch darauf hat, dass Sp2 die entsprechenden Handlungen ausführt. Im Gegensatz zu ANORDNUNGEN und BEFEHLEN sind bei FORDERUNGEN Sp1 und Sp2 gleichberechtigte Privatpersonen. Der bindende Charakter der FORDERUNG entsteht dadurch, dass Sp1 „das Recht auf seiner Seite hat" bzw. zum Zeitpunkt der Äußerung von der Rechtmäßigkeit seiner FORDERUNG überzeugt ist. Weigert sich Sp2, einer begründeten FORDERUNG Folge zu leisten, kann Sp1 die staatlichen Organe zur Durchsetzung seines Anspruches bemühen. Als Beispiel für eine FORDERUNG könnte man sich z.B. eine Situation denken, in der Sp1 Sp2 auffordert, den Müll von Sp1's Grundstück zu entfernen, den dieser dort widerrechtlich abgelagert hat. Als FORDERUNG in diesem Sinne wäre auch zu werten, wenn Sp1 Sp2 auffordert, einen geliehenen Gegenstand zurückzugeben oder fällige Schulden zurückzuzahlen.

Eng verbunden mit den bindenden Aufforderungen, die bisher dargestellt wurden, sind die Aufforderungen, die Eltern in Ausübung ihres Erziehungsrechts an ihre Kinder richten. Mit BEFEHLEN, ANORDNUNGEN und FORDERUNGEN haben die elterlichen GEBOTE gemeinsam, dass sie vom Adressaten befolgt werden müssen, und dass sie, aufgrund der juristischen Absicherung der elterlichen Gewalt, letztlich eine legale Basis haben. In mancher Hinsicht nehmen die GEBOTE jedoch eine Sonderstellung ein: zum einen bleibt den Eltern selbst überlassen, ob und wie sie mit Sanktionen ihre GEBOTE durchsetzen wollen; darüber hinaus weisen GEBOTE hinsichtlich der Präferenzbedingungen oft eher Verwandtschaft mit Ratschlägen als mit FORDERUNGEN auf, d.h. die Eltern äußern das Gebot häufig nicht aus egoistischen Motiven, sondern sie glauben meist, im Interesse des Kindes zu handeln. Ein klares Beispiel für ein GEBOT wäre z.B. die Aufforderung eines Vaters an seinen 14-jährigen Sohn, ein ohne das elterliche Einverständnis gekauftes Moped wieder zum Händler zurückzubringen. In diesem Zusammenhang muss betont werden, dass nicht alle Aufforderungen, die Eltern in der normalen Familieninteraktion an ihre Kinder richten, als GEBOTE zu verstehen sind. Es können selbstverständlich auch BITTEN, VORSCHLÄGE, RATSCHLÄGE, ANLEITUNGEN usw. geäußert werden. Als GEBOTE sollen nur solche Aufforderungen eingestuft werden, bei denen Sp1 aufgrund seiner elterlichen Autorität, wie man sagt, ‚ein Machtwort spricht'.

Damit ist der Bereich der berechtigten bindenden Aufforderungen abgesteckt. Das Beispiel par excellence für eine unberechtigte bindende Aufforderung ist die ERPRESSUNG in ihren verschiedenen Spielarten. Bei einer ERPRESSUNG muss Sp2 der Aufforderung von Sp1 Folge leisten, weil Sp1 damit droht, eine bestimmte Sanktionshandlung Z auszuführen, falls Sp2 nicht tut, was er sagt. Der Erpresser Sp1 verspricht sich in der Regel einen großen persönlichen Nutzen von der Ausführung der Aufforderung durch Sp2. Diesen Vorteil erzielt er meist auf Kosten von Sp2, d.h. die Befolgung der Aufforderung ist für Sp2 gewöhnlich mit erheblichem Schaden oder Widerwillen verbunden. Damit die Aufforderung bei so kontroversen Präferenzen überhaupt wirksam werden kann, muss Sp1 gegenüber Sp2 ein starkes Druckmittel in der Hand haben. Die von Sp1 angedrohte Sanktionshandlung Z ist so kalkuliert, dass es für Sp2 einen noch größeren Verlust bedeuten würde, Z auf sich zu nehmen, als der Aufforderung des Erpressers nachzukommen. Am deutlichsten treten die Eigenschaften dieses Aufforderungstyps bei kriminellen ERPRESSUNGEN hervor. Sp1 droht dabei meist mit sehr drastischen Sanktionshandlungen wie der Ermordung von Sp2 oder eines nahen Verwandten des Adressaten, falls Sp2 der Aufforderung nicht nachkommt. Während hier also die Sanktionshandlung Z für sich genommen schon eine strafbare Handlung darstellt, können die Sanktionshandlungen, die Sp1 bei NÖTIGUNGEN androht, durchaus legal sein. Es gibt viele Konstellationen, bei denen Sp1 Sp2 erheblichen Schaden zufügen kann, ohne dadurch gegen irgendwelche Gesetze zu verstoßen.[5] Man spricht dann davon, dass Sp1 Sp2 ‚in der Hand hat'. Es ist in diesem Zusammenhang sinnvoll, Situationen, in denen Sp2 einmalig und punktuell von Sp1 abhängig ist, von solchen Fällen zu unterscheiden, in denen Sp2 permanent von Sp1 erpressbar ist. So kann es z.B. sein, dass Sp1 deshalb Macht über Sp2 besitzt, weil er Sp2 bestimmte Vergünstigungen gewährt, auf die Sp2 angewiesen ist, und die Sp1 jederzeit widerrufen kann.

Geht die Abhängigkeit von Sp2 gegenüber Sp1 soweit, dass es sich bei Sp2 um eine praktisch rechtlose Person handelt, die dauernd der persönlichen Macht von Sp1 unterworfen ist, ohne dass sie irgendwelches Recht gegenüber Sp1 geltend machen kann, muss für Aufforderungen, die Sp1 in einer solchen Konstellation an Sp2 richtet, ein besonderes Muster angesetzt werden. Es soll als DESPOTISCHER BEFEHL bezeichnet werden. Als Beispiele für Aufforderungen nach diesem Muster könnte man – sieht man einmal von historischen Gesellschaftsformen ab[6] – an Situationen denken, in denen ein Bandenchef seine ihm auf Gedeih und Verderb ausgelieferten Leute herumkommandiert.

Damit sind die wichtigsten Handlungsbedingungen der bindenden Aufforderungen skizziert. Das folgende Schaubild (5) veranschaulicht die innerhalb dieser Gruppe getroffenen Unterscheidungen.

---

[5] In juristischem Sprachgebrauch werden nur solche Handlungen als ‚Nötigungen' bezeichnet, die ‚rechtswidrig' und ‚verwerflich' sind. Im Gegensatz dazu sind NÖTIGUNGEN als direktive Sprechakte bestimmt, bei denen Sp1 auf Sp2 persönlichen Druck ausüben kann, wenn dieser der AUFFORDERUNG nicht nachkommt.

[6] Zu denken wäre in diesem Zusammenhang z.B. an Aufforderungen, wie sie ein Sklavenhalter gegenüber seinem Sklaven äußern konnte, oder an Aufforderungen, die ein Herr an seinen Leibeigenen richtete.

(5)
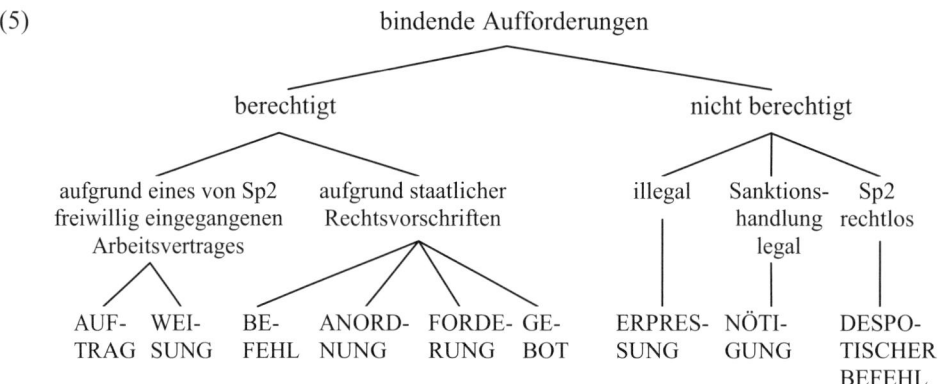

4.4 Nicht-bindende Aufforderungen

Bei den bindenden Aufforderungen erfolgte die weitere Untergliederung hauptsächlich aufgrund der Zwangs- und Verpflichtungsstrukturen, auf denen die Aufforderungen beruhen. Bei den nicht-bindenden Aufforderungen sind die Unterscheidungskriterien aus den Präferenzen von Sp1 und Sp2 abzuleiten, d.h. aus ihren Wünschen und Bedürfnissen in Bezug auf die Ausführung der direktiven Sprechhandlung. Die Struktur der Präferenzen, die einer Aufforderung zugrunde liegen, erschließt sich durch Fragen wie die folgenden:

– Wem nützt die Ausführung der Aufforderung?
– Wessen Interessen sind davon betroffen?
– Wessen Probleme werden dadurch gelöst?
– Wer wünscht die Ausführung der Aufforderung? usw.

Durch die Beantwortung dieser Fragen lassen sich drei Grundtypen nicht-bindender Aufforderungen definieren:

– Aufforderungen mit Adressatenpräferenz
– Aufforderungen mit beidseitiger Präferenz
– Aufforderungen mit Sprecherpräferenz

Liegt die Ausführung der Aufforderung von Sp1 ausschließlich im Interesse von Sp2, d.h. ist es für Sp1 letztlich gleichgültig, ob Sp2 tut, wozu er ihn auffordert, kann man von einer Aufforderung mit Adressatenpräferenz sprechen. In dieser Gruppe sollen RATSCHLÄGE und ANLEITUNGEN behandelt werden.

Ist die Handlung, zu der Sp1 auffordert, sowohl im Interesse von Sp1 als auch von Sp2, liegt eine Aufforderung mit beidseitiger Präferenz vor. Hierzu gehören ANWEISUNGEN und VORSCHLÄGE.

Die dritte Gruppe der nicht-bindenden Aufforderungen ist dadurch gekennzeichnet, dass die entsprechende Handlung ausschließlich dem Auffordernden Sp1 nützt und Sp2 keinen direkten Nutzen daraus zieht. Sie heißen deshalb Aufforderungen mit Sprecherpräferenz und umfassen den Bereich der BITTEN.

Als ANLEITUNGEN sollen solche Aufforderungen verstanden werden, durch die Sp1 Sp2 instruiert, was er tun muss, um sich in der gegebenen Situation richtig zu verhalten, oder wie er gewisse Handlungen richtig ausführen kann. Besonders wichtig sind ANLEITUNGEN deshalb immer dann, wenn Sp1 Sp2 bestimmte praktische Handlungen beibringt. Wenn z.B. ein Fahrlehrer Sp1 seinem Schüler Sp2 das Autofahren beibringt, werden in diesen Unterweisungsinteraktionen immer wieder direktive Sprechakte vorkommen, mit denen Sp1 Sp2 dazu auffordert zu schalten, zu blinken, zu bremsen, zu halten usw. Typische Äußerungsformen für solche ANLEITUNGEN sind z.B. (6)–(9).

(6) Und jetzt in den dritten Gang schalten!
(7) Sie müssen immer den Verkehr im Auge behalten!
(8) Fahren Sie weiter rechts!
(9) Mehr Abstand, Frau Krause!

Zu dem Muster ANLEITUNGEN sollen darüber hinaus auch Aufforderungen wie (10) gezählt werden, die Ärzte bei Untersuchungen gegenüber ihren Patienten äußern, oder Beispiele wie (11) und (12), die für Interaktionen zwischen Friseuren bzw. Fotografen oder Schneidern mit ihren Kunden typisch sind.

(10) Machen Sie den Mund ganz weit auf und sagen sie aaaah!
(11) Bitte nehmen Sie Ihre Brille ab!
(12) Den Kopf ein wenig mehr nach links und lächeln bitte!

Den nicht-bindenden Aufforderungen sind die ANLEITUNGEN deshalb zuzuordnen, weil Sp2 jederzeit die Interaktion mit Sp1 abbrechen kann, wenn er nicht machen will, was Sp1 sagt. Darüber hinaus kann man davon ausgehen, dass es zunächst nur im Interesse von Sp2 liegt, die ANLEITUNGEN von Sp1 zu befolgen, denn nur so kann er die gewünschten Handlungen von Sp1 erlernen bzw. von Sp1 die optimalen Dienstleistungen bekommen.

Die zweite Gruppe innerhalb der Aufforderungen mit Adressatenpräferenz sind die RATSCHLÄGE. Bei einem RATSCHLAG sagt Sp1 seinem Hörer Sp2, was dieser tun soll, um ein bestimmtes praktisches Problem T zu lösen. Als praktische Probleme sollen mit Gauthier (1963: 31) solche Probleme verstanden werden, die nur dadurch gelöst werden können, dass man etwas tut.[7] Charakteristisch für RATSCHLÄGE ist es, dass das Problem T ausschließlich Sp2 betrifft, d.h. Sp1 hat also weder ein direktes Interesse daran, dass T gelöst wird, noch dürfen bei der Frage, wie T gelöst werden soll, persönliche Vorteile oder Wünsche von Sp1 eine Rolle spielen.[8] Bei den RATSCHLÄGEN handelt es sich nicht um ein einheitliches kommunikatives Muster, sondern um eine ganze Familie verwandter

---

[7] Um ein theoretisches Problem zu lösen genügt es, dass man etwas weiß.
[8] Das bedeutet jedoch nicht, dass persönliche Wertvorstellungen des Ratgebers nicht in den RATSCHLAG eingehen dürfen, oder dass sich Sp1 nicht darüber freuen dürfte, wenn Sp2 seinem RATSCHLAG folgt.

sprachlicher Handlungen. Zur Subklassifizierung der RATSCHLÄGE können folgende Fragen herangezogen werden: ‚Welcher Art ist das praktische Problem, bei dessen Lösung Sp1 Sp2 helfen will?', ‚Gibt es einen sicheren Weg zur Lösung des Problems?' und ‚kennt Sp1 diesen Weg?'[9]

Praktische Probleme kann man zunächst einmal nach dem Lebensbereich ordnen, dem sie zuzurechnen sind. So könnte man etwa ganz global zwischen technischen, zwischenmenschlichen und moralischen Problemen unterscheiden. Ebenso wichtig für die Charakterisierung eines praktischen Problems ist die Frage, ob es sich um ein schwieriges Problem handelt, bei dem kein klarer Lösungsweg vorgezeichnet ist, oder ob es sich um ein für Sp1 leicht lösbares Problem handelt.

Auf dem Hintergrund dieser Überlegungen lassen sich drei Untermuster von RATSCHLÄGEN abgrenzen. Sie sollen als TIPP, RAT und EMPFEHLUNG bezeichnet werden.

Als TIPP soll ein RATSCHLAG verstanden werden, bei dem Sp2's Problem darin besteht, einen bestimmten Ergebniszustand p zu erzielen. Der Ratgeber Sp1 kennt aufgrund seiner Erfahrung auf dem entsprechenden Gebiet eine Reihe von Lösungswegen für Sp2's Problem und nennt ihm die Handlung, bei der seines Erachtens die größte Aussicht auf Erfolg besteht. So kann Sp1 z.B. einen TIPP geben, wie er eine Panne an seinem Auto am besten beheben kann, oder wo er vielleicht ein bestimmtes Buch finden könnte. Der TIPP-Geber sagt Sp2, was er tun würde, wenn er sich in Sp2's Situation befinden würde. Im Gegensatz zu einer konkreten Auskunft wird beim TIPP jedoch nicht vorausgesagt, dass die vorgeschlagene Handlung auch zu dem gewünschten Erfolg führt.

Bei einem TIPP hat Sp2 meist nur ein technisches Problem, bei einem RAT können auch zwischenmenschliche oder moralische Probleme Gegenstand der Beratung sein. In solchen Situationen kommt es häufig vor, dass Sp2 nicht nur im Zweifel darüber ist, welches Mittel am besten zur Erreichung eines bestimmten Zieles geeignet ist; Sp2 ist nicht selten auch unschlüssig darüber, welches konkrete Handlungsziel in einer bestimmten Situation am besten dem allgemeinen System seiner Wünsche, Werte und Bedürfnisse entspricht. Probleme dieser Art können sinnvoll nur in längeren Beratungsgesprächen erörtert werden. Eine adäquate Beschreibung des Musters RAT müsste also in die Darstellung des gesamten Dialogtyps ‚Beratungsgespräch' eingebettet sein.[10]

Wenn Sp1 eine EMPFEHLUNG gibt, vollzieht er damit immer auch eine Bewertung. Eine EMPFEHLUNG und die damit verbundene Bewertung sind für Sp2 immer dann besonders nützlich, wenn Sp2 vor der Wahl zwischen verschiedenen Handlungsalternativen steht und selbst über keine Anhaltspunkte oder Bewertungskriterien verfügt, die es ihm erlauben würden, zwischen den für ihn zunächst gleichwertigen Alternativen zu entscheiden. Wenn Sp2 z.B. vor einer großen Auswahl an Weinsorten steht und nicht weiß, welche er kaufen soll, kann Sp1 eine EMPFEHLUNG wie (13) äußern.

---

[9]   Eine weitere Frage, die allerdings auf einer anderen Ebene liegt, wäre ‚Wünscht Sp2 den Rat von Sp1?' Dadurch kann man erwünschte von aufgedrängten RATSCHLÄGEN unterscheiden. Vgl. zu diesem Problem Hindelang (1978: 410–412) und Hindelang (1977).

[10] Vgl. dazu Wichter (1985).

(13) Nimm doch den 1978-er Maiberger Sonneneck, der ist sehr gut und wird dir sicher schmecken.

In (13) besteht die EMPFEHLUNG darin, dass Sp1 Sp2 eine Bewertung anbietet und impliziert, dass Sp2 am besten fährt, wenn er diese Bewertung zur Grundlage seines Handelns macht.

Als nächste Gruppe innerhalb der nicht-bindenden Aufforderungen sollen nun die Aufforderungen mit beidseitiger Präferenz dargestellt werden. Während bei Aufforderungen mit Adressatenpräferenz der Sprecher Sp1 kein unmittelbares persönliches Interesse an der Ausführung der Aufforderung hat, sind Sp1 und Sp2 bei dem nun zu behandelnden Aufforderungstyp durch ein gemeinsames Interesse verbunden. Ein solches gemeinsames Interesse entsteht in der Regel daraus, dass Sp1 und Sp2 die gleichen oder sich ergänzenden Handlungsziele haben und führt häufig dazu, dass Sp1 und Sp2 als gleichberechtigte Partner eine Kooperationsbeziehung eingehen. Aufforderungen, die innerhalb einer solchen Kooperationsgemeinschaft von einem Partner ausgesprochen werden, sind für den anderen grundsätzlich nicht bindend, da beide ja jederzeit die Kooperation aufkündigen könnten; solange also die Kooperation besteht, kann man unterstellen, dass Sp1 die Aufforderungen so wählt, dass Sp2 sie akzeptieren kann, bzw. dass er sie modifiziert, falls Sp2 dagegen Einspruch erhebt. Man kann also bei diesen Aufforderungen grundsätzlich davon ausgehen, dass sie sowohl im Sinne von Sp1 als auch von Sp2 sind.

Bei den Aufforderungen mit beidseitiger Präferenz ist es sinnvoll, zwei verschiedene Formen zu unterscheiden. Beim ersten Typ handelt es sich um Aufforderungen, die sich auf unproblematische Aspekte der Kooperation beziehen; die andere Gruppe betrifft Fragen, bei denen gemeinsames Planen[11] notwendig ist. Die Notwendigkeit zu einem solchen Planungsgespräch entsteht dann, wenn sich Sp1 und Sp2 nicht darüber einig sind oder überhaupt nicht wissen, wie sie ihr Handlungsziel erreichen sollen; dabei können sowohl objektive Schwierigkeiten bei der Auswahl zwischen alternativen Wegen oder Strategien zur Verwirklichung des gemeinsamen Ziels Gegenstand eines solchen Gesprächs sein, als auch Probleme, die aus möglichen Interessengegensätzen in Detailfragen resultieren.

Unproblematische Aufforderungen, die Sp1 seinem Kooperationspartner Sp2 gibt, sollen ANWEISUNGEN heißen; Aufforderungen, die erst einer Diskussion oder der ‚Ratifizierung' durch Sp2 bedürfen, werden VORSCHLÄGE genannt werden. Beispiele für ANWEISUNGEN wird man in Handlungszusammenhängen finden, in denen die Aufforderungen als Teil der gemeinsamen Aktivität von Sp1 und Sp2 zur unmittelbaren Koordination ihrer praktischen Arbeit wie etwa in (14) und (15) dienen oder in Situationen, in denen sich Sp2 zur besseren Verwirklichung des gemeinsamen Zieles der Leitung von Sp1 anvertraut. Als Beispiele dafür können (16) und (17) dienen.

(14) Jetzt absetzen!
(15) Jetzt musst du die Leiter einen Moment ganz fest halten!

---

[11] Für eine explizite Analyse des Dialogmusters GEMEINSAM PLANEN vgl. Fritz (1982: 224–268). Siehe auch Kap. 7.2.

(16) Da vorne musst du rechts abbiegen!
(17) Schieß erst, wenn ich dir ein Zeichen gebe!

Innerhalb der VORSCHLÄGE sollen zwei Varianten unterschieden werden, und zwar die PROBLEMLÖSUNGSVORSCHLÄGE (Abk. PL-VORSCHLÄGE) und die ANREGUNGEN.

PL-VORSCHLÄGE sind, ähnlich wie ANWEISUNGEN, in Situationen anzusiedeln, in denen Sp1 und Sp2 mit einem gemeinsamen praktischen Problem T konfrontiert sind. Im Gegensatz zu ANWEISUNGEN ist bei PL-VORSCHLÄGEN jedoch davon auszugehen, dass weder Sp1 noch Sp2 wissen, welche Handlung oder Handlungssequenz den optimalen Lösungsweg zur Bewältigung von T darstellt. Der kontextuelle Rahmen, in dem PL-VORSCHLÄGE anzusiedeln sind, ist der eines gemeinsamen Entscheidungsprozesses von Sp1 und Sp2. Da beide gleichberechtigt sind, kann keiner der Interaktionspartner allein entscheiden, wie das gemeinsame Problem gelöst werden soll. Als Beispiele für diesen Typ von nicht-bindenden Aufforderungen mit beidseitiger Präferenz könnte man die VORSCHLÄGE in folgender Situation betrachten. Ein Ehepaar kommt nachts von einer Party zurück. Als sie die Türe ihres Einfamilienhauses aufschließen wollen, stellen sie fest, dass beide ihren Schlüssel vergessen haben. Das gemeinsame Problem T lässt sich nun in der Frage: *Was sollen wir jetzt tun?* formulieren. Sp1 und Sp2 sind in gleicher Weise von dem Problem betroffen, und beide sind an einer Lösung des Problems interessiert. Entsprechende PL-VORSCHLÄGE für diese Situation sind in (18)–(22) zusammengestellt.

(18) Wir könnten das Kellerfenster einschlagen und so ins Haus einsteigen.
(19) Warum gehen wir nicht einfach zurück auf die Party und übernachten dort.
(20) Ich schlage vor, wir fahren zu Tante Hilde nach Herne, die hat noch einen Schlüssel vom Haus.
(21) Ich rufe Konrad an, der ist Schlosser und würde uns die Tür sicher aufmachen.

Während bei den PL-VORSCHLÄGEN wie im obigen Beispiel davon ausgegangen werden muss, dass eine bestimmte Problemlage eine gemeinsame Problemlösung erfordert, besteht bei ANREGUNGEN kein unmittelbarer dringender Anlass, der zu einer gemeinsamen Tätigkeit zwingen würde. Typische Beispiele für ANREGUNGEN sind etwa (22)–(24).

(22) Wie wär's, wenn wir einmal wieder eine Partie Schach zusammen spielen würden?
(23) Komm! Wir gehen noch einen trinken!
(24) Lasst uns doch mal gemeinsam eine Wanderung machen!

Ein Sprecher Sp1 wird Sp2 gegenüber einen VORSCHLAG des Typs ANREGUNG äußern, wenn er davon ausgeht, dass Sp2 nicht recht weiß, wie er seine Zeit am besten verbringen soll, und wenn er, z.B. aufgrund früherer Erfahrungen mit Sp2, weiß, dass dieser die vorgeschlagene Handlung im Prinzip positiv bewertet. Mit einer ANREGUNG will Sp1 Sp2 also erst zu einer gemeinsamen Aktivität motivieren, während bei PL-VORSCHLÄGEN vorauszusetzen ist, dass Sp1 und Sp2 schon allein aufgrund des gemeinsamen praktischen Problems zur Kooperation entschlossen sind.

Als letzte Untergruppe müssen hier noch die nicht-bindenden Aufforderungen mit Sprecherpräferenz, oder wie man kürzer sagen kann, die BITTEN behandelt werden. Bei BITTEN ist die Ausführung der von Sp1 gewünschten Handlung X ausschließlich im Interesse von Sp1. Sp1 hat weder ein Recht darauf, dass Sp2 X macht, noch hat er die Möglichkeit, seiner Aufforderung durch irgendwelche Machtmittel Nachdruck zu verleihen. Als Motive für die Befolgung einer BITTE kommen also nur Einstellungen und Gefühle wie Höflichkeit, Solidarität, Freundschaft, Liebe oder Mitleid gegenüber Sp1 in Betracht.

Das durch diese Präferenzbedingungen bestimmte Muster BITTE umfasst, ebenso wie der umgangssprachliche Ausdruck *Bitte*, sozial und sprachlich sehr verschiedene Aufforderungshandlungen. Man spricht von einer *Bitte*, wenn man z.B. von einem Fremden Feuer haben will; Aufforderungen zu kleinen Handreichungen bei Tisch oder zu unbedeutenden Gefälligkeiten werden ebenso als *Bitten* bezeichnet, wie Situationen, in denen Sp1 um eine Gehaltserhöhung bittet, oder Fälle, die durch Beispiele wie (25) und (26) charakterisiert sind.

(25) Ich bitte Sie, lassen Sie die Geiseln frei!
(26) Ich bitte das hohe Gericht um eine milde Strafe!

Zur weiteren Unterscheidung innerhalb des heterogenen Feldes der BITTEN sollen die Beziehung von Sp1 und Sp2 sowie der Inhalt der Aufforderung herangezogen werden. Damit lassen sich zunächst zwei Gruppen, die SYMMETRISCHEN und die ASYMMETRISCHEN BITTEN, voneinander abgrenzen.

Bittet Sp1 Sp2 um eine Handlung X, soll die BITTE als SYMMETRISCH bezeichnet werden, wenn in einer gleichen oder analogen Situation auch Sp2 Sp1 um die Ausführung von X bitten könnte.

Für SYMMETRISCHE BITTEN ist also charakteristisch, dass der Aufforderungsinhalt X zur Handlungskompetenz von Sp1 und Sp2 gehören muss. Als SYMMETRISCH wäre demnach auch eine Bitte wie (27) zu betrachten, wenn sie von einem Direktor (Sp1) bei einem gemeinsamen Mittagessen an einen ihm untergebenen Angestellten (Sp2) gerichtet ist, da es für Sp2 möglich wäre, eine solche Bitte auch an den Direktor zu richten.

(27) Könnten Sie mir bitte die Speisekarte reichen?

Als ASYMMETRISCH sollen Bitten um Handlungen bezeichnet werden, zu denen nur Sp2 statusmäßig berechtigt ist und die außerhalb der Handlungsmöglichkeiten von Sp1 liegen. Eine Bitte um Gehaltserhöhung wäre also ein Beispiel für eine ASYMMETRISCHE BITTE. Eine Gehaltserhöhung für Sp1 kann Sp2 nur dann veranlassen, wenn ihn eine bestimmte Position dazu berechtigt; als Inhaber einer solchen Position wird er sich aber nie umgekehrt mit einer Bitte um Gehaltserhöhung an Sp1 wenden.

Weitere Konstellationen, in denen ASYMMETRISCHE BITTEN vorkommen, lassen sich aus den folgenden Äußerungsformen ableiten.

(28) Ach Papa, lass mich doch bitte heute Abend den Krimi sehen!
(29) Könnten Sie nicht ausnahmsweise ein Auge zudrücken und mir das Medikament auch ohne Rezept geben?

(30) Bitte geben Sie mir noch eine Chance und lassen Sie mich eine mündliche Nachholprüfung machen!

Vor allem, wenn man an einer linguistischen Analyse von Sprechakten interessiert ist und versuchen will, die sprachlichen Äußerungsformen zusammenzutragen, die zum Vollzug eines bestimmten Musters gebraucht werden können, ist es notwendig, weitere Differenzierungen vorzunehmen. Für die Frage, welche Äußerungsform Sp1 z.B. bei einer SYMMETRISCHEN BITTE wählt, ist es nämlich entscheidend, ob er eine ‚große' oder eine ‚kleine' Bitte vorbringt. Die Größe der Bitte hängt von zwei Faktoren ab, der persönlichen Beziehung zwischen Sp1 und Sp2 und dem Gewicht der Handlung X, um die Sp1 bittet. Von geringem Gewicht sind Handlungen, wenn sie schnell und leicht auszuführen sind und für Sp2 nicht mit nennenswerten Kosten, Mühen oder Risiken verbunden sind. Je mehr Gewicht die gewünschte Handlung X hat, und je geringer die persönliche Bindung von Sp1 und Sp2 ist, desto größer ist die Bitte. Bittet z.B. Sp1 seinen Hörer Sp2 darum, ihm 20 Euro zu leihen, so kann diese Aufforderung, je nachdem an wen er sie richtet, einmal als ‚große Bitte', ein andermal als Bitte um eine kleine Gefälligkeit erscheinen. Ist Sp2 z.B. ein guter Freund oder ein Verwandter, handelt es sich um eine kleine Bitte; ist Sp2 jedoch ein flüchtiger Bekannter oder gar ein völlig Fremder, ist eine solche Bitte ganz anders zu bewerten. Entsprechend unterscheiden sich auch die Äußerungsformen, die Sp1 zum Vollzug seiner Bitte verwenden wird. Im ersten Fall wird er vielleicht eine knappe Formulierung wie in (31) wählen, während er bei einem Fremden die Bitte nicht nur besonders höflich ausdrücken wird, sondern auch bemüht sein wird, die Notwendigkeit seiner Bitte zu begründen wie in (32).

(31) Peter, ich müsste mal kurz auf deinem Handy telefonieren.
(32) Bitte verzeihen Sie, ich hätte eine große Bitte an Sie, könnten Sie vielleicht so freundlich sein und mich mal kurz mit Ihrem Handy telefonieren lassen? Ich muss dringend einen Anruf machen und stelle gerade fest, dass der Akku von meinem Handy leer ist.

Es dürfte klar sein, dass sich die Kategorie der ‚Größe' einer Bitte nicht direkt in eine Taxonomie einbringen lässt, da es sich bei diesem Faktor um eine kontinuierliche Variable handelt, die sich nicht auf eine binäre Entscheidung ‚groß'-,klein' reduzieren lässt.

Im folgenden Schaubild (33) sollen die Unterscheidungen zusammengefasst werden, die hier zur Gliederung im Bereich der nicht bindenden Aufforderungen vorgeschlagen wurden.

(33)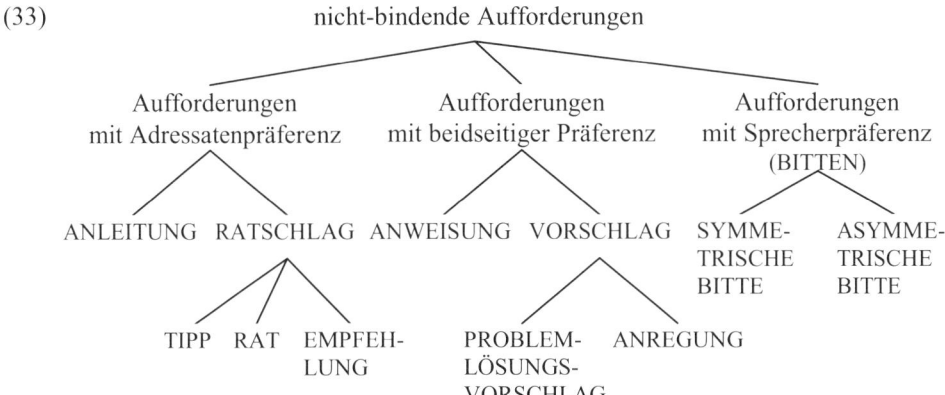

AUFGABEN KAPITEL 4

4.1 Im Text des Kapitels 4 wurden die Handlungsbedingungen der einzelnen direktiven Sprechhandlungsmuster informell beschrieben. Für eine exaktere Formulierung einer Sprechhandlungstheorie ist es vor allem notwendig, die Handlungsbedingungen B1 ... Bn genauer anzuzeigen, die vorliegen müssen, damit man ein bestimmtes Muster vollziehen kann.

Für die WEISUNGEN könnte eine solche Beschreibung wie folgt aussehen:
Eine Aufforderung von einem Sprecher Sp1 an seinen Hörer Sp2 ist eine WEISUNG wenn die folgenden Bedingungen B1 ... B6 gegeben sind:

B1: Sp1 ist Vorgesetzter von Sp2.
B2: Das Vorgesetzten-Untergebenen-Verhältnis zwischen Sp1 und Sp2 besteht aufgrund eines Arbeitsvertrages V.
B3: Sp1 ist V freiwillig eingegangen.
B4: Die Nichtbefolgung der Aufforderung gilt als Aufkündigung von V durch Sp2 oder kann zur Aufkündigung von V durch Sp1 führen.
B5: Die Aufforderung bezieht sich auf den in V spezifizierten Aufgabenbereich von Sp2.
B6: Die Äußerung der Aufforderung erfolgt innerhalb der durch V festgelegten Arbeitszeit.

(Bei dieser Beschreibung wird vorausgesetzt, dass an anderer Stelle schon die Bedingungen angegeben sind, die für Aufforderungen allgemein gelten).

4.1.1 Geben Sie nach dem oben entwickelten Vorbild die Handlungsbedingungen für RATSCHLÄGE und SYMMETRISCHE BITTEN an.

*4.1.2 Formulieren Sie die Handlungsbedingungen für ANLEITUNGEN und ANREGUNGEN.

4.2 Betrachten Sie die folgenden Äußerungsformen (1)–(10). Geben Sie an, welches Untermuster des Aufforderns man damit vollziehen kann.

(1) Lasst uns doch mal wieder gemeinsam eine Fahrradtour machen!
(2) Könntest du mir bis morgen 100 Euro leihen?
(3) Stillgestanden!
(4) Ich an deiner Stelle würde mich bei Prof. Müller prüfen lassen!
(5) Den Führerschein und die Fahrzeugpapiere bitte.
(6) Ich hätte gerne einmal das Menü II!
(7) Rührt euch!
(8) Gibst du mir mal kurz deinen Kugelschreiber?
(9) Bitte schreiben Sie mich für die nächste Woche krank, Herr Doktor!
(10) Ich fände es toll, wenn wir die Feiertage gemeinsam verbringen würden!

4.3 Fragehandlungen kann man u.a. danach klassifizieren, auf welchen Sprechakttyp Sp1 als Antwort abzielt.[12] So kann man z.B. Fragen wie (i) und (ii) als BEGRÜNDUNGSFRAGEN bezeichnen, weil Sp1 von Sp2 als Antwort eine Begründung erwartet.

(i) Warum essen Katholiken am Freitag kein Fleisch?
(ii) Warum haben wir eine so hohe Arbeitslosigkeit in der Bundesrepublik?

4.3.1 Klassifizieren Sie auf dem Hintergrund der in diesem Kapitel entwickelten Unterscheidungen der Aufforderungshandlungen die Fragehandlungen, die durch die Äußerungsformen (1)–(7) vollzogen werden.

(1) Soll ich bei meinen Eltern wohnen bleiben, oder soll ich mir lieber ein eigenes Zimmer suchen?
(2) Wo muss die Leiter hin?
(3) Was machen wir jetzt mit dem angebrochenen Abend?
(4) [Sp1 und Sp2 hängen gemeinsam ein neu erworbenes Ölbild auf]: Wie viele Nägel soll ich holen?
(5) Und wie kommen wir jetzt aus dem Schlamassel wieder raus?
(6) Soll ich das rote oder das blaue Kleid nehmen, Kurt?
(7) Was kann ich nur machen, dass meine Zimmerpflanzen genau so schön gedeihen wie deine?

---

[12] Vgl. Hundsnurscher (1975).

4.3.2 Worin unterscheiden sich die Handlungsbedingungen der Fragehandlungen, die durch (1)–(7) vollzogen werden, von den Beispielen (8)–(11)?

(8) Hast du Angst vor der Prüfung?
(9) Hast du noch Schmerzen?
(10) Freust du dich, wenn Peter wiederkommt?
(11) Wie hat es dir im Urlaub gefallen?

4.4 Versuchen Sie, eine analoge Klassifikation, wie sie in Kap. 4 für die direktiven Spechakte entwickelt wurde, für die Repräsentativa zu erarbeiten. Gehen Sie dabei in folgenden Arbeitsschritten vor:

4.4.1 Sammeln Sie zunächst alle Verben, die sich auf Sprechakte beziehen, die nach Searle zu den Repräsentativa zu rechnen sind.

4.4.2 Klammern Sie dann analog zu den in Kapitel 4.1 vorgeschlagenen Prinzipien alle SB-Ausdrücke aus, die sich auf Texte oder sequenzabhängige Sprechhandlungen beziehen.

4.4.3 Teilen Sie die verbliebenen SB-Ausdrücke in zwei Gruppen ein. Für die erste Gruppe soll gelten: „Sp1 glaubt, dass p wahr ist", für die zweite: „Sp1 glaubt, dass p wahrscheinlich oder möglicherweise wahr ist".

4.4.4 Versuchen Sie, im Bereich der ersten Gruppe Sprechhandlungsmuster anzusetzen und die entsprechenden Handlungsbedingungen zu skizzieren.

*4.4.5 Welche sprachlichen Muster könnte man für die zweite Gruppe wählen?

5. Handlungsmuster und ihre sprachlichen Realisierungsformen

5.1 Ein Ansatz zur Darstellung der Äußerungsformen

Zur vollständigen Erfassung eines sprachlichen Handlungsmusters HM gehören, wie bereits ausgeführt, die Beschreibung der Handlungsbedingungen, unter denen man HM machen kann, die Angabe der kommunikativen Absicht, mit der Sp1 HM ausführt, sowie die Spezifizierung aller Äußerungsformen, die in einer bestimmten Sprache konventionellerweise zur Realisierung dieses sprachlichen Musters dienen. Im folgenden Abschnitt soll nun eine Möglichkeit aufgezeigt werden, wie man den Zusammenhang zwischen einem bestimmten sprachlichen Muster wie z.B. BEFEHL, VORWURF, VORSCHLAG etc. und den für diesen Sprechakt gebräuchlichen sprachlichen Realisierungsformen systematisch darstellen kann. Die Beziehung zwischen einem illokutionären Akt ILLOK und dem entsprechenden Äußerungsakt ÄUS wurde in Kapitel 1 mit Hilfe der Pfeilrelation wie folgt dargestellt.

(i)   ILLOK $\rightarrow$ ÄUS

Überträgt man diese Schreibweise auf die Darstellung sprachlicher Handlungsmuster, ergibt sich folgendes Bild.

(ii) HM_i $\rightarrow$ ÄUS $\left\{ \begin{array}{c} F_1 \\ F_2 \\ \vdots \\ F_n \end{array} \right\}$

(ii) ist wie folgt zu interpretieren: Man kann das sprachliche Handlungsmuster HM_i realisieren, indem man eine der sprachlichen Ausdrucksformen $F_1 \ldots F_n$ äußert. Aus der Notation (ii) geht hervor, dass es für ein Muster HM_i charakteristischerweise eine ganze Palette von Äußerungsformen gibt, mit denen man HM_i realisieren kann. Man kann deshalb sagen, die einzelnen Elemente der Menge der Äußerungsformen $F_1 \ldots F_n$ seien ‚funktional äquivalent'. Es kann durchaus sein, dass sich die einzelnen Äußerungsformen noch in stilistischer Hinsicht unterscheiden; in ihrer Funktion, d.h. in Bezug auf die Tatsache, dass sie alle zur Realisierung von HM_i dienen, sind sie jedoch gleichwertig. Ein erstes Beispiel soll das verdeutlichen. Nehmen wir an, Sp1 will Sp2 fragen, was er tun soll, damit seine Freundin Karin, die ihn verlassen hat, wieder zu ihm zurückkommt.[1]

Sp1 kann nun zwischen einer ganzen Reihe von funktional äquivalenten Äußerungsformen wählen, um diese Frage zu äußern. Im Folgenden ist eine Auswahl aus dieser Menge zusammengestellt.

---

[1] Eine solche Frage wäre dem Untermuster RATFRAGE zuzuordnen. Vgl. dazu Aufgabe 4.3.1 Kap. 4 bzw. die entsprechende Lösung. Ausführlich dazu Hindelang (1977).

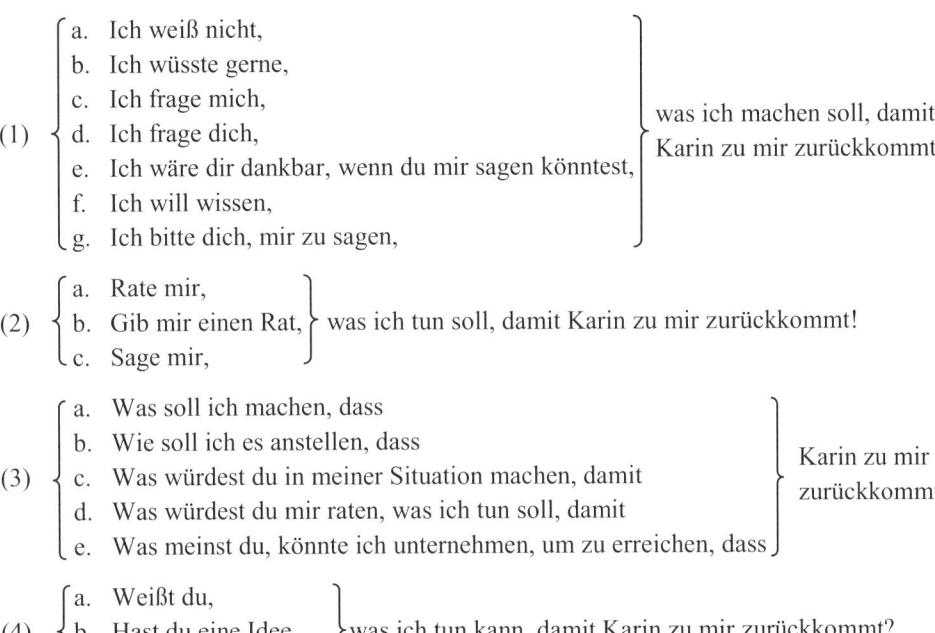

Die Zahl der möglichen Formen ist noch erheblich größer, da auch der Teilausdruck *damit Karin zu mir zurückkommt* noch durch äquivalente Konstruktionen ersetzt werden kann. Darüber hinaus gibt es auf lexikalischem Gebiet noch eine ganze Reihe von Wahlmöglichkeiten. Statt *tun* in *was ich tun soll* kann immer auch *machen* oder *unternehmen* eingesetzt werden, statt *in meiner Situation* kann Sp1 *an meiner Stelle* oder *in meinem Fall* sagen usw. Abschließend sei noch darauf hingewiesen, dass bei einer vollständigen Analyse die Äußerungsformen des sprachlichen Musters RATFRAGE auch die entsprechenden Varianten von Fragen wie (5) und (6) zu erfassen wären.[2]

(5) Würdest du es für gut halten, wenn ich Karin Blumen schicke?
(6) Soll ich Karin lieber Blumen schicken, oder würdest du es für besser halten, wenn ich sie einfach anrufe?

Für eine linguistische Sprechhandlungstheorie stellt sich nun das Problem, wie sich die Menge funktional äquivalenter Äußerungsformen gliedern und nach linguistisch relevanten Kriterien organisieren lässt.

Ein mögliches Prinzip, das der Zusammenstellung in (1)–(4) zugrunde gelegt wurde, könnte darin bestehen, die Äußerungsformen direkt nach syntaktischen Kriterien zu ordnen. So sind die Beispiele in (1) etwa als V2-Sätze zu charakterisieren, in die nacheinander zwei Nebensätze eingebettet sind. In (2) sind alle Formulierungen syntaktisch als V1-Sätze mit

---

[2] Während sich bei (1)–(4) Sp1 überhaupt unklar ist, was er tun soll, bezieht sich bei (5) die RATFRAGE darauf, ob Sp2 eine bestimmte von Sp1 geplante Handlung für empfehlenswert hält, bzw. bei (6) will Sp1 einen RAT, der ihm hilft, zwischen zwei alternativen Handlungen zu wählen.

Verb im Imperativ zu beschreiben. Die in (3) zusammengetragenen Äußerungen sind als V2-Sätze mit einem W-Fragepronomen im Vorfeld zu beschreiben. Die Beispiele unter (4) sind V1-Sätze ohne imperativischen Verbmodus. Sie werden traditionell Entscheidungs-Frage-Satz genannt. Auf diesem Hintergrund könnte man für das hier diskutierte Beispiel der RATFRAGEN (2) wie folgt modifizieren.

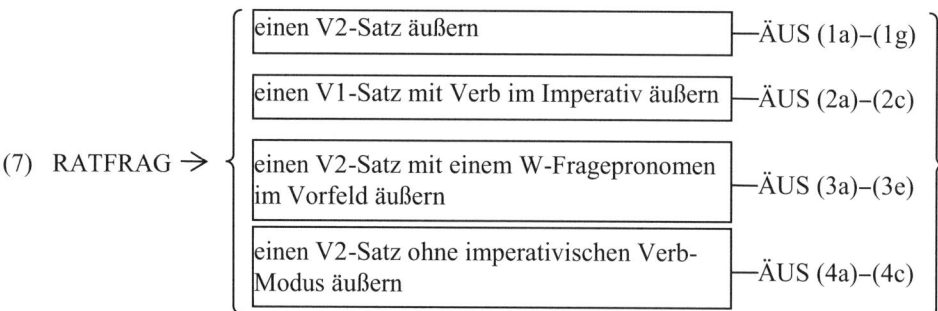

(7) ist zu lesen als: Man kann eine sprachliche Handlung nach dem Muster RATFRAGE vollziehen, indem man einen V2-Satz äußert, der strukturell den Äußerungsformen (1a.)–(1g.) entspricht, oder indem man einen V1-Satz mit Verb im Imperativ äußert, wie er in (2a.)–(2c.) vorgegeben ist, oder indem man einen V2-Satz mit einem W-Fragepronomen im Vorfeld äußert, der den in (3a.)–(3e.) vorgegebenen Modellen folgt, oder indem man einen V1-Satz ohne imperativischen Verbmodus äußert, der strukturell (4a.)–(4c.) äußert. Für eine Feinanalyse ließen sich die grammatisch-lexikalischen Wahlmöglichkeiten noch näher spezifizieren, so dass ganz rechts in der Darstellung die verschiedenen grammatischen Optionen aufgeführt sind, die dem Sprecher bei der Konstruktion der Äußerungsformen offen stehen.

Eine solche Beschreibung bedeutet schon einen wichtigen Fortschritt, wenn man sie mit sprechhandlungstheoretischen Ansätzen vergleicht, die sich überhaupt nicht um die systematische Erfassung der Äußerungsformen für einzelne sprachliche Muster bemühen. Sie bleibt jedoch unbefriedigend, weil sie direkt mit syntaktischen Kategorien ansetzt, und es so nicht erlaubt, semantisch verwandte Äußerungsformen in Beziehung zu setzen.

So sind z.B. (1e), (1g) und (2c) insofern semantisch verwandt, als die RATFRAGE in allen drei Fällen dadurch ausgedrückt wird, dass Sp1 Sp2 dazu auffordert zu sagen, was Sp1 tun soll. Diese Äußerungsformen unterscheiden sich also von Beispielen wie (1b) und (1f), in denen Sp1 um RAT FRAGT, indem er sagt, dass er gerne eine bestimmte Information hätte. Um solche Verwandtschaften im satzsemantischen Bereich darstellen zu können, ist es notwendig, zwischen der Ebene der Sprechhandlungsmuster und der Ebene, auf der die grammatischen Unterschiede erfasst werden, eine semantische Zwischenebene einzuziehen, auf der die Äußerungsformen nach semantischen Kriterien zusammengefasst werden.

Die allgemeine Form eines solchen Modells zur Darstellung des Zusammenhangs zwischen einem Sprechhandlungsmuster HM_i und den entsprechenden Äußerungsformen müsste nun wie folgt aussehen.

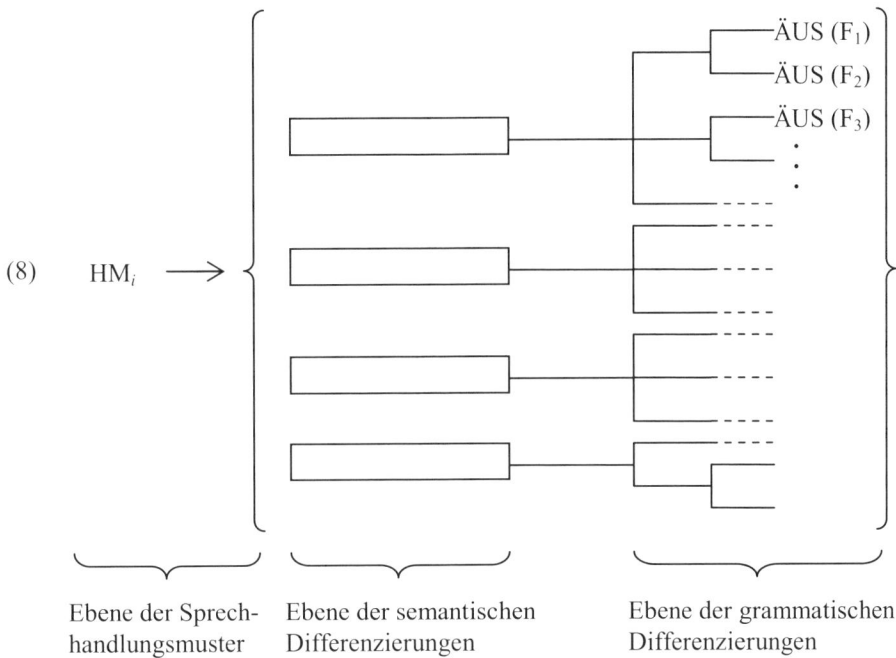

Anhand des bisher diskutierten Beispiels der RATFRAGE soll das Schema (8) etwas konkretisiert werden. Eine genaue Analyse eines Handlungsmusters und seiner Äußerungsformen wird im nächsten Abschnitt 5.2 vorgelegt.

Wie bereits angedeutet, sind (1b) und (1f) verwandt, weil in beiden Beispielen die RATFRAGE dadurch formuliert wird, dass Sp1 darauf hinweist, dass er einen bestimmten Wunsch nach einer Information hat. Die semantische Gruppe, oder wie hier gesagt werden soll, das semantische Muster, zu der neben (1b) und (1f) auch (9a)–(9c) gehören, könnte man deshalb vielleicht ‚Hinweis auf einen Informationswunsch' nennen.

(9) a. Ich würde gern wissen ...
     b. Ich möchte gerne wissen ...
     c. Ich wäre froh, wenn ich wüsste ...

Eng verwandt ist dieses semantische Muster mit dem Informationswunsch, dem Äußerungsformen wie (10a) und (10b) zuzuordnen wären.[3]

(10) a. Wenn ich nur wüsste, was ich tun soll ...
     b. Wüsste ich nur, was ich tun soll ...

---

[3] Bei einer Äußerung nach dem semantischen Muster Informationswunsch wird der Wunsch nach Information direkt durch einen sog. ‚Wunschsatz' ausgedrückt. In (10a) handelt es sich um einen Verbletzt-Wunschsatz, bei (10b) um einen Verberst-Wunschsatz (vgl. DUDEN (2005: 908)). Bei einem Hinweis auf einen Informationswunsch formuliert der Sprecher seine RATFRAGE, indem er dem Hörer mitteilt, dass er bestimmte Wünsche oder Präferenzen hat.

In den in (4) zusammengestellten Beispielen stellt Sp1 seine RATFRAGE, indem er nach dem Wissens- oder Informationsstand von Sp2 fragt. Das semantische Muster, dem (4) a.–c. zuzuordnen wären, könnte man als ‚Erkundung des Informationsstandes' bezeichnen. Äußerungsformen wie (1e) (1g) und (2c) gehören insofern zusammen, als Sp1 in allen drei Fällen Sp2 dazu auffordert, ihm zu sagen, was er tun soll. Als semantisches Muster könnte man etwa ‚Informationsdirektiv' ansetzen. Die unter diesem Muster zusammengefassten Äußerungsformen weisen jedoch größere Unterschiede auf als etwa (1b), (1f) und (9a)–(9c). Für eine Detailanalyse wäre es deshalb notwendig, hier noch semantische Untermuster anzusetzen. Zur Verdeutlichung des Schemas (8) mag jedoch der bisher erreichte Stand der Analyse der RATFRAGEN genügen. (7) bzw. (8) kann nun wie folgt differenziert bzw. konkretisiert werden.

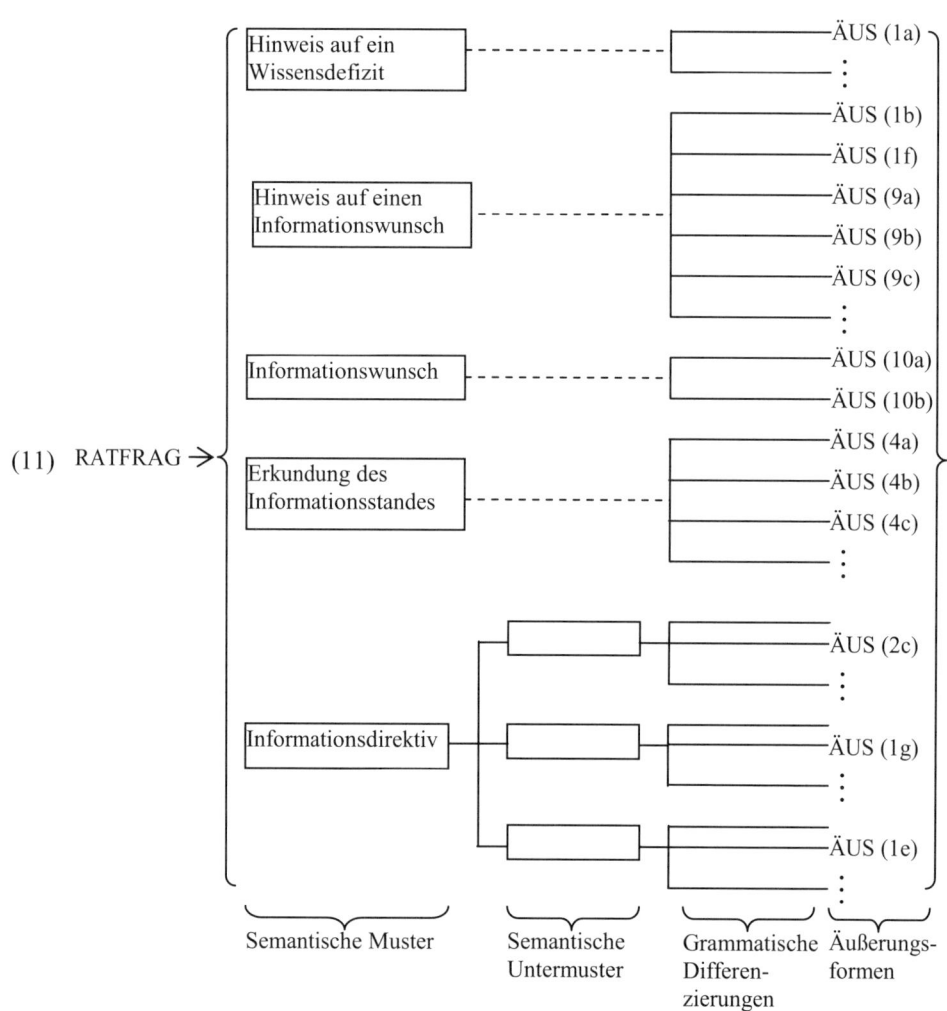

5.2 Das System der Äußerungsformen für WEISUNGEN

Im folgenden Abschnitt soll exemplarisch das System der Äußerungsformen für eines der in Kapitel 4 beschriebenen direktiven Sprechhandlungsmuster skizziert werden. Die WEISUNGEN wurden deshalb ausgewählt, weil bei diesem Aufforderungstyp das Spektrum der sprachlichen Realisierungsformen besonders breit ist, d.h. WEISUNGEN können einerseits durch Äußerungsformen vollzogen werden, die auch bei BEFEHLEN vorkommen, andererseits findet man bei WEISUNGEN Formulierungen, die man genauso gut dazu verwenden könnte, um eine BITTE vorzutragen.

Bevor nun die Äußerungsformen für WEISUNGEN im Einzelnen behandelt werden können, soll zunächst ein Überblick über die semantischen Muster gegeben werden, die für Aufforderungen allgemein gebräuchlich sind.

Man kann im Deutschen einen Sprecher Sp2 zu einer Handlung X auffordern, indem man

(12) a. sagt, dass man will, dass Sp2 X-t. (Präferenzhinweis)
　　　b. fragt, ob Sp2 X-en will. (Präferenzfrage)
　　　c. sagt, dass Sp2 X-en wird. (Befolgungsfestlegung)
　　　d. fragt, ob Sp2 X-en wird. (Befolgungsfrage)
　　　e. sagt, dass Sp2 X-en muss. (Deontischer Hinweis)
　　　f. fragt, ob Sp2 nicht X-en muss. (Deontische Frage)
　　　g. sagt, dass Sp2 X-en kann. (Kompetenzhinweis)
　　　h. fragt, ob Sp2 X-en kann. (Kompetenzfrage)

Darüber hinaus kann man eine AUFFORDERUNG auch formulieren, indem man:

　　i. einen V1-Satz mit imperativischem Verbmodus äußert, in dem das Handlungsverb für X entsprechend morphologisch als Imperativ markiert ist. (Imperative Handlungszuweisung)
　　j. eine explizit-performative Äußerung wählt. (Performative Handlungszuweisung)
　　k. die Infinitivform oder die Partizip-Perfekt-Form des Handlungsverbs für X oder ähnliche, syntaktisch unstrukturierte Äußerungsformen benützt. (Kommandoausdruck)

Die in Klammern eingeschlossenen Ausdrücke in (12) sind die Namen der entsprechenden semantischen Muster.[4]

---

[4] Ausformuliert sollen semantische Muster und ihre Untermuster in eckigen Klammern wie folgt notiert werden: [sagen, dass man will, dass Sp2 X-t.], [fragen, ob Sp2 X-en will] usw. Es soll hier schon angemerkt werden, dass ‚fragen' sich hier nicht auf eine Fragehandlung, also auf einen illokutionären Akt bezieht, sondern auf die Fragebedeutung der Äußerungsform. Eine genauere Behandlung dieses Problems wird im nächsten Kapitel vorgelegt werden. Die semantischen Muster dürfen nicht mit illokutionären Mustern wie RATFRAGE, BEGRÜNDUNGSFRAGE, INFORMIEREN usw. verwechselt werden.

In (13a.)–(13k.) sind nun jeweils zwei Beispiele für Äußerungsformen nach den semantischen Mustern in (12) zusammengestellt.

(13) a. Ich möchte, dass Sie die Botschaft persönlich überbringen.
Ich würde mich sehr freuen, wenn du mir übers Wochenende dein Auto leihen könntest.

b. Wollen Sie mir einen Gefallen tun und diese Briefe zur Post bringen?
Hättest du Lust, mit mir heute Nachmittag Tennis zu spielen?

c. Bis in fünf Minuten ist hier alles weggeräumt!
Du bringst das Mofa sofort zum Händler zurück.

d. Würden Sie diesen Brief für mich zur Post bringen?
Gibst du mir mal bitte den Bohrer?

e. Sie müssen Ihr Auto dort drüben abstellen.
Die Arbeit ist bis morgen abzugeben.

f. Musst du nicht noch die Treppe putzen?
Müssten wir nicht mal wieder Tante Erna besuchen?

g. Du könntest mir eine Cola mitbringen.
Sie können die Abrechnungen jetzt in die Buchhaltung bringen!

h. Kannst du mir das Salz reichen?
Wäre es möglich, dass du mir bis nächste Woche 100 Euro leihst?

i. Bring mir den Hammer!
Machen Sie die Straße frei!

j. Ich rate Ihnen, der Versammlung fernzubleiben.
Ich wollte Sie bitten, mir heute Nachmittag freizugeben.

k. Hinlegen!
Angetreten!

Die einzelnen Untertypen der Aufforderungshandlungen unterscheiden sich nun u.a. darin, welche semantischen Muster bei den Äußerungsformen in Betracht kommen. So sind z.B. Kommandoausdrücke wie (14a.) und (14b.) zum Vollzug von BITTEN ungeeignet.

(14) a. *Kündigung zurücknehmen! (als ASYMMETRISCHE BITTE)
b. *Auto her! (als SYMMETRISCHE BITTE)

Umgekehrt sind, wie (15) zeigt, gewisse Formen von performativen Handlungszuweisungen bei BEFEHLEN ungebräuchlich.

(15) *Ich möchte Ihnen befehlen, die Stube zu fegen!

Bei WEISUNGEN sind, mit Ausnahme der deontischen Frage, alle semantischen Muster möglich. Im Folgenden soll für die semantischen Muster eine Auswahl aus den semantischen Untermustern und den entsprechenden Äußerungsformen vorgestellt werden. Für das semantische Muster ‚deontischer Hinweis' soll exemplarisch auch das System der grammatischen Differenzierung entwickelt werden. Die Darstellung soll deshalb mit diesem Muster beginnen:

Die Beispielsituation, in der die Äußerungsformen angesiedelt sind, soll man sich wie folgt vorstellen.

> Ein Chef (Sp1) kommt mit einem Briefentwurf in der Hand aus seinem Zimmer und händigt ihn seiner Sekretärin (Sp2) mit der Aufforderung aus, diesen Brief so schnell wie möglich abzutippen. Dabei kann Sp1 voraussetzen, dass es für Sp2 zu den normalen alltäglichen Arbeitsgängen zählt, Briefentwürfe von Sp1 abzutippen.

5.2.1 WEISUNG nach ‚deontischem Hinweis' (DH)

Für WEISUNGEN kommen folgende semantische Untermuster des deontischen Hinweises in Frage.[5]

(DH 1) [sagen, dass Sp2 X-en muss]
(DH 2) [sagen, dass ge-X-t werden muss]
(DH 3) [sagen, dass Sp2 p realisieren muss]
(DH 4) [sagen, dass p realisiert werden muss]

Die entsprechenden Äußerungsformen, die den einzelnen semantischen Untermustern zuzuordnen wären, lauten:

(DH 1) Sie $\begin{Bmatrix} \text{a. müssen} \\ \text{b. müssten} \end{Bmatrix}$ diesen Brief so schnell wie möglich abschreiben!

    c. Sie haben diesen Brief so schnell wie möglich abzuschreiben!

(DH 2) Dieser Brief hier $\begin{Bmatrix} \text{a. muss} \\ \text{b. müsste} \end{Bmatrix}$ so schnell wie möglich abgeschrieben werden!

    Man $\begin{Bmatrix} \text{c. muss} \\ \text{d. müsste} \end{Bmatrix}$ diesen Brief hier so schnell wie möglich abschreiben!

    Dieser Brief hier $\begin{Bmatrix} \text{e. ist} \\ \text{f. wäre} \end{Bmatrix}$ so schnell wie möglich abzuschreiben!

(DH 3) Sie $\begin{Bmatrix} \text{a. müssen} \\ \text{b. müssten} \end{Bmatrix}$ dafür sorgen, dass mir dieser Brief so schnell wie möglich abgeschrieben vorliegt.

    c. Sie haben mir dafür zu sorgen, dass mir dieser Brief so schnell wie möglich abgeschrieben vorliegt.

---

[5] Im Folgenden sollen alle bei WEISUNGEN möglichen Höflichkeitsgrade vorgestellt werden. Als inakzeptabel werden lediglich solche Aufforderungsformulierungen markiert werden, die für WEISUNGEN eindeutig zu ‚despotisch-grob' oder zu ‚unterwürfig-höflich' wären.

(DH 4) Dieser Brief hier {a. muss / b. müsste} so schnell wie möglich abgeschrieben vorliegen.

Man {c. muss / d. müsste} dafür sorgen, dass dieser Brief so schnell wie möglich abgeschrieben vorliegt.

e. Dieser Brief hier hat mir so schnell wie möglich abgeschrieben vorzuliegen.

Das System der grammatischen Unterscheidungen ist für die Äußerungsformen[6] des deontischen Hinweises in Schema (16) dargestellt.

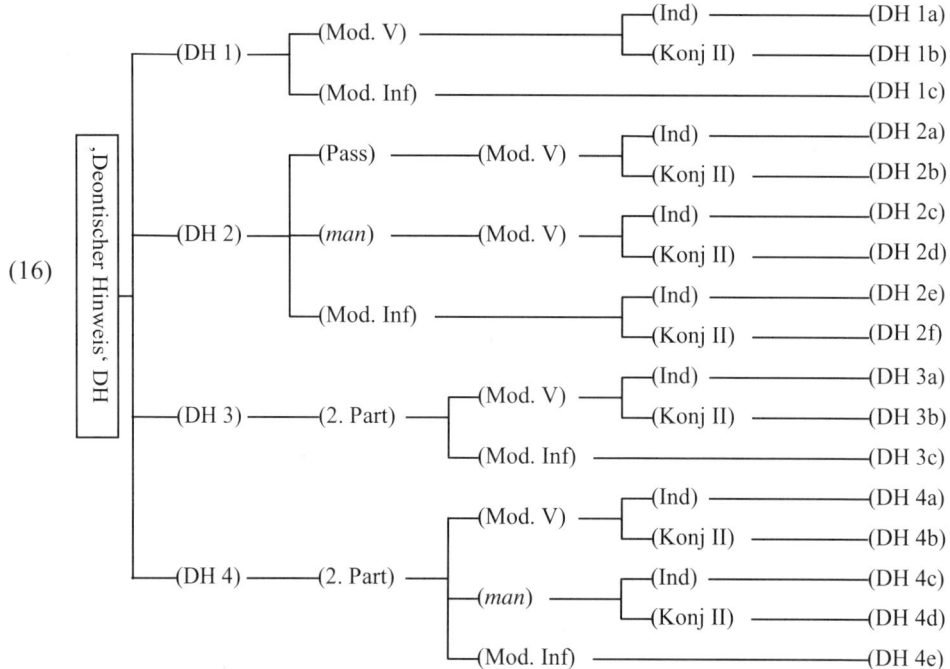

Wählt ein Sprecher Sp1 das semantische Muster ‚Deontischer Hinweis', d.h. den Hinweis darauf, dass die Aufforderung ausgeführt werden muss, hat er im Wesentlichen vier satzsemantische Varianten zur Auswahl. Er kann den Adressaten Sp2 explizit nennen, wie in (DH 1) und (DH 3), oder die Aufforderung unpersönlich formulieren. Weiterhin kann Sp1 den Inhalt der Aufforderung dadurch zum Ausdruck bringen, dass er das Handlungsverb gebraucht, das für die von ihm verlangte Handlung X steht, oder er kann verlangen, dass

---

[6] Wie bereits im Zusammenhang mit den Äußerungsformen (1)–(4) für RATFRAGEN ausgeführt, erhöht sich die Zahl der möglichen Realisierungsformen noch erheblich, wenn man alle Varianten berücksichtigt, die zum Ausdruck der Proposition verwendet werden können. So könnte man hier z.B. statt (DH 1a.) auch Formulierungen wie (i) oder (ii) wählen.
(i) Sie müssen von diesem Brief so schnell wie möglich eine Abschrift machen/anfertigen!
(ii) Sie müssen diesen Brief so schnell wie möglich abtippen!
Solche Varianten sollen hier nicht systematisch berücksichtigt werden. Die Liste der hier jeweils angegebenen Äußerungsformen kann also nicht als abgeschlossen betrachtet werden.

der Ergebniszustand p herbeigeführt wird, der normalerweise durch das X-en entsteht. Als Realisierungsformen für WEISUNGEN, GEBOTE, BEFEHLE etc. sind (17) und (18) deshalb synonym.

(17) Sie müssen das Zimmer ausräumen!
(18) Das Zimmer muss leer sein!

Die einzelnen semantischen Untermuster können nun durch verschiedene grammatische Konstruktionen realisiert werden. Das Schema (16) gibt eine Übersicht über die verschiedenen grammatischen Möglichkeiten, zwischen denen Sp1 bei einer Äußerung nach Untermustern (DH 1)–(DH 4) wählen kann.

Die Vielfalt der Äußerungsformen kommt dadurch zustande, dass zur Formulierung deontischer Hinweise neben dem Modalverb (Mod. V) *müssen* auch der Modale Infinitiv (Mod. Inf) gebraucht werden kann. Darüber hinaus kann bei den Modalverben, bei (DH 2) und auch beim Modalen Infinitiv jeweils zwischen der Indikativ-Form (Ind) und der Konjunktiv II-Form (Konj II) gewählt werden. Bei (DH 2) und (DH 4) hat Sp1 die Wahl, ob er die unpersönliche Aufforderung durch eine Passivkonstruktion (Pass), durch *man* oder durch den Modalen Infinitiv mit *sein* ausdrücken will. Für die semantischen Muster (DH 3) und (DH 4) ist bei den hier diskutierten Beispielen charakteristisch, dass das Handlungsverb für X als zweites Partizip *abgeschrieben* erscheint. Für manche Verben kann zum Ausdruck von (DH 4) statt des zweiten Partizips (wie in (19)) auch eine entsprechende nominale Form (wie in (20)) gebraucht werden.

(19) Dieser Brief muss mir kopiert vorliegen.
(20) Von diesem Brief muss ich eine Kopie haben.

5.2.2 WEISUNG nach ‚Präferenzhinweis' (PH)

Semantische Untermuster:

(PH 1) [sagen, dass man will, dass Sp2 X-t]
(PH 2) [sagen, dass man will, dass ge-X-t wird]
(PH 3) [sagen, dass man will, dass p realisiert wird]
(PH 4) [sagen, dass es positiv wäre, wenn Sp2 X-en würde]
(PH 5) [sagen, dass es positiv wäre, wenn ge-X-t würde]

Exemplarische Äußerungsformen:

(PH 1) Ich {möchte, hätte (es) gerne,} dass Sie diesen Brief so schnell wie möglich abschreiben.

(PH 2) Ich {möchte, hätte (es) gerne,} dass dieser Brief so schnell wie möglich abgeschrieben wird.

(PH 3) Ich $\begin{Bmatrix} \text{will,} \\ \text{wollte,} \\ \text{möchte,} \end{Bmatrix}$ dass dieser Brief so schnell wie möglich abgeschrieben vorliegt.

(PH 4) Es wäre gut, wenn Sie diesen Brief so schnell wie möglich abschreiben würden.
Sie sollten diesen Brief so schnell wie möglich abschreiben.

(PH 5) Es wäre gut, wenn dieser Brief so schnell wie möglich abgeschrieben werden könnte.
Dieser Brief sollte so schnell wie möglich abgeschrieben werden.

Vergleiche für (PH 3) die Äußerungsformen in (21).

(21) a. Ich $\begin{Bmatrix} \text{will} \\ \text{wollte} \\ \text{möchte} \end{Bmatrix}$ von diesem Brief drei Abschriften haben.

b. Ich $\begin{Bmatrix} \text{Brauche} \\ \text{bräuchte} \\ \text{benötige} \end{Bmatrix}$ von diesem Brief drei Abschriften.

5.2.3 WEISUNG nach ‚Präferenzfrage' (PF)

Semantische Untermuster:

(PF 1) [fragen, ob Sp2 X-en will]
(PF 2) [fragen, ob Sp2 X-en negativ bewertet]

Exemplarische Äußerungsformen:

(PF 1) $\begin{Bmatrix} \text{Wollen} \\ \text{Möchten} \end{Bmatrix}$ Sie mir diesen Brief (bitte) so schnell wie möglich abschreiben?

(PF 2) $\begin{Bmatrix} \text{Würde es Ihnen etwas ausmachen,} \\ \text{Macht es Ihnen etwas aus,} \end{Bmatrix}$ mir diesen Brief so schnell wie möglich abzuschreiben?

(PF 1) kann man sich sowohl mit neutraler Intonation als auch mit Frageintonation vorstellen. Wird (PF 1) mit Frageintonation realisiert, liegen die Äußerungsformen an der oberen Grenze der Höflichkeitsskala für WEISUNGEN.

5.2.4 WEISUNG nach ‚Befolgungsfestlegung' (BFE)

Semantische Untermuster:

(BFE 1) [sagen, dass Sp2 X-en wird]
(BFE 2) [sagen, dass ge-X-t wird]

(BFE 3) [sagen, dass p realisiert sein wird]

Exemplarische Äußerungsformen:

(BFE 1) Sie schreiben diesen Brief so schnell wie möglich ab!
  Sie werden diesen Brief so schnell wie möglich abschreiben!

(BFE 2) Dieser Brief hier wird so schnell wie möglich abgeschrieben.

(BFE 3) Dieser Brief wird so schnell wie möglich abgeschrieben sein.

Vergleiche zu (BFE 3) auch (22a.) und (22b.).

(22) a. Von diesem Brief bekomme ich so schnell wie möglich drei Abschriften.
  b. Bis in einer halben Stunde ist dieser Brief dreimal abgeschrieben.

5.2.5 WEISUNG nach ‚Befolgungsfrage' (BFR)

Semantische Untermuster:

(BFR 1) [fragen, ob Sp2 X-en wird]
(BFR 2) [fragen, ob p realisiert sein wird]

Exemplarische Äußerungsformen:

(BFR 1) a. Schreiben Sie mir diesen Brief dreimal ab?[7]
  b. $\begin{Bmatrix} \text{Werden} \\ \text{Würden} \end{Bmatrix}$ Sie mir diesen Brief dreimal abschreiben?

(BFR 2) Bekomme ich von diesem Brief hier drei Abschriften?

Äußerungsformen nach (BFR 1) gehen häufig Befolgungsbewertungen voraus, in denen Sp1 zum Ausdruck bringt, dass er die Befolgung der Aufforderung durch Sp2 als Zeichen von dessen Freundlichkeit werten würde. Befolgungsfragen mit Befolgungsbewertungen sind besonders bei BITTEN gebräuchlich, können aber auch als höfliche Varianten von WEISUNGEN vorkommen.[8]

(23) a. Sind Sie (bitte) so $\begin{Bmatrix} \text{freundlich,} \\ \text{gut,} \end{Bmatrix}$ und schreiben Sie mir diesen Brief so schnell wie möglich ab?

  b. Würden Sie bitte so $\begin{Bmatrix} \text{freundlich} \\ \text{gut} \end{Bmatrix}$ sein und mir diesen Brief so schnell wie möglich abschreiben?

---

[7] Dieses Beispiel muss als Frage intoniert sein, da es ansonsten mit einem Imperativsatz identisch wäre.
[8] Befolgungsbewertungen können auch zusammen mit Befolgungsfestlegungen vorkommen, wie (i) zeigt.
  (i) Sie sind so gut und schreiben mir diesen Brief so schnell wie möglich ab!

5.2.6 WEISUNG nach ‚Kompetenzhinweis' (KH)

Semantische Untermuster:

(KH 1) [sagen, dass Sp2 X-en kann]
(KH 2) [sagen, dass ge-X-t werden kann]

Exemplarische Äußerungsformen[9]:

(KH 1) Sie $\begin{Bmatrix} \text{können} \\ \text{könnten} \end{Bmatrix}$ (mir) diesen Brief hier abschreiben.

(KH 2) a. Diesen Brief hier kann man abschreiben.
  b. Dieser Brief hier kann abgeschrieben werden.

Interessant ist in diesem Zusammenhang, dass Äußerungsformen, die die Zeitangabe *so schnell wie möglich* enthalten, bei Kompetenzhinweisen ungebräuchlich sind.

(24) a. ?Sie können diesen Brief so schnell wie möglich abschreiben.
  b. *Dieser Brief hier kann so schnell wie möglich abgeschrieben werden.

5.2.7 WEISUNG nach ‚Imperativer Handlungszuweisung'

Eine prototypische Äußerungsform für WEISUNG nach ‚Imperativer Handlungszuweisung' ist (25).

(25) Schreiben Sie diesen Brief so schnell wie möglich ab!

Das Beispiel (25) kann durch *bitte* in initialer, zentraler und finaler Stellung modifiziert werden.

(25)' a. Bitte schreiben Sie diesen Brief so schnell wie möglich ab!
  b. Schreiben Sie bitte diesen Brief so schnell wie möglich ab!
  c. Schreiben Sie diesen Brief bitte so schnell wie möglich ab!
  d. Schreiben Sie diesen Brief so schnell wie möglich ab, bitte!

5.2.8 WEISUNGEN nach ‚Performativer Handlungszuweisung'

Für die verschiedenen Varianten performativer Ausdrücke vergleiche Kapitel 2.1. Als WEISUNGEN kämen u.a. die in (26) und (27) zusammengestellten Äußerungsformen in Frage. (28a.) und (28b.) sind an der oberen Grenze der Höflichkeitsskala, sollen aber nicht von

---

[9] Zur Behandlung von Äußerungsformen nach dem Muster Kompetenzfrage, d.h. von Äußerungen wie *Könnten Sie mir diesen Brief so schnell wie möglich abschreiben?*, vgl. Aufgabe 5.1.

vornherein aus dem Kanon möglicher Realisierungsformen ausgeschlossen werden. Eindeutig ungeeignet sind jedoch performative Einstufungen wie (29).

(26) Ich $\begin{Bmatrix} \text{darf} \\ \text{muss} \\ \text{möchte} \end{Bmatrix}$ Sie bitten, $\begin{Bmatrix} \text{diesen Brief so schnell wie möglich abzuschreiben.} \\ \text{dass Sie (mir) diesen Brief so schnell wie möglich} \\ \text{abschreiben.} \end{Bmatrix}$

(27) $\begin{Bmatrix} \text{Darf} \\ \text{Dürfte} \end{Bmatrix}$ ich Sie bitten, (mir) diesen Brief so schnell wie möglich abzuschreiben?

(28) a. $\begin{Bmatrix} \text{?Ich bitte Sie,} \\ \text{?Ich würde Sie bitten,} \end{Bmatrix}$ mir diesen Brief so schnell wie möglich abzuschreiben.

b. $\begin{Bmatrix} \text{Kann} \\ \text{Könnte} \end{Bmatrix}$ ich Sie bitten, mir diesen Brief so schnell wie möglich abzuschreiben?

(29) *Wenn ich mich mit einer Bitte an Sie wenden dürfte: Schreiben Sie mir bitte diesen Brief so schnell wie möglich ab!

5.2.9 WEISUNG nach ‚Kommandoausdruck'

Als Äußerungsformen nach diesem Muster kann man Beispiele wie (30a.)–(30e.) einstufen.

(30) a. (Bitte) abschreiben!
 b. Abschreiben! So schnell wie möglich!
 c. So schnell wie möglich abschreiben (bitte)!
 d. So schnell wie möglich (bitte)!
 e. Diesen Brief (bitte)!

Damit man eine WEISUNG durch Beispiele wie (30a.)–(30e.) vollziehen kann, ist es notwendig, dass aus dem Handlungskontext hervorgeht, was abgeschrieben werden soll. Dies kann z.B. dadurch klar werden, dass Sp1 Sp2 ein Manuskript auf den Tisch legt oder in die Hand gibt. Bei (30d.) und (30e.) muss zusätzlich angenommen werden, dass aufgrund der Interaktionsroutine zwischen Sp1 und Sp2 klar ist, dass der Brief nicht durchgelesen, weitergeleitet oder abgeheftet werden soll, sondern eben abgeschrieben werden muss. Da man nicht sagen kann, dass Äußerungsformen wie (30d.) und (30e.) konventionellerweise dazu verwendet werden können, jemand zum Abschreiben eines Briefes aufzufordern, müsste man diese Beispiele bereits zu den Andeutungen rechnen.[10]

---

[10] Vgl. dazu Kap. 1, S. 17 und Kap. 6.2.

AUFGABEN KAPITEL 5

5.1 Geben Sie die semantischen Untermuster und die entsprechenden Äußerungsformen für WEISUNGEN nach dem semantischen Muster ‚Kompetenzfrage' an.

5.2 Geben Sie dafür das System der grammatischen Unterscheidungen an.

*5.3 Geben Sie das System der grammatischen Unterscheidungen für die Äußerungsformen nach dem semantischen Muster ‚Präferenzhinweis' an.

5.4 Geben Sie die semantischen Untermuster an, die zum Vollzug von ANREGUNGEN nach dem semantischen Muster ‚Präferenzfrage' möglich sind.

*5.5 Geben Sie zu den in Aufgage 5.4 erarbeiteten Untermustern die entsprechenden Äußerungsformen an.

6. Die Formulierung der Sprechakttheorie bei Searle

In diesem Kapitel soll der Versuch gemacht werden, Searles Sprechakttheorie nachzuzeichnen.[1] Dabei wird in Abschnitt 6.1 besonderer Wert darauf gelegt werden, die Form zu verdeutlichen, die Searle zur Beschreibung einzelner Sprechakte vorschlägt. Searle (1969; 1971) berücksichtigt bei seinen Analysen der einzelnen illokutionären Akte hauptsächlich die Handlungsbedingungen, die zum Vollzug der jeweiligen Akte gegeben sein müssen; darüber hinaus beschreibt er auch die allgemeinen kommunikativen Bedingungen, die für sprachliches Handeln überhaupt vorauszusetzen sind. Eine systematische Analyse der Äußerungsformen, die zur Realisierung eines bestimmten Sprechhandlungsmusters dienen können, ist in Searles ursprünglicher Konzeption nicht vorgesehen gewesen. Searle argumentiert als Sprachphilosoph und nicht als Linguist; er betont gleich zu Beginn, dass es sich bei seinem Buch nicht um eine linguistische Arbeit handelt.[2] Sein Ziel ist es nicht, einzelsprachliche Strukturen zu analysieren, sondern Prinzipien herauszufinden, die für Sprache überhaupt gelten sollen. Die Angabe von funktional äquivalenten Äußerungsformen für einen Sprechakt und deren semantische und syntaktische Analyse stellen aber notwendigerweise Aussagen über Einzelsprachen dar. Es ist wahrscheinlich, dass es in allen Sprachen Sprechakte wie Bitten, Fragen, Versprechen, Mitteilungen usw. gibt und dass die Handlungsbedingungen für diese Sprechakte in allen Kulturen sehr ähnlich aussehen; die sprachlichen Ausdrucksformen sind aber natürlich völlig unterschiedlich und können nur durch die Untersuchung der entsprechenden Einzelsprachen erfasst werden.

Obwohl Searle aufgrund seines sprachphilosophisch orientierten Ansatzes den Äußerungsformen zunächst wenig Aufmerksamkeit geschenkt hat, hat er doch mit seiner Theorie der ‚indirekten Sprechakte' einen Vorschlag zur Beschreibung und Erklärung von funktional äquivalenten Äußerungsformen vorgelegt. Mit dieser Theorie setzt sich der zweite Abschnitt dieses Kapitels kritisch auseinander.

6.1 Bedingungen und Regeln: Searles Beschreibung illokutionärer Akte

Searle (1969: 54–64; 1971: 84–99) entwickelt seinen Beschreibungsansatz anhand des illokutionären Aktes des Versprechens. Searles (1971: 84) Ausgangsfrage lautet: „Welche Be-

---

[1] Searles Sprechakttheorie stellt den ersten systematischen Ansatz zur Beschreibung sprachlicher Handlungen dar. Wittgenstein hat nie den Versuch unternommen, die vielfältigen Ähnlichkeiten und Unterschiede („Familienähnlichkeiten") zwischen den einzelnen „Sprachspielen" durch ein Klassifizierungssystem oder durch ein einheitliches Beschreibungsmodell zu erfassen. Ein solches Unterfangen hätte seinem in den ‚Philosophischen Untersuchungen' vorgeführten Denkstil völlig widersprochen. Austin entwickelte seine Theorie der Sprechakte und seine Taxonomie illokutionärer Akte aus der Analyse der Gebrauchsbedingungen performativer Verben heraus. Ein praktikables Beschreibungsinstrumentarium für die Vollzugsbedingungen einzelner sprachlicher Handlungen findet sich aber erst bei Searle (1969).

[2] Searle (1969: 4; 1971: 12f.).

dingungen sind notwendig und hinreichend, damit der Akt des Versprechens mittels der Äußerung eines gegebenen Satzes erfolgreich und vollständig vollzogen wird?"[3]

Aus der Analyse dieser Bedingungen leitet er in einem zweiten Schritt die Regeln für den Gebrauch des Illokutionsindikators V für Versprechen ab. Der Illokutionsindikator V, d.h. das sprachliche Mittel, durch das angezeigt wird, dass es sich bei dem Sprechakt um ein Versprechen handelt, ist in diesem Fall das performativ gebrauchte Verb *versprechen*.

Die Bedingungen gelten also, um es in der hier vorgeschlagenen Ausdrucksweise zu formulieren, für das Sprechhandlungsmuster VERSPRECHEN, die Regeln beziehen sich auf den Gebrauch des performativen Verbs *versprechen*.

Searle geht davon aus, dass man einen illokutionären Akt wie Versprechen durch die Angabe von neun Bedingungen oder besser neun Typen von Bedingungen vollständig bestimmen kann.

Drei der neun Bedingungen, die er angibt, beziehen sich dabei auf sprachliches Handeln überhaupt. Man könnte sie in Ergänzung zu Searles Terminologie „allgemeine Bedingungen" nennen. Die übrigen sechs Bedingungen betreffen die Eigenschaften des spezifischen Sprechhandlungsmusters, das beschrieben wird, in diesem Fall also des Versprechens. Sie könnten als „spezielle Bedingungen" bezeichnet werden. Searle (1969: 57; 1971: 88*) formuliert seine Bedingungen nun wie folgt:

Wenn ein Sprecher S im Beisein eines Zuhörers H einen Satz T äußert, dann verspricht er dem Zuhörer H durch die wörtlich gemeinte Äußerung von T richtig und aufrichtig, dass p, dann und nur dann, wenn die folgenden Bedingungen 1–9 erfüllt sind.

| 1) Es herrschen „normale Eingabe- und Ausgabe-Bedingungen."[4] |

1) gehört zu den allgemeinen Bedingungen. Durch 1) soll festgelegt werden, dass S und H beide an der Kommunikation teilnehmen können, d.h., dass sie nicht durch Taubheit, Lärm oder andere psychische oder physische Störungen daran gehindert sind, zu sprechen bzw. zu verstehen, was S sagt. Weiterhin soll durch 1) festgelegt werden, dass der Sprechakt ernsthaft vollzogen wurde; nicht ernsthaft in diesem Sinne sind Äußerungen, die in Spielen, als Beispielsätze im Sprach- oder Linguistik-Unterricht oder in scherzhafter Redeweise gemacht werden.[5]

| 2) „In der Äußerung T drückt S die Proposition aus, dass p".[6]
| 3) „Indem S ausdrückt, dass p, prädiziert S einen zukünftigen Akt A von S."[7]

---

[3] In den meisten Fällen weichen die folgenden deutschsprachigen Searle-Zitate von der Übersetzung Searle (1971) ab, weil mir andere Übersetzungen treffender erschienen. Zitiert wird trotzdem Searle (1971), um den Kontext des Zitats leichter auffindbar zu machen. Zitate, die im Wortlaut von Searle (1971) abweichen, sind durch ein Sternchen hinter der Seitenangabe gekennzeichnet; also z.B. Searle (1971: 88*).
[4] Searle (1971: 88).
[5] Vgl. hierzu Aufgabe 6.1.
[6] Searle (1971: 88).
[7] Searle (1971: 89*), vgl. Kap. 1. S. 20.

2) und 3) nennt Searle die B e d i n g u n g e n d e s p r o p o s i t i o n a l e n G e -
h a l t s . Durch 2) wird festgelegt, dass durch den vorliegenden Sprechakt überhaupt eine
Proposition ausgedrückt wird. Es gibt Sprechakte wie Grüßen oder Fluchen, durch die in
der Regel keine Proposition ausgedrückt wird, wie (1) und (2) belegen können.

(1) a. Hallo!
    b. Tschüß!
(2) Zum Donnerwetter nochmal!

Durch 3) wird festgelegt, welche Arten von Propositionen für Versprechungen in Frage
kommen. So ist z.B. die Proposition, dass Cäsar den Rubikon überschritten hat, als Proposition für ein Versprechen ungeeignet, da man nur einen zukünftigen Akt versprechen kann,
den man selber ausführt. Ich kann meinem Hörer H also weder versprechen, dass ich letzte
Woche sein Auto geputzt habe, noch dass er oder sonst jemand das Auto geputzt hat oder
putzen wird. Explizit-performative Äußerungen wie (3) klingen deshalb unsinnig.

(3) *Ich verspreche dir, dass du gestern dein Auto geputzt hast.

Für andere Sprechakte, wie z.B. Aufforderungen, ist dagegen charakteristisch, dass nur
Handlungen von H, nicht aber Handlungen von S prädiziert werden können:

(4) a. Ich möchte dich bitten, dass du morgen mein Auto putzt.
    b. *Ich möchte dich bitten, dass ich morgen mein Auto putze.

> 4) H würde es lieber sehen, wenn S A ausführt, als wenn er es unterlässt, und S
> glaubt, dass es H vorziehen würde, wenn S A ausführt, als wenn er dies unterlässt.[8]

Searle bezeichnet 4) zusammen mit der Bedingung 5) als E i n l e i t u n g s b e d i n g u n -
g e n oder wie es in anderen Übersetzungen heißt als ‚vorbereitende Bedingungen'.

4) besagt, dass S H nur die Ausführung solcher Akte versprechen kann, die H auch
wünscht. Wenn ich z.B. einem flüchtigen Bekannten verspreche, dass ich mir eine rote
Pudelmütze kaufen werde, so ist das ein unsinniges Versprechen, weil man normalerweise
voraussetzen kann, dass es dem Adressaten völlig egal ist, ob ich mir eine rote Pudelmütze
kaufe oder nicht. A darf H weder gleichgültig noch unangenehm sein. Eng verwandt mit
Versprechungen sind die Drohungen; sie unterscheiden sich von Versprechungen dadurch,
dass man H nur etwas androhen kann, was dieser nicht wünscht.

Interessant an 4) ist die Tatsache, dass Searle sowohl postuliert, dass H die Ausführung
von A wünscht, als auch, dass S glaubt, dass H A wünscht. Dadurch sind Fälle ausgeschlossen, in denen S H z.B. verspricht, ihn im Krankenhaus zu besuchen, und H einen solchen
Besuch gar nicht wünscht. Für eine sprechhandlungstheoretische Beschreibung muss man
sich entscheiden, ob man die Bedingungen vom Hörer oder vom Sprecher aus formuliert,

---

[8] Searle (1971: 89*).

oder ob man, wie Searle, hörer- und sprecherseitige Bedingungen ansetzen will.[9] Bei den Beschreibungen in Kapitel 4 wurde davon ausgegangen, dass es genügt, sprecherseitige Bedingungen zu nennen; ansonsten wäre (5a.) in der folgenden Sequenz keine Aufforderung, sondern nur eine versuchte Aufforderung, und (7) müsste deshalb als Redewiedergabe von (5) adäquater sein als (6), was jedoch nicht der Fall ist.[10]

(5) a. Übersetz mir doch bitte diesen Satz aus dem Lateinischen!
   b. Tut mir leid, so gut kann ich auch nicht Lateinisch.
(6) Ich habe ihn gebeten, mir den Satz aus dem Lateinischen zu übersetzen, aber er konnte es nicht.
(7) Ich habe versucht, ihn zu bitten, mir den Satz aus dem Lateinischen zu übersetzen, aber er konnte es nicht.

Nach diesem Exkurs sollen wieder die Bedingungen Searles diskutiert werden.
Die zweite Einleitungsregel für Versprechen formuliert Searle (1971: 91*) wie folgt:

> 5) Es ist weder für S noch für H selbstverständlich, dass S A beim normalen Gang der Dinge ohnehin ausführen würde.

Durch diese zweite Einleitungsbedingung 5) wird festgelegt, dass Versprechen nicht völlig sinn- und zwecklos geäußert werden dürfen. Gehört es sowieso zur alltäglichen Routine von S, A zu machen, und hat sich auch H auf diese Routine eingestellt, so wäre es witzlos und verfehlt, wenn S H an einem bestimmten Tag plötzlich versprechen würde, A zu machen.

Würde sich z.B. ein Buchhalter, der einem Unternehmen lange Jahre treu gedient hat, plötzlich bei seinem Direktor melden lassen, um ihm zu versprechen, dass er keine Unterschlagungen machen werde, so wäre ein solches Versprechen nicht nur völlig unpassend, es würde den Buchhalter sicher auch in Schwierigkeiten bringen, da man eben nur das verspricht, was nicht ohnehin selbstverständlich ist.

Die zweite Einleitungsbedingung gilt in ähnlicher Form bei fast allen Sprechakten; man fordert H nicht zu etwas auf, was er ohnehin tut, man verbietet nicht etwas, was H ohnehin unterlassen würde, usw. Die Bedingung ist so verbreitet, dass man sie auch zu den allgemeinen Bedingungen der Kommunikation rechnen könnte.[11]

---

[9] Searle hat zweiseitig formulierte Einleitungsbedingungen bei Versprechen, Danken, Auffordern, Gratulieren, nicht aber bei Warnen und Raten, bei denen er nur sprecherseitige Bedingungen angibt.

[10] Searles Einleitungsregel für Aufforderungen lautet (1971: 101): „H ist in der Lage, A zu tun. S glaubt, dass H in der Lage ist, A zu tun." Es wäre in diesem Fall angemessener, nur eine sprecherseitige Einleitungsbedingung zu formulieren. Sie könnte etwa wie folgt lauten: „S hat Grund zu der Annahme, dass H in der Lage ist, A zu tun."

[11] Grice (1975; 1980) hat versucht, Grundprinzipien zu formulieren, deren Befolgung von allen Gesprächsteilnehmern normalerweise erwartet wird. Eine dieser Maximen lautet: „Sei relevant". Die zweite Einleitungsbedingung Searles kann man als einen Spezialfall dieser Konversationsmaxime auffassen.
  Insgesamt nennt Grice (1980: 113f.) neun Konversationsmaximen, die er den Kategorien

Die sechste Bedingung nennt Searle A u f r i c h t i g k e i t s b e d i n g u n g (1971: 92) und formuliert sie wie folgt:

> 6) S beabsichtigt A zu tun.

Durch die Aufrichtigkeitsbedingung wird festgelegt, dass bei einem ‚richtigen' Versprechen vorauszusetzen ist, dass S die Handlung A, die er verspricht, auch auszuführen beabsichtigt. Wenn S also verspricht, H am finanziellen Erfolg einer gemeinsamen Unternehmung zu beteiligen, im Moment des Versprechens aber schon plant, H nichts von dem zu erwartenden Gewinn abzugeben, dann ist das Versprechen unaufrichtig. Wie bereits im Zusammenhang mit der Bedingung 1) angedeutet, müssen unaufrichtige Versprechen, mit denen S H täuschen will, von nicht ernst gemeinten Versprechen wie (8) bzw. nicht wörtlich gemeinten wie (9) unterschieden werden.

(8) [Linguistik-Professor im Seminar:] Ein Beispiel für ein Versprechen im Sinne Searles wäre folgende Äußerung: ‚Ich verspreche, dass jeder Seminarteilnehmer seinen Schein bekommt.'

(9) [Verehrer zu seiner Geliebten:] Wenn du mich heiratest, werde ich dir die Sterne vom Himmel holen.

Die folgende Bedingung 7) nennt Searle (1971: 93*) die w e s e n t l i c h e B e d i n g u n g . Sie lautet:

> 7) S beabsichtigt, sich mit der Äußerung von T zur Ausführung von A zu verpflichten.

7) wird als wesentliche Bedingung bezeichnet, weil in ihr der illokutionäre Zweck des Sprechakts erfasst ist.[12] Der illokutionäre Zweck von Versprechen und allen anderen kommissiven Sprechakten besteht darin, sich zu einer Handlung zu verpflichten.

Man kann sich vorstellen, dass für einen Sprecher S alle Bedingungen 1)–6) erfüllt sind, er sich jedoch nicht verpflichten will, A zu tun, obwohl er durchaus beabsichtigt, A zu tun. In einem solchen Fall könnte S eine Äußerungsform wie (10) wählen.

Quantität, Qualität, Relation und Modalität zuordnet. Sie lauten im Einzelnen:
Quantität: 1. Mache deinen Gesprächsbeitrag so informativ wie (für die augenblicklichen Gesprächszwecke) nötig.
2. Mache deinen Gesprächsbeitrag nicht informativer als nötig.
Qualität: 1. Behaupte nichts, von dessen Wahrheit du nicht überzeugt bist.
2. Behaupte nichts, wofür du keine Beweise hast.
Relation: Sei relevant.
Modalität: 1. Vermeide Unklarheit im Ausdruck.
2. Vermeide Mehrdeutigkeiten.
3. Vermeide Weitschweifigkeit.
4. Vermeide Ungeordnetheit.
Zur genaueren Darstellung der Konversationsmaximen siehe Rolf (1994).

[12] Vgl. Kap. 3.2.

(10) Ich habe es mir vorgenommen, dir beim Umzug zu helfen, ich kann es dir aber nicht versprechen.

S formuliert die Aufrichtigkeitsbedingung für Versprechen, macht aber klar, dass er keine Verpflichtung eingehen will, indem er sagt, dass (10) kein Versprechen ist, d.h. dass die wesentliche Bedingung für Versprechen nicht gilt.

Damit sind die ‚speziellen Bedingungen', die Searle für Versprechen ansetzt, nachgezeichnet. Die Bedingungen 8) und 9) betreffen die allgemeinen Eigenschaften sprachlicher Handlungen. Mit ihnen will Searle Sprechakte von anderen Typen von Verständigungshandlungen bzw. Versuchen zu Verständigungshandlungen abgrenzen.

Searle (1971: 93f.*) formuliert die Bedingungen wie folgt:

> 8) S beabsichtigt, (i-1) bei H die Erkenntnis (K) zu bewirken, dass die Äußerung von T als Verpflichtungsübernahme von S zur Ausführung von A gilt. S beabsichtigt, K durch die Erkenntnis von (i-1) zu bewirken, und S beabsichtigt, dass (i-1) aufgrund von Hs Kenntnis der Bedeutung von T erkannt wird.
> 9) Die semantischen Regeln des Dialekts, den S und H sprechen, sind von solcher Beschaffenheit, dass T korrekt und aufrichtig nur dann geäußert wird, wenn die Bedingungen 1)–8) erfüllt sind.

8) und 9) sind eine sehr explizite und deshalb auch etwas umständliche Art zu sagen, dass S H klar macht, dass er A machen will, und dass er sich dazu verpflichtet, A zu machen, indem er eine Äußerungsform hervorbringt, die konventionellerweise als Versprechen gilt.[13] Durch 8) wird es unmöglich, die in (11) beschriebenen Handlungen von Herrn Knoll als Abgabe eines Versprechens einzustufen.

(11) Ilona bittet ihren Geliebten, den Generaldirektor Knoll, sie am Montag von Hamburg zu einer Filmaufnahme nach München zu fahren. Knoll ruft daraufhin seine Privatsekretärin an und sagt: „Die Aufsichtsratssitzung am Montag muss ausfallen". Darauf schaut er Ilona tief in die Augen und sagt: „Du bist die schönste Frau der Welt."

Man könnte zwar sagen, dass Ilona jetzt allen Grund hat zu erwarten, dass Herr Knoll sie nach München fährt, es wäre jedoch nicht richtig zu behaupten, Knoll habe versprochen, Ilona nach München zu fahren, denn aus der Bedeutung der Sätze „Die Aufsichtsratssitzung am Montag muss ausfallen" und „Du bist die schönste Frau der Welt" lässt sich keinesfalls ableiten, dass Knoll eine Verpflichtung übernommen hat.

Folgendes Schaubild (12) gibt einen Überblick über Bedingungstypen, die Searle bei seiner Beschreibung benutzt. Die von Searle (1969) selbst eingeführten Namen für Bedingungen sind in (12) unterstrichen.

---

[13] Hinter dieser Regel steckt die Bedeutungstheorie, die Searle (1965: 42–50; 1971: 68–83) in Auseinandersetzung mit Grice (1957) entwickelt hat. Auf diesen Aspekt der Theorie von Searle soll hier nicht eingegangen werden. Zur Kritik von Searle an Grice siehe Meggle/Ulkan (1979). Die Bedeutungstheorie von Grice wird in Rolf (1994: 23–102) ausführlich dargestellt.

(12)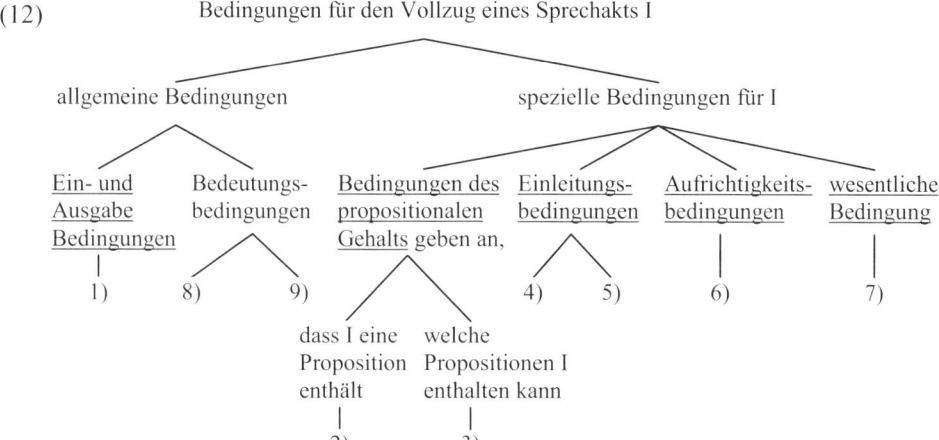

Aus den Bedingungen für den Vollzug des Sprechakts VERSPRECHEN leitet Searle nun die Regeln für den Gebrauch der illokutionären Indikatoren für Versprechen ab. Der einfachste und direkteste Illokutionsindikator ist hier das performativ gebrauchte Verb *versprechen*. Die folgenden Regeln 1.–5. können also als Gebrauchsregeln für das performative Verb *versprechen* angesehen werden.

Searle schließt jedoch nicht aus, dass es auch andere Arten von sprachlichen Mitteln gibt, die aufgrund ihrer semantischen Eigenschaften dazu taugen, als Illokutionsindikatoren für Versprechen zu dienen. So könnte z.B. im Deutschen eine Formel wie (13) als Versprechensindikator benützt werden.

(13) Ich gebe dir mein Wort, dass ich X-en werde.

Für den Gebrauch eines jeden sprachlichen Mittels V, das als Indikator für Versprechenshandlungen dient, gelten nach Searle (1971: 97*) folgende Regeln:

1. Regel: V darf nur im Zusammenhang eines Satzes oder Textabschnittes T geäußert werden, dessen Äußerung einen zukünftigen Akt A des Sprechers S prädiziert.
2. Regel: V darf nur geäußert werden, wenn der Hörer H die Ausführung von A durch S der Unterlassung von A durch S vorziehen würde, und wenn S glaubt, dass H die Ausführung von A durch S vorziehen würde.
3. Regel: V darf nur geäußert werden, wenn es weder für S noch für H selbstverständlich ist, dass S A beim normalen Gang der Dinge ohnehin ausführen würde.
4. Regel: V darf nur geäußert werden, wenn S beabsichtigt, A zu tun.
5. Regel: Die Äußerung von V gilt als Übernahme der Verpflichtung, A auszuführen.

Die 1. Regel ist aus den Bedingungen des propositionalen Gehalts abgeleitet und heißt Regel des propositionalen Gehalts. Die 2. und 3. Regel entsprechen den Einleitungsbedingungen und werden von Searle deshalb als Einleitungsregeln bezeichnet. Die 4. Regel hat ihre Entsprechung in der Aufrichtigkeitsbedingung und die 5. Regel korrespondiert mit der wesentlichen Bedingung und trägt die Bezeichnung ‚wesentliche Regel'.

Die Sprechaktbeschreibung Searles kann man in folgender schematischer Kurzform[14] (i) zusammenfassen:

(i) Zu sagen

  T: ☐ (Äußerungsformen)

 unter den Bedingungen:

  $B_1 \ldots B_n$ ☐ (Einleitungsbedingungen)

 gilt als ☐ (Illokutionszweck)

Will man also einen Sprechakt nach diesem Modell beschreiben, kommt es darauf an, die leeren Kästchen in dem obigen Schema auszufüllen.

Nimmt man den Sprechakt des LOBENS als Beispiel, so könnte eine solche schematische Kurzbeschreibung etwa wie (ii) aussehen.

(ii) Zu sagen

$$T: \left\{ \begin{array}{l} \text{Gut.} \\ \text{Gutgemacht.} \\ \text{X hat mir gefallen.} \\ \text{X war} \left\{ \begin{array}{l} \text{gut.} \\ \text{schön.} \\ \text{prima.} \end{array} \right\} \\ \text{Meine Anerkennung!} \\ \vdots \end{array} \right\}$$

 unter den Bedingungen:

  B_1: Sp2 hat eine Handlung X gemacht bzw. ein Produkt X hergestellt.
  B_2: Für die Ausführung von X bzw. für die Produktion gibt es eine bestimmte Norm N.
  B_3: Sp2 akzeptiert für sein Handeln N.
  B_4: Sp1 überwacht bei Sp2 die Einhaltung von N oder übt ihn in die Einhaltung von N ein.
  B_5: Sp1 glaubt, dass X N in hohem Maße entspricht.

 gilt als Ausdruck der Anerkennung (dafür, dass X N entsprach).

---

[14] Die Formulierung dieses Schemas geht zurück auf F. Hundsnurscher.

6.2 Searles Theorie der indirekten Sprechakte

Im Abschnitt 6.1 ist an mehreren Stellen deutlich geworden, wie wichtig für Searles Analyse der Vollzugsbedingungen von illokutionären Akten die Tatsache ist, dass der verwendete Satz T wörtlich gemeint ist. Bei Searle spielt also das Postulat eine zentrale Rolle, dass die Äußerung eines Satzes T allein schon aufgrund der Satzbedeutung von T als Vollzug des entsprechenden illokutionären Aktes gilt. Eine solche Auffassung trifft aber nur auf Beispiele wie (14) und (15) zu.

(14) Mach die Fenster auf!
(15) Ich rate dir, dich nicht in diesen Streit einzumischen.

Sie gilt nicht für Äußerungsformen wie (16), (17) und (18).

(16) Kannst du mir das Salz reichen?
(17) Sie müssen diesen Brief hier so schnell wie möglich abschreiben.
(18) Wollen Sie Ihr Leben aufs Spiel setzen?

(16) ist eine typische Äußerungsform für eine BITTE, (17) kann, wie in 5.2 ausführlich dargestellt wurde, zum Vollzug einer WEISUNG gebraucht werden, und (18) kann zum Ausdruck einer WARNUNG verwendet werden.

Isoliert man (16) aus dem in (19) dargestellten Handlungszusammenhang und betrachtet die wörtliche Bedeutung von (16), so ist (16) eine Frage.

(19) BITTEN → ÄUS (16)

Wird also davon abstrahiert, dass (16) den Äußerungsakt des illokutionären Akts BITTE repräsentiert, so liegt es nahe, (16) genau wie (20) als FRAGE zu analysieren. (17) wäre bei einer solchen Betrachtungsweise als Feststellung zu charakterisieren.

(16) Kannst du mir das Salz reichen?
(20) Kannst du Französisch sprechen?

Searle (1975; 1980a) löst das Problem, das für seine Theorie durch Äußerungsformen wie (16)–(18) aufgeworfen wird, dadurch, dass er in solchen Fällen zwei Illokutionsakte ansetzt. Er unterscheidet den primären Illokutionsakt und den sekundären oder wörtlichen Illokutionsakt.

Äußert ein Sprecher Sp1 einen Satz wie (16), so vollzieht er damit nach Searles Auffassung zum einen den primären Illokutionsakt der BITTE und gleichzeitig den sekundären Illokutionsakt der Frage. Bei (17) wäre der primäre Illokutionsakt als WEISUNG einzustufen, der sekundäre wiederum als Behauptung.

Nach Searles Konzeption müsste (19) also zu (21) modifiziert werden.

(21) BITTEN → FRAGEN → ÄUSSER (16)
     primärer Illo-   sekundärer
     kutionsakt A   Illokutionsakt B

Sprechakte, bei denen Sp1 einen illokutionären Akt A vollzieht, indem er einen anderen Illokutionsakt B vollzieht, nennt Searle indirekt.

Damit ist das Problem aber noch nicht gelöst. Es bleibt nämlich, nach Searle (1980a: 130), noch folgende Frage zu beantworten: „Wie versteht er (der Hörer) aufgrund dessen, dass er den wörtlichen sekundären Akt verstanden hat, den nicht wörtlichen primären Illokutionsakt?"

Als Antwort auf diese Frage bietet Searle (1980a: 140f.) eine Sequenz von Schlussfolgerungen an, aufgrund derer Sp2 aus der sekundären Illokution die primäre ableiten kann. Für das Beispiel (16) lautet diese Kette von Schlussfolgerungen wie folgt:[15]

Schritt 1: X hat mir eine Frage gestellt, und zwar, ob ich in der Lage sei, ihm das Salz zu reichen (Fakten über das Gespräch).

Schritt 2: Ich nehme an, dass X in diesem Gespräch mit mir kooperiert und dass deshalb seine Äußerung ein Ziel oder einen Zweck hat (Prinzipien kooperativer Gesprächsführung).

Schritt 3: Aus dem Rahmen unseres Gesprächs lässt sich nicht schließen, dass X ein theoretisches Interesse an meiner Fähigkeit des Salzreichens hat (faktisches Hintergrundwissen).

Schritt 4: Außerdem weiß er wahrscheinlich bereits, dass die Antwort auf seine Frage ja ist (faktisches Hintergrundwissen). (Dieser Schritt erleichtert den Übergang zu Schritt 5, ist aber nicht unbedingt notwendig).

Schritt 5: Seine Äußerung ist deshalb wahrscheinlich nicht bloß eine Frage. Sie hat wahrscheinlich einen weiteren Illokutionszweck. (Folgerung aus Schritt 1, 2, 3 und 4). Worin kann er bestehen?

Schritt 6: Eine Vorbereitungsbedingung jedes direktiven Illokutionsaktes besteht darin, dass der Hörer in der Lage ist, die in der Bedingung des propositionalen Gehalts prädizierte Handlung zu vollziehen (Sprechakttheorie).

Schritt 7: X hat mir also eine Frage gestellt, deren Bejahung voraussetzen würde, dass die Vorbereitungsbedingung für seine Bitte, ihm das Salz zu reichen, erfüllt ist (Folgerung aus Schritt 1 und 6).

Schritt 8: Wir sitzen jetzt beim Essen, und normalerweise benutzen die Leute beim Essen Salz; sie reichen es sich zu und versuchen zu veranlassen, dass es ihnen zugereicht wird. (Hintergrundwissen).

Schritt 9: X hat also darauf angespielt, dass die Vorbereitungsbedingung einer Aufforderung erfüllt ist, und er will wohl, dass ich die Bedingung erfülle, durch die der Aufforderung Folge geleistet wird (Folgerung aus Schritt 7 und 8).

Schritt 10: Da ich keinen anderen plausiblen Illokutionszweck erkennen kann, fordert er mich also vermutlich auf, ihm das Salz zu reichen (Folgerung aus Schritt 5 und 9).

Erläuterungsbedürftig an dem oben angeführten Schlussfolgerungsprozess ist vielleicht Schritt 2, bei dem sich Searle auf die „Prinzipien kooperativer Gesprächsführung" bezieht. Das kooperative Prinzip, das alle Gesprächsteilnehmer befolgen müssen, hat Grice (1980: 113) wie folgt formuliert:

> [...] gestalte deinen Gesprächsbeitrag so, dass er dort, wo er im Gespräch erscheint, dem anerkannten Zweck dient, den du gerade mit deinem Kommunikationspartner verfolgst.

---

[15] ‚X' steht dabei für den Sprecher von (16).

Durch dieses Prinzip soll festgelegt werden, dass die Gesprächsbeiträge von Sp1 und Sp2 dem mehr oder minder offenkundigen gemeinsamen kommunikativen Ziel der Gesprächspartner dienen.

Man könnte ein Gespräch in dieser Hinsicht mit einer Tennispartie vergleichen. Wenn T1 und T2 zusammen kooperativ Tennis spielen, ist es ausgeschlossen, dass T1 z.B. andauernd absichtlich ins Netz schlägt, sich überhaupt nicht bemüht, einen Ball von T2 zu bekommen oder plötzlich anfängt, mit den Bällen zu jonglieren oder zu werfen, statt sie dem Partner zuzuspielen, usw.[16]

Wenn man also annehmen müsste, dass ein Gesprächspartner gar nicht kooperativ kommuniziert, könnte man auch unterstellen, dass er Züge macht, die in dem entsprechenden Zusammenhang völlig sinnlos wären, d.h. es wäre ihm zuzutrauen, dass er (16) wörtlich meint, und nichts weiter will, als eine wahre Antwort auf eine Frage.

Nur wenn man davon ausgeht, dass der Sprecher von (16) nicht ständig unsinnige Fragen stellt, und außerdem die in Schritt 3 und 4 genannten Tatsachen heranzieht, kann man nach Searle die in Schritt 5 formulierte Folgerung ziehen.

Searle (1980a: 130) stellt zwar fest: „In normalen Gesprächen laufen die einzelnen Gedankenschritte natürlich nicht bewusst ab"; er hält aber daran fest, dass der Schritt von der sekundären Illokution zur primären durch Folgerungsketten der oben zitierten Art zu erklären sei.

Nach Searles Theorie der indirekten Sprechakte kann man sich das Äußern und Verstehen einer durch (16) vollzogenen Bitte also wie in dem folgenden Schaubild dargestellt vorstellen.

(22)

	Sprechakt		
Sp1	BITTET →	FRAGT →	ÄUSSERT (16)
Sp2	ERSCHLIESST ← aufgrund von Hintergrundwissen und der Kenntnis von Gesprächsprinzipien, dass Sp1 eine BITTE geäußert hat.	VERSTEHT ← (16) aufgrund der semantischen Eigenschaften von (16) als FRAGE	HÖRT (16)
	◄ ═══════════ Interpretationsakt ═══════════		

Im Folgenden sollen einige Kritikpunkte an der Auffassung Searles vorgetragen werden und im Zusammenhang damit die in 5.2 verfolgte Methode zur Behandlung von Äußerungsformen theoretisch abgesichert werden. Nach Searle (1980a: 137) vollzieht ein Sprecher bei Äußerungen wie (16) und (17) „einen direktiven Sprechakt, dadurch dass er eine Frage stellt oder eine Feststellung macht."

---

[16] Vgl. Aufgabe 6.11.

Man muss davon ausgehen, dass Searle sich in diesem Zitat mit ‚Frage' auf einen illokutionären Akt bezieht.

Betrachtet man nun aber, welche Bedingungen Searle (1971: 103) für den illokutionären Akt ‚Frage' angibt, so wird man feststellen, dass weder die Einleitungsbedingung (i) noch die Aufrichtigkeitsbedingung (ii) noch die wesentliche Bedingung (iii) auf Beispiele wie (16) zutrifft.

(i)   „S kennt die Antwort nicht, d.h. weiß nicht, ob die Proposition wahr ist [...]"
(ii)   „S wünscht diese Information."
(iii)   „Gilt als Versuch, H diese Information zu entlocken."

(16) kann also illokutionär keine Frage sein, weil die Handlungsbedingungen für BITTEN vorliegen, nicht aber die für FRAGEN.

Das Problem lässt sich lösen, wenn wir unterscheiden zwischen

– Fragehandlung
– Fragebedeutung und
– Fragesatz.

Fragehandlungen sind illokutionäre Akte und als solche durch ihre Handlungsbedingungen zu charakterisieren.

Fragebedeutung haben Sätze bzw. Äußerungsformen wie (23)–(28).

(23) Wie heißen Sie?
(24) Sagen Sie mir bitte, wo Sie wohnen!
(25) Ich frage dich, wo der Schlüssel ist.
(26) Würden Sie mir Ihre Papiere zeigen?
(27) Willst du eine Tracht Prügel?
(28) Was kann schöner sein, als am Strand zu liegen und in die Sonne zu gucken?

Aufgrund einer satzsemantischen Analyse haben die Äußerungsformen (23)–(28) alle Fragebedeutung. Sie entsteht bei (23), (26), (27) und (28) durch die Fragesatzform, bei (25) durch das performative Verb *fragen* und bei (24) durch die semantisch mit *fragen* äquivalente Form ‚*sagen* plus Imperativ'.

Alle Fragesätze haben Fragebedeutung, aber nicht alle Äußerungen mit Fragebedeutung sind Fragesätze. Wie (26)–(28) und viele Beispiele aus 5.2 zeigen, sind nicht alle Äußerungen mit Fragebedeutung Fragehandlungen. (26) könnte als Äußerungsform für eine ANWEISUNG dienen, (27) passt zu einer DROHUNG, und (28) zu äußern ist eine besondere Art, zu behaupten, dass es nichts Schöneres gibt, als am Strand zu liegen und in die Sonne zu gucken. Die folgende Tabelle kann das bisher über die Beispiele (23)–(28) Gesagte zusammenfassen.

	Fragehandlung	Fragebedeutung	Fragesatz
(23)	+	+	+
(24)	+	+	–
(25)	+	+	–
(26)	–	+	+
(27)	–	+	+
(28)	–	+	+

Die in 5.2 vorgeschlagenen semantischen Muster wie ‚Präferenzfrage', ‚Kompetenzfrage', ‚Deontischer Hinweis' usw. sind demnach Namen für Klassen von Satzbedeutungen.

So gehören zu dem Muster ‚Präferenzfrage' z.B. alle Äußerungsformen, die Fragebedeutung haben und in denen Sp1 sich auf die Wünsche und Bedürfnisse von Sp2 bezieht.

Man könnte nun sagen: Searles ‚sekundäre illokutionäre Akte' sind gar keine illokutionären Akte, da die dazugehörigen Handlungsbedingungen nicht vorliegen, sondern es handelt sich dabei um die semantischen Kategorien, die in Kapitel 5 als semantische Muster bezeichnet wurden.

Ein weiterer Aspekt der Kritik an Searle betrifft den von ihm vorgeschlagenen Folgerungsprozess. Sp1 kann Äußerungen wie (16) und (17) bzw. die in 5.2 aufgeführten Beispiele nicht deshalb verstehen, weil er die von Searle angegebenen Rekonstruktionsschritte ausführt, sondern weil solche Äußerungsformen konventionellerweise zur Realisierung von BITTEN oder WEISUNGEN gebraucht werden. Fritz (1978: 373) kritisiert Searles Schlussfolgerungsmethode treffend, wenn er schreibt: Searle „wählt willkürlich ein mögliches Verständnis der betreffenden Äußerung aus und zeigt dann, wie es wäre, wenn der Gesprächspartner zunächst dieses (unzureichende) Verständnis hätte und sich dann überlegen müsste, wie die Äußerung eigentlich zu verstehen sein könnte. Dabei werden Zusammenhänge ‚aufgearbeitet', die schon Teil der Regel sind, nach der die Kommunikationspartner handeln. Und deshalb verstehen sie sich meist gleich, ohne Ableitung."

Abschließend sollen noch zwei Phänomene angesprochen werden, die häufig im Zusammenhang mit den sog. ‚indirekten Sprechakten' diskutiert werden. Es handelt sich dabei um die schon in Kapitel 1 angesprochenen Andeutungen[17] und um die Anspielungen.

Sp1 vollzieht eine Sprechhandlung HM durch eine Andeutung, wenn die Äußerungsform, die Sp1 benutzt, nur zwischen Sp1 und Sp2 bzw. innerhalb der Gruppe, zu der Sp1 bzw. Sp2 gehören, konventionellerweise zum Ausdruck von HM gebraucht wird. Ein Beobachter, der nicht zu dieser Gruppe gehört, kann in der Regel nicht verstehen, was Sp1 mit seiner Andeutung meint. Wenn Sp1 also z.B. gegenüber Sp2 einen Satz wie (29) äußert, so kann ihn nur Sp2, nicht aber der fremde Beobachter, durch (30) paraphrasieren.

(29) Heute ist wieder mal Mittwoch.
(30) Denke daran, die Mülleimer rechtzeitig rauszustellen!

Als Anspielungen sollen solche Äußerungsformen verstanden werden, bei denen Sp2 nur erschließen kann, was Sp1 gemeint hat. Muss Sp2 also zum Verständnis der Äußerung von

---

[17] Vgl. S. 17.

Sp1 tatsächlich Überlegungen anstellen, wie Searle sie für die ‚indirekten Sprechakte' vorschlägt, möchte ich von Anspielungen sprechen.

Anspielungen sind in der Tat indirekte Kommunikationsformen. Sp1 verwendet sie, weil er nicht offen und direkt sagen möchte oder sagen darf, was er Sp2 mitteilen will.

Wenn z.B. Direktor Knoll seinem Verkaufschef Hübelkötter zu verstehen geben will, dass er ihn nicht für unersetzlich hält, und dass er überdies die Spesenrechnungen der Verkaufsabteilung als überhöht ansieht, könnte er bei einer passenden informellen Gelegenheit eine Anspielung wie (31) äußern.

(31)   Erinnern Sie sich eigentlich noch an Ihren Vorgänger, Herr Hübelkötter? Ein Mann, der zu leben wusste. In ganz Europa gab es kein Schlemmerlokal, das er nicht kannte. Leider mussten wir uns von ihm trennen, obwohl seine Verkaufserfolge gar nicht so schlecht waren.

Manche Menschen lieben es, durch Anspielungen zu kommunizieren, weil der Hörer sie dann nicht für das verantwortlich machen kann, was sie durch die Anspielung mitteilen wollten. Der Sprecher überlässt es hier dem Hörer zu erschließen, was er gemeint hat und verlagert so die Verantwortung für die Deutung seiner Äußerung auf den Hörer.

AUFGABEN KAPITEL 6

6.1   Vergleichen Sie folgende Stellen aus Searle (1969) mit den entsprechenden Übersetzungen aus Searle (1971). Welche Unterscheidungen Searles unterschlägt der Übersetzer?

Searle (1969: 57): „I contrast ‚serious' utterances with play acting, teaching a language, reciting poems, practicing pronunciation etc.; and I contrast ‚literal' with metaphorical, sarcastic etc."

Searle (1969: 60): „The distinction between sincere and insincere promise is that, in case of sincere promise, the speaker intends to do the act promised, in the case of insincere promises, he does not intend to do the act."

Searle (1971: 88): „Von ‚ernsthaften' Äußerungen spreche ich im Gegensatz zu solchen, die bei der Teilnahme an einem Spiel, beim Lehren einer Sprache, beim Rezitieren eines Gedichts, bei Aussprachübungen usw. gemacht werden; und von ‚aufrichtigen' Äußerungen spreche ich, im Gegensatz zu solchen, die metaphorisch, sarkastisch usw. sind."

Searle (1971: 92f): „Der Unterschied zwischen aufrichtigen und unaufrichtigen Versprechen besteht darin, dass der Sprecher bei einem aufrichtigen Versprechen die Absicht hat, das Versprochene zu tun, bei einem unaufrichtigen dagegen nicht."

6.2   Geben Sie an, gegen welche Bedingungen für Versprechen die Sprechakte verstoßen, die durch die folgenden Äußerungsformen vollzogen werden:

(i) Ich verspreche dir, dass Autos vier Räder haben.
(ii) Ich verspreche dir, dass ich dich morgen nicht vergiften werde.
(iii) Ich verspreche dir, morgen bei deinem Umzug zu helfen, aber ich habe vor, morgen den ganzen Tag zu schlafen.
(iv) [Sp1 zu einem Unbekannten, mit dem er an einer Bushaltestelle wartet:] Ich verspreche Ihnen, das Wort ‚Goldfisch' heute nicht mehr zu gebrauchen.

6.3 Geben Sie die Bedingung des propositionalen Gehalts für folgende Sprechakte an
(i) VORWERFEN
(ii) ERLAUBEN
(iii) VERZEIHEN
(iv) BÜRGEN FÜR

*6.4 Geben Sie die Einleitungsbedingungen für die folgenden Sprechakte an
(i) SICH BESCHWEREN
(ii) GRATULIEREN
(iii) DANKEN

6.5 Geben Sie eine Regelbeschreibung im Sinne Searles für den Sprechakt des
(i) WARNENS
(ii) des FRAGENS

*6.6 a. Geben Sie eine Regelbeschreibung im Sinne Searles für den Sprechakt des
(i) VORWERFENS
(ii) INFORMIERENS
b. Vergleichen Sie WARNEN mit ABRATEN.
c. Formulieren Sie in Anlehnung an die Lösung von 6.5 (ii) die Regeln für PRÜFUNGS-FRAGEN.

6.7 a. Geben Sie eine ‚Kurzbeschreibung' des Sprechakts ERLAUBEN.
*b. Geben Sie eine ‚Kurzbeschreibung' für VERZEIHUNGEN.

6.8 Die Äußerungsform (i) widerspricht den Einleitungsbedingungen für VERSPRECHEN. Wie kann man sich erklären, dass Äußerungsformen wie (i) gebräuchlich sind?

(i) Ich verspreche dir eine Tracht Prügel, wenn so was noch mal vorkommt.

6.9 Welche primären und welche sekundären illokutionären Akte werden nach der Theorie Searles durch folgende Äußerungsformen vollzogen?
(i) Wer außer Peter kann hier von sich behaupten, er habe Searles Buch gründlich gelesen?
(ii) [Zuerst der Bankrott meiner Firma, dann der Tod meiner Frau, und jetzt der Unfall] Womit hab' ich das verdient?

(iii) Muss ich dir alles hundertmal erklären?
(iv) Ich kann nicht sagen, wie sehr ich mich über Ihren Brief gefreut habe.
(v) Ich will, dass du mir sagst, wo du dich letzte Nacht herumgetrieben hast!

6.10 a. Searle (1980a: 139) geht davon aus, dass man Äußerungen wie (i) und (ii) durch Verallgemeinerungen wie (iii) erklären kann.
(i) Kannst du mir eine Flasche Bier mitbringen?
(ii) Du kannst mir eine Flasche Bier mitbringen.
(iii) „S kann eine indirekte Aufforderung (oder einen anderen direktiven Sprechakt) vollziehen, indem er entweder fragt, ob, oder feststellt, dass eine Vorbereitungsbedingung [Einleitungsbedingung] für Hs Fähigkeit, A zu tun, erfüllt ist."
Formulieren Sie analoge Generalisierungen für Äußerungen nach den semantischen Mustern ‚Befolgungsfestlegung' und ‚Befolgungsfrage'.
*b. Formulieren Sie analoge Generalisierungen, mit denen Searle Äußerungsformen wie (iv) und (v) erfassen würde:
(iv) Wollen Sie, dass ich Sie ein Stückchen mit dem Auto mitnehme?
(v) Ich bin entschlossen, Sie in dieser Angelegenheit auf jede nur denkbare Art zu unterstützen.

6.11 Beschreiben Sie das Gesprächsverhalten von Valentin in dem folgenden Dialog. Inwiefern kann man sagen, Valentins Beiträge seien unkooperativ?
Im Hutladen:

(1) Verkäuferin: Guten Tag. Sie wünschen?
(2) Valentin: Einen Hut.
(3) Verkäuferin: Was soll das für ein Hut sein?
(4) Valentin: Einer zum Aufsetzen.
(5) Verkäuferin: Ja, anziehen können Sie niemals einen Hut, den muss man immer aufsetzen.
(6) Valentin: Nein, immer nicht – in der Kirche zum Beispiel kann ich den Hut nicht aufsetzen [...]
(7) Verkäuferin: Nun müssen Sie sich aber bald entschließen, was Sie für einen Hut haben wollen.
(8) Valentin: Einen neuen Hut!
(9) Verkäuferin: Ja, wir haben nur neue.
(10) Valentin: Ich will ja einen neuen.
(11) Verkäuferin: Ja, aber was für einen?
(12) Valentin: Einen Herrenhut!
(13) Verkäuferin: Damenhüte führen wir nicht!
(14) Valentin: Ich will ja auch keinen Damenhut! [...]
(Aus: Michael Schulte (Hrsg.): Alles von Karl Valentin. Das Gesamtwerk in einem Band. München. 1978. S. 260f.)

7. Sprechaktsequenzen

Bisher wurden nur einzelne Sprechakte wie BITTEN, BEHAUPTEN, VERSPRECHEN, FRAGEN usw. behandelt. Das entspricht dem Beschreibungsgegenstand der Sprechakttheorie wie sie von Austin und Searle konzipiert wurde. Diese Einschränkung wurde von verschiedensten Seiten kritisiert. Manche Linguisten wollten wegen dieser Beschränkung des Gegenstandsbereichs die Sprechakttheorie ganz aufgeben und haben sich für die Beschreibung von Zusammenhängen, die über den einzelnen Sprechakt hinausgehen, anderen Theoriekonzepten zugewendet, wie der aus der Soziologie stammenden ethnomethodologischen ‚Konversationsanalyse'. Andere haben versucht, die Sprechaktanalyse so weiter zu entwickeln, dass auch Sprechaktsequenzen erfassbar sind. An diesen Vorstellungen wollen wir uns im Folgenden orientieren (vgl. Hindelang (1994)).

Betrachten wir zunächst folgende Zweier-Sequenzen, die alle Reaktionen auf eine BITTE darstellen:

(1) Sp1: a. Kannst du mir 50 Euro leihen?
    Sp2: b. Ja, kannst du gerne haben.

(2) Sp1: a. Kannst du mir 50 Euro leihen?
    Sp2: b. Vergiss es, von mir kriegst du keinen Pfennig.

(3) Sp1: a. Kannst du mir 50 Euro leihen?
    Sp2: b. Wann kannst du mir das Geld denn wieder zurückgeben?

Wir wollen hier in Analogie zu Brettspielen wie z.B. Schach sagen, dass Sp1 in den Äußerungen (1)a., (2)a. und (3)a. den ersten Zug macht und Sp2 in einem zweiten Zug (1)b., (2)b. und (3)b. darauf reagiert. Statt ‚erster Zug' sagt man auch ‚initialer Sprechakt', um damit zu betonen, dass eine bestimmte Sequenz damit eröffnet wird.

Der illokutionäre Zweck von BITTEN besteht, wie wir gesehen haben, darin, Sp2 zum X-en zu bewegen. Man könnte also sagen, dass Sp1 mit dem ersten Zug sein Handlungsziel ins Gespräch einbringt und Sp2 nun Stellung nehmen muss.

Am einfachsten ist es im Beispiel (1); hier bringt Sp2 zum Ausdruck, dass er der BITTE von Sp2 entsprechen will. Die Sache ist damit sozusagen für Sp1 und Sp2 erledigt und das Ziel, das sich Sp1 mit seiner Äußerung gesetzt hat, ist erreicht. Mit Franke (1990) und Hundsnurscher (1997) kann man sagen, dass hier mit einem ‚definitiven positiven Bescheid' ein ‚Minimaldialog' abgeschlossen ist. Die äußere soziale Gesprächssituation kann natürlich weitergehen, aber man kann sich anderen Themen oder Gesprächszielen zuwenden.

Mit (2)b. gibt Sp2 einen ‚negativen Bescheid'. Er drückt aus, dass Sp1 sein Handlungsziel nicht erreichen wird. Die Sequenz ist aber damit nicht in der gleichen Weise abgeschlossen wie in (1), denn gleichgültig, wie entschieden Sp2 seine Ablehnung vorträgt, kann Sp1 immer versuchen, in einem dritten Zug Sp2 doch noch umzustimmen, indem er z.B. auf die Ablehnung (2)b. mit der Äußerung (2)c. reagiert und so an seinem durch (2)a.

eingebrachten Ziel festhält. (Auf die Systematik solcher Züge werden wir weiter unten eingehen).

(2) Sp1: a. Kannst du mir 50 Euro leihen?
    Sp2: b. Vergiss es, von mir kriegst du keinen Pfennig.
    Sp1: c. Aber ich bin doch dein bester Freund, und ich gebe dir das Geld auch ganz bestimmt morgen zurück.

Auch im Beispiel (3) ist es klar, dass durch diese zwei Züge der Dialog noch nicht abgeschlossen ist. Bevor Sp2 eine positive oder negative Reaktion auf die BITTE geben will, verlangt er erst noch weitere Informationen. Mit Franke (1990: 19) kann man (3)b. einen ‚entscheidungsvorbereitenden Zug' nennen. Die in (3) aufgeführte Sequenz könnte wie folgt weitergehen.

(3) Sp1: a. Kannst du mir 50 Euro leihen?
    Sp2: b. Wann kannst du mir das Geld denn wieder zurückgeben?
    Sp1: c. Du bekommst es garantiert in einer Woche zurück.
    Sp2: d. O.k. Dann kannst du die 50 Euro haben.

Das Ziel einer Theorie der Sprechaktsequenz besteht darin zu beschreiben, welche Reaktionen systematisch auf bestimmte initiale Sprechakte möglich sind. Es ist klar, dass nicht alle Arten von Entgegnungen auf alle initiale Sprechakte passen.

So sind etwa die Reaktionszüge (4)b.–(4)d. auf die BITTE (4)a. unpassend:

(4) Sp1: a. Kannst du mir 50 Euro leihen?
    Sp2: b. Da hast du völlig Recht.
         c. Entschuldigung, soll nie wieder vorkommen!
         d. Sehr lieb von dir! Das würde mir sehr helfen.

(4)b. würde als Reaktionszug auf eine BEHAUPTUNG wie (5)a. möglich sein; (4)c. wäre eine mögliche Reaktion auf einen VORWURF wie (6)a.; (4)d. könnte eine Entgegnung auf ein ANGEBOT wie (7)a. sein.

(5) Sp1: a. Das Ministerium hat die neuen Studiengänge nur eingerichtet, um Geld zu sparen.
    Sp2: b. Da hast du völlig Recht.

(6) Sp1: a. Schon wieder kommst du eine ganze Stunde zu spät!
    Sp2: b. Entschuldige, soll nie wieder vorkommen.

(7) Sp1: a. Wenn du willst, kann ich beim Umzug helfen.
    Sp2: b. Sehr lieb von dir! Das würde mir sehr helfen.

Man kann in Anlehnung an Redeweisen, die in der Syntax üblich sind, sagen, dass die Abfolgen (4)a.–b., (4)a.–c. oder (4)a.–d. nicht wohlgeformt sind. Ähnlich, wie bestimmte Verkettungen von Wörtern zu falsch gebildeten Sätzen oder Phrasen führen (*der alte Mann* vs. *der Mann alte*), kann man sagen, dass die Abfolge von Äußerungen wie (4)c. als Reaktion auf (4)a. nicht richtig ist. Wichtig bei diesem Vergleich der Abfolge von Sprechakten im

Dialog mit der Abfolge von Wörtern im Satz ist in erster Linie, dass dadurch die Regelhaftigkeit des Zusammenhangs von initialem Sprechakt und reaktivem Zug betont wird. Zu wissen, was eine mögliche Entgegnung auf einen initialen Sprechakt ist, gehört zum sprachlichen Wissen der Sprecher; es gehört zu ihrer pragmatischen oder dialogischen Kompetenz. Wenn wir den Zusammenhang zwischen initialem und reaktivem Zug darstellen, beschreiben wir also nicht statistisch häufig auftretende Vorkommnisse beim Sprechen, sondern ein überindividuell gültiges Regelsystem einer Sprache.

Eine Sprechaktsequenztheorie hat folgende Aufgaben:

– sie gibt für initiale Sprechakte IS von Sp1 an, welche Reaktionszüge $RZ_1 ... RZ_n$ von Sp2 im zweiten Zug systematisch möglich sind.
– sie gibt an, welche Reaktionsmöglichkeiten Sp1 im dritten Zug auf die Reaktionszüge $RZ_1 ... RZ_n$ von Sp2 hat.
– sie skizziert mögliche Fortsetzungen der Sequenzen für die vierten und darauf folgenden Züge.
– sie gibt die Äußerungsformen an, die als Vollzug der einzelnen Züge gelten können.

Im Folgenden werden wir nun exemplarisch für die initialen Sprechakte FRAGEN und VORSCHLAGEN angeben, welche Reaktionen im zweiten bzw. dritten Zug möglich sind. Anschließend werden wir die allgemeine Theorie der Sprechaktsequenzen vorstellen, wie sie Franke (1990) entwickelt hat. Sie ist insofern eine allgemeine Theorie der Sprechaktsequenzen, weil sie nicht auf die illokutionäre Qualität des initialen Sprechakts Bezug nimmt, sondern die Sequenzzusammenhänge allgemein formuliert.

7.1 FRAGEN – auf FRAGEN reagieren

Im Folgenden geht es um FRAGEN und darum, wie man darauf reagieren kann. Unter FRAGEN verstehen wir im Sinne von Kapitel 6.2 Fragehandlungen, also nicht alle möglichen Sprechakte, die durch einen Fragesatz ausgedrückt werden können wie (8) oder (9).

(8) Sp1: Wie oft muss ich dir noch sagen, dass du dein Zimmer aufräumen sollst?
(9) Sp1: Kann ich Ihnen helfen?

Unter FRAGEN sollen solche direktiven Sprechakte verstanden werden, bei denen das Handlungsziel von Sp1 darin besteht, dass Sp2 ein Wissensdefizit von Sp1 behebt (vgl. Kap. 4.1). Durch eine FRAGE entsteht in einem Dialog eine starke Obligation für Sp2, etwas auf diese FRAGE zu entgegnen. Während man auf eine BEHAUPTUNG nicht unbedingt etwas sagen muss – man kann sie einfach unkommentiert im Raum stehen lassen – muss man auf eine FRAGE irgendwie reagieren. Bei der Darstellung der Reaktionszüge im 2. und 3. Zug richten wir uns im Folgenden nach Yang (2003).

Yang (2003: 65, 95) unterscheidet folgende Reaktionsmöglichkeiten auf eine initiale FRAGE:[1] ANTWORT-GEBEN, PASSEN, ANTWORT-VERWEIGERN, ZURÜCKWEISEN, AUSWEICHEN, GEGENFRAGE und KLÄRUNGSFRAGE. Als Beispiel für eine initiale FRAGE soll (10) dienen.

(10) Sp1: Was hast du für eine Note in deiner Mathe-Klausur?

7.1.1 Reaktionsmöglichkeiten auf FRAGEN im zweiten Zug

7.1.1.1 ANTWORT-GEBEN

Eine erste Möglichkeit wäre eine ANTWORT wie (11) zu geben, die den Informationswunsch von Sp2 befriedigt:

(10) Sp1: Was hast du für eine Note in deiner Mathe-Klausur?
(11) Sp2: Ich habe eine 3 geschafft.

(11) wäre also ein ‚positiver Bescheid' auf den initialen Sprechakt FRAGE von Sp1. Im Gegensatz zu (12)a. oder (12)b. könnte man (11) als eine ‚direkte' ANTWORT bezeichnen.

(10) Sp1: Was hast du für eine Note in deiner Mathe-Klausur?
(12) Sp2: a. Wenn du 17 mal 13 nimmst, und 218 subtrahierst, hast du die Note.
     Sp2: b. Ich habe die gleiche Note, die Hans vor zwei Wochen in seiner Latein-Klausur hatte.

Bei der ANTWORT (12)a. muss Sp2 erst noch eine Rechenoperation durchführen, um zu dem gewünschten Ergebnis zu kommen. Bei (12)b. muss er sich erinnern, welche Note Hans hatte. Eine ANTWORT ist (12)b. nur, wenn Sp1 Grund zu der Annahme hat, dass Sp2 weiß, welche Note Hans in der Latein-Klausur hatte.

7.1.1.2 PASSEN

Wenn Sp2 die gewünschte Antwort nicht weiß, kann bzw. muss er PASSEN, d.h. zum Ausdruck bringen, dass er die Antwort nicht kennt. Die Einleitungsbedingung für FRAGEN ‚Sp1 hat Grund zu der Annahme, dass Sp2 die ANTWORT kennt' ist hier also nicht erfüllt. PASSEN als zweiter Zug auf die FRAGE (10) könnte wie in (13) formuliert werden:

(10) Sp1: Was hast du für eine Note in deiner Mathe-Klausur?
(13) Sp2: Weiß ich noch nicht. Wir bekommen die Klausur erst morgen zurück.

---

[1] Wie wir weiter unten sehen werden, gibt es auch reaktive FRAGEN, also FRAGEN im zweiten Zug.

Typische Äußerungsformen für das PASSEN sind z.B. (14)a.–i.

(14) Sp2: a. (Das) Weiß ich nicht.
   b. Da bin ich überfragt.
   c. Da muss ich passen.
   d. Das kann ich dir nicht beantworten/sagen.
   e. Da hab' ich keine Ahnung von.
   f. Keine Ahnung.
   g. Keinen Schimmer.
   h. Das übersteigt meine Kenntnisse.
   i. Das entzieht sich meiner Kenntnis. (Auswahl aus Yang (2003: 83f.))

7.1.1.3 ANTWORT-VERWEIGERUNG

Sp2 kann auch einen ‚negativen Bescheid' geben, indem er sagt, dass er die FRAGE nicht beantworten will. In diesem Fall handelt es sich um eine ANTWORT-VERWEIGERUNG. Sp2 drückt aus, dass Sp1 sein Kommunikationsziel bei ihm nicht erreichen wird.

Typische Äußerungsformen für die ANTWORT-VERWEIGERUNG sind z.B. (15)a.–m.

(15) Sp2: a. (Das) sage ich (dir) (doch) nicht.
   b. Dazu werde/will ich nichts sagen.
   c. Dazu will ich mich nicht äußern.
   d. Das bleibt geheim/mein Geheimnis.
   e. Das will ich lieber für mich behalten.
   f. Von mir erfährst du dazu nichts.
   g. Das will ich nicht beantworten/verraten.
   h. Darüber will ich nicht sprechen.
   i. Ich sage nichts (dazu).
   j. Dazu sage ich kein Wort.
   k. Darüber möchte ich (lieber) schweigen/Schweigen bewahren.
   l. Dazu verweigere ich die Antwort/Auskunft.
   m. Kein Kommentar. (Auswahl aus Yang (2003: 86))

7.1.1.4 ZURÜCKWEISUNG

Der Begriff ZURÜCKWEISUNG umfasst nach Franke (1990: 18) solche Reaktionen auf einen Sprechakt, in denen der Sprecher nicht auf den ersten Zug eingehen will, weil er der Meinung ist, dass der erste Zug fehlerhaft vollzogen wurde, d.h. den Regeln des Sprechakts nicht entspricht. Wenn Sp2 als Adressat eines BEFEHLS (im Sinne von Kapitel 4) den BEFEHL VERWEIGERT, so akzeptiert er damit dennoch, dass der Sprechakt des BEFEHLS als solcher richtig vollzogen wurde. Wenn Sp2 den BEFEHL ZURÜCKWEIST, etwa mit dem Hinweis, dass er Sp1 nicht unterstellt ist (‚Sie haben mir hier nichts zu befehlen; ich gehöre gar nicht zur Armee!'), dann bringt er zum Ausdruck, dass der BEFEHL wegen Nichtbeachtung der Einleitungsbedingungen gescheitert ist.

Bei FRAGEN gibt es neben den zentralen Einleitungsbedingungen (i) und (ii) noch Angemessenheitsbedingungen wie (iii). Die Verletzung einer der Bedingungen (i)–(iii) gibt Anlass zur ZURÜCKWEISUNG der FRAGE.

(i) Sp1 hat Grund zu der Annahme, dass Sp2 die FRAGE BEANTWORTEN kann.
(ii) Sp1 weiß die ANTWORT selbst nicht.
(iii) Sp1 hat Grund zu der Annahme, dass die FRAGE angemessen ist, d.h. dass
– Sp1 aufgrund der sozialen Beziehung von Sp1 und Sp2 zu der FRAGE berechtigt ist.
– die FRAGE im kommunikativen Kontext relevant ist. (Vgl. dazu Yang (2003: 59)

FRAGE-ZURÜCKWEISUNGEN aufgrund von (i) sind insofern mit PASSEN verwandt, als sich beide Reaktionstypen darauf beziehen, dass Sp2 nicht über die entsprechenden Wissensbestände verfügt, um die FRAGE beantworten zu können. Bei FRAGE-ZURÜCKWEISUNGEN wie (16)a. und (16)b. bringt Sp2 jedoch zum Ausdruck, dass der Fragende hätte wissen müssen, dass Sp2 die FRAGE nicht beantworten kann, und die FRAGE insofern unsinnig ist.

(16) Sp2: a. Du weißt doch genau, dass ich davon keine Ahnung habe.
b. Wie kommst du denn darauf, dass ich das weiß.

FRAGE-ZURÜCKWEISUNGEN aufgrund der Verletzung der Bedingung (ii) können wie folgt formuliert werden:

(17) Sp2: a. Das weißt du doch selbst (am besten).
b. Tu doch nicht so, als ob du das nicht selbst wüsstest.
c. Als ob du das nicht selber wüsstest!

Die ZURÜCKWEISUNGEN in (18) haben Ähnlichkeiten mit denen in (17). In (18) wird jedoch darauf hingewiesen, dass Sp1 die gewünschte ANTWORT selbst finden oder erschließen kann und die FRAGE aus diesem Grunde unangebracht ist.

(18) Sp2: a. Da braucht man doch nicht zu fragen!
b. Das sieht man doch!
c. Das liegt doch auf der Hand!
d. Das ist doch ganz offensichtlich!
e. Das sieht doch jeder auf den ersten Blick!
f. Das ist doch klar.
g. Das kannst du doch selber sehen/dir doch selber denken.
(Vgl. Yang (2003: 89))

ZURÜCKWEISUNGEN, die aufgrund einer Verletzung von Angemessenheitsbedingungen wie (iii) erfolgen, beziehen sich darauf, dass die FRAGE bestimmte Anstandsnormen verletzt oder im gegenwärtigen Kontext irrelevant ist. Einige Äußerungsformen für solche ZURÜCKWEISUNGEN können das illustrieren. Die unter (19) zusammengestellten Beispiele enthalten ZURÜCKWEISUNGEN, die aufgrund der Tatsache ausgesprochen wurden, dass die FRAGEN bestimmten gesellschaftlichen Normen nicht entsprochen haben. Bei (20) werden die FRAGEN ZURÜCKGEWIESEN, weil sie nicht in den kommunikativen Kontext passen.

(19) Sp2: a. Danach fragt man doch nicht.
b. So was fragt man nicht.
c. Solch eine Frage gehört sich nicht.
d. Diese Frage ist ungehörig.
e. Unverschämte Frage!
f. Schämst du dich denn nicht, so was zu fragen?
g. Das geht dich nichts an.
h. Eine solche Frage steht dir nicht zu.
i. Was erlaubst du dir, danach zu fragen!

(20) Sp2: a. Diese Frage gehört/passt nicht hierher.
b. Diese Frage ist doch völlig sinnlos.
c. Diese Frage macht doch (hier) gar keinen Sinn.
d. Dumme Frage!
(Auswahl aus Yang (2003: 89 f.))

7.1.1.5 AUSWEICHEN

Eine weitere Möglichkeit, auf eine initiale FRAGE zu reagieren, besteht im AUSWEICHEN. Yang (2003:91) unterscheidet zwei Formen des AUSWEICHENS, die AUSWEICHENDE ANTWORT und die ABLENKENDE REAKTION. Bei der AUSWEICHENDEN ANTWORT entspricht Sp2 der durch die FRAGE eingeführten Verpflichtung nur formal, d.h. er entgegnet etwas um das FRAGE–ANTWORT-Schema zu erfüllen; die gewünschte Information gibt er aber nicht. Typische Beispiele sind Reaktionen wie (21)b. bis (22)b., bei denen Sp1 mit Indefinitpronomen oder anderen referentiell unbestimmten Ausdrücken reagiert.

(21) Sp1: a. Was hast du denn in der Stadt gekauft?
Sp2: b. Irgendwas.

(22) Sp1: a. Wohin fährst du im Urlaub?
Sp2: b. Weg.

Auf unser Beispiel (10) kann eine solche AUSWEICHENDE ANTWORT wie in (23) aussehen:

(10) Sp1: Was hast du für eine Note in deiner Mathe-Klausur?
(23) Sp2: Irgendeine Note kriegt man ja immer.

Bei der ABLENKENDEN REAKTION entspricht Sp2 der Obligation zu antworten nur insofern, als er den nächsten Zug übernimmt, d.h. als er überhaupt irgendetwas sagt. Bei einer ABLENKENDEN REAKTION hofft Sp2, dass Sp1 auf das von ihm angeschnittene Thema eingeht und sein ursprüngliches Handlungsziel, d.h. die Beantwortung seiner FRAGE aufgibt. Auf die FRAGE (10) könnten z.B. (24)a. und (24)b. ABLENKENDE REAKTIONEN sein.

(10) Sp1: Was hast du für eine Note in deiner Mathe-Klausur?
(24) Sp2: a. Ach, ich habe schreckliche Kopfschmerzen. Ich brauche dringend eine Tablette.
b. Stell dir vor, im Englisch-Diktat war ich heute Klassenbester.

Eine ABLENKENDE REAKTION macht Sp2, um die Beantwortung der FRAGE von Sp1 zu umgehen. Das primäre Handlungsziel von Sp2 ist bei einer Äußerung wie (24)a. also nicht, dass er eine Tablette bekommt, sondern, dass Sp1 von seinem Handlungsziel abgelenkt wird.

7.1.1.6 GEGENFRAGE

Reagiert Sp2 auf eine initiale FRAGE von Sp1 selbst wieder mit einer Fragehandlung, so spricht man von einer GEGENFRAGE. Im Gegensatz zu der ABLENKENDEN REAKTION steht bei der GEGENFRAGE aber das eigene Handlungsziel von Sp2 im Vordergrund. Sp2 übergeht sozusagen den initiativen Sprechakt von Sp1 und möchte eine von ihm initiierte Dialogsequenz beginnen. Eine GEGENFRAGE in diesem Sinne wäre etwa die Äußerung (25) auf die FRAGE (10):

(10) Sp1: Was hast du für eine Note in deiner Mathe-Klausur?
(25) Sp2: Hat jemand für mich angerufen?

Mit (25) möchte Sp2 die Dialoginitiative ergreifen. Yang (2003: 264) spricht hier von ‚gegen-initiativen GEGENFRAGEN'. Sie unterscheidet diesen Typ von den ‚retournierenden GEGENFRAGEN', bei der es Sp2 primär darum geht, eine symmetrische Rollenbeziehung zu Sp1 zu wahren oder herzustellen. (Yang (2003: 263)).

(10) Sp1: Was hast du für eine Note in deiner Mathe-Klausur?
(26) Sp2: Was hast du denn für eine Note?

Sp2 möchte mit einer GEGENFRAGE wie (26) sicherstellen, dass Sp1 ihn nicht einseitig ausfragt, und dafür sorgen, dass Sp1 zuerst eine analoge FRAGE von ihm beantwortet.

7.1.1.7 KLÄRUNGSFRAGEN

Als mögliche Reaktion auf eine initiale FRAGE können nach Yang (2003: 187f.) auch sog. KLÄRUNGSFRAGEN geäußert werden. Yang unterscheidet bei den KLÄRUNGSFRAGEN RÜCKFRAGEN, NACHFRAGEN und HINTERFRAGEN. Zunächst einige Beispiele:

(27) Sp1: Kommt Peter heute zu der Degustation?
(28) Sp2: a. Wie bitte?
   b. Was hast du gefragt?
   c. Welchen Peter meinst du denn, Peter Müller oder Peter Schneider?
   d. Was meinst du denn mit ‚Degustation'?
   e. Meinst du die Weinprobe heute Abend?

Bei diesen FRAGEN handelt es sich nach Yang (2003: 189–225) um RÜCKFRAGEN. RÜCKFRAGEN werden von Sp2 dann gestellt, wenn er die vorhergehende Äußerung von Sp1 in irgendeiner Hinsicht nicht verstanden hat. Es kann z.B. sein, dass Sp2 aufgrund von akustisch bedingten Problemen nicht richtig gehört hat, was Sp1 gesagt hat. In diesem Fall wird er etwa mit (28)a. und (28)b. oder ähnlichen Äußerungsformen (*Was?*, *Wie?*, *Hä?*, *Bitte?* usw.) reagieren. Eine RÜCKFRAGE kann auch notwendig sein, wenn Sp2 die Referenz der Ausdrücke, die Sp1 verwendet, nicht klar ist. In (28)c. ist Sp2 nicht deutlich, wen Sp1 mit *Peter* meint. Bei (28)d. und e. hat die RÜCKFRAGE ihren Grund darin, dass Sp2 das Wort *Degustation* nicht kennt bzw. unsicher ist, was Sp1 damit meint. In all diesen Fällen ist die Beantwortung der RÜCKFRAGE Voraussetzung für die Beantwortung der initialen FRAGE von Sp1.

KLÄRUNGSFRAGEN und damit auch RÜCKFRAGEN können natürlich nicht nur nach initialen Fragehandlungen, sondern nach allen Sprechakten vorkommen, wie die folgenden Beispiele (29)a.–e. und (30)a.–d. zeigen, in denen eine RÜCKFRAGE auf eine INFORMATION bzw. eine EINLADUNG geäußert wird.

(29) Sp1: Peter kommt heute Abend auch zu der Degustation.
   Sp2: a. Wie bitte?
   b. Was hast du gesagt?
   c. Welchen Peter meinst du denn, Peter Müller oder Peter Schneider?
   d. Was meinst du denn mit ‚Degustation'?
   e. Meinst du die Weinprobe heute Abend?

(30) Sp1: Ich lade dich heute Abend zu einer Degustation im ‚Goldnen Löwen' ein.
   Sp2: a. Wie bitte?
   b. Was sagst du?
   c. Was ist denn eine ‚Degustation'?
   d. Meinst du eine Weinprobe oder was?

Der zweite Typ der KLÄRUNGSFRAGEN sind die NACHFRAGEN. Sie kommen oft nach INFORMATIONEN oder VORSCHLÄGEN im zweiten Zug vor oder aber auch nach ANTWORTEN im dritten Zug. NACHFRAGEN werden dann gestellt, wenn der vorhergehende Zug von Sp1 für Sp2 im Großen und Ganzen akzeptabel war, er jedoch diese Äußerung noch für präzisierungs- oder ergänzungsbedürftig hält.

(31) Sp1: Peter kommt morgen.
   Sp2: Wann denn genau?

(32) Sp1: Wir könnten ja mal wieder in die Disko gehen.
    Sp2: In welche Disko willst du denn?

(33) Sp1: Wo findet man denn hier eine Eisdiele?
    Sp2: Da müssen Sie schon in die Innenstadt gehen.
    Sp1: Und wo genau finde ich da dann eine Eisdiele?

Auch nach FRAGEN können im zweiten Zug NACHFRAGEN gestellt werden. Sie können auf Informationen abzielen, die Sp2 braucht, um die FRAGE adäquat beantworten zu können oder sie können sich auch darauf beziehen, welche Informationsbedürfnisse Sp1 genau hat.

(34) Sp1: Wie komm ich denn am besten von hier zum Hauptbahnhof?
    Sp2: Zu Fuß oder mit dem Auto?

(35) Sp1: (Im Kaufhaus) Wo kann man hier Schuhe kaufen?
    Sp2: Suchen Sie Damen- oder Herrenschuhe?

Die dritte Art der KLÄRUNGSFRAGEN ist nach Yang (2003: 243–260) das HINTERFRAGEN. Sp2 HINTERFRAGT den initialen Sprechakt von Sp1, wenn er diesen für erklärungs- oder begründungsbedürftig hält, d.h. Sp2 weiß nicht, warum Sp1 den initialen Sprechakt gestellt hat. Beispiele mit FRAGE als erstem Zug sind (36) und (37).

(36) Sp1: Wo waren Sie am 14. Oktober 2005?
    Sp2: Wieso wollen Sie das denn wissen?

(37) Sp1: Bist du eigentlich schwindelfrei?
    Sp2: Warum fragst du mich das?

In der folgenden Übersicht (38) fasst Yang (2005: 95) die verschiedenen Reaktionsmöglichkeiten auf eine initiale FRAGE zusammen. Dazu enthält die Graphik Angaben über den 3. Zug, d.h. es wird skizziert, was Sp1 auf ein ANTWORT-GEBEN, PASSEN, ANTWORT-VERWEIGERN, ZURÜCKWEISEN etc. entgegnen kann. Für einzelne dieser Reaktionstypen im dritten Zug sollen unten im Kap. 7.1.2 Beispiele gegeben werden.

(38)   Sp1 im 1. Zug   Sp2 im 2. Zug   Sp1 im 3. Zug

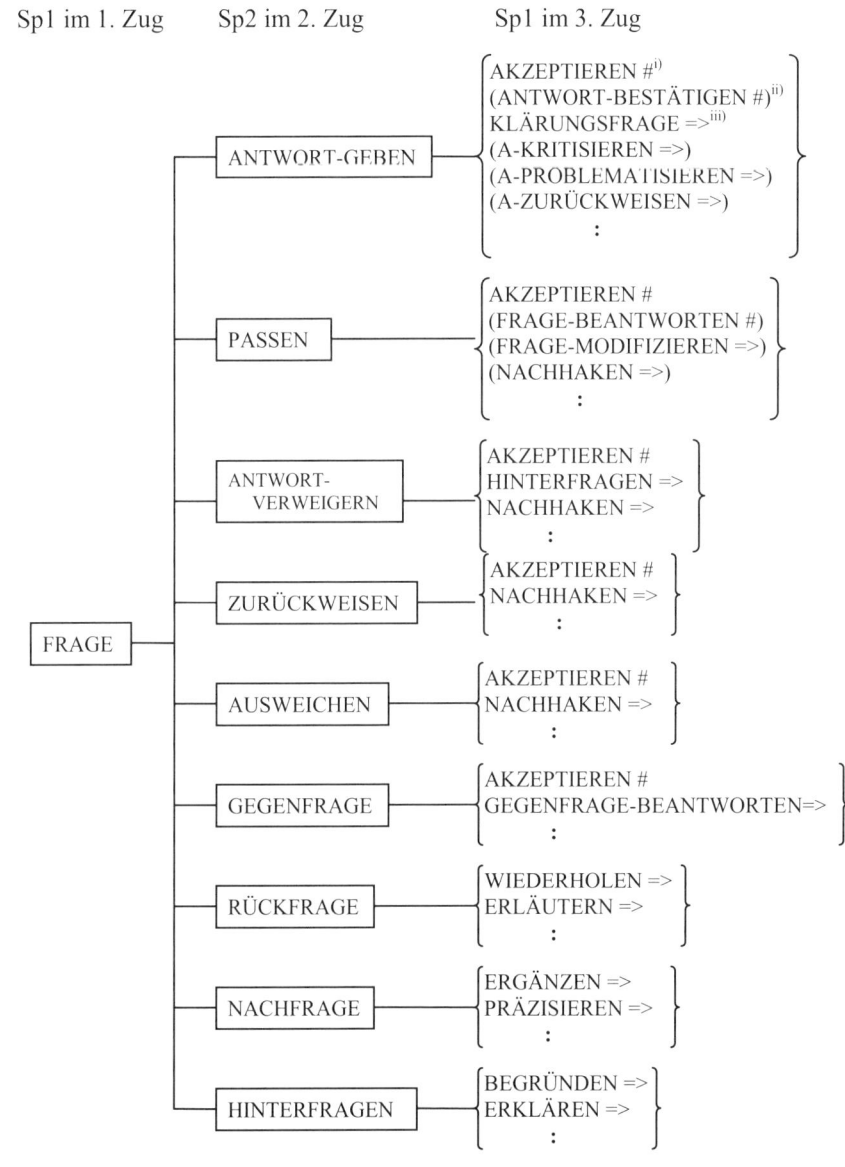

i)   Das Zeichen # bedeutet die Beendigung des Dialogs.
ii) Die runde Klammer ( ) bedeutet, dass die Reaktionsmöglichkeit fakultativ, d.h. je nach Dialogtyp, zulässig ist.
iii) Das Zeichen => bedeutet, dass der Dialog weiter fortgesetzt wird.

7.1.2 Reaktionsmöglichkeiten auf FRAGEN im dritten Zug.

7.1.2.1 Reaktionen auf ANTWORT-GEBEN

Als Beispielsequenz für den ersten und zweiten Zug soll (39) dienen:

(39) Sp1: Was ist denn Zyklothymie?
     Sp2: Das ist eine leichte Form der affektiven Störung.

Im dritten Zug kann Sp1 nun entweder die ANTWORT AKZEPTIEREN (40)a., eine KLÄRUNGSFRAGE, z.B. eine RÜCKFRAGE stellen (40)b., die ANTWORT KRITISIEREN (40)c., PROBLEMATISIEREN (40)d. oder ZURÜCKWEISEN (40)e.

(40) Sp1: a. Ah, vielen Dank!
          b. Was ist denn eine ‚affektive Störung'?
          c. Mit dieser Antwort kann ich wirklich nichts anfangen.
          d. Stimmt das denn, ist eine leichte Form der affektiven Störung nicht eher eine Dysthymie?
          e. Wie kommst du denn darauf, dass ich weiß, was eine ‚affektive Störung' ist.

Handelt es sich bei (39) nicht um eine INFORMATIONSFRAGE, sondern um ein PRÜFUNGS-FRAGE, d.h. wird (39) im Rahmen eines Prüfungsgesprächs geäußert, kann Sp1 die ANTWORT auch BESTÄTIGEN wie in (41)a. oder inhaltlich KRITISIEREN wie in (41)b.

(41) Sp1: a. Richtig!
          b. Das müssen Sie noch etwas genauer sagen!

7.1.2.2 Reaktionen auf PASSEN

Reagiert Sp2 auf eine initiale FRAGE mit PASSEN, so kann Sp1 das im dritten Zug entweder AKZEPTIEREN, seine FRAGE MODIFIZIEREN oder NACHHAKEN. Unter NACHHAKEN versteht Yang (2003: 271) eine Reaktion im dritten Zug, mit dem Sp1 nach einer negativen Reaktionshandlung wie ANTWORT-VERWEIGERN, PASSEN, FRAGE-ZURÜCKWEISEN, AUSWEICHEN oder GEGENFRAGE darauf besteht, dass Sp2 die von ihm gewünschte ANTWORT doch noch gibt.

    Reagiert Sp2 auf die FRAGE (42)a. mit der Äußerung (42)b. (PASSEN), so kann Sp1 mit (42)c. darauf insistieren (NACHHAKEN), dass Sp2 die initiale FRAGE beantwortet.

(42) Sp1: a. Wo warst du am 14. Oktober 2005 um fünfzehn Uhr?
     Sp2: b. Keine Ahnung!
     Sp1: c. Das muss ich aber unbedingt wissen. Versuche dich also zu erinnern!

Auf ein PASSEN kann Sp1 auch mit einem MODIFIZIEREN der FRAGE reagieren wie in (43)c.

(43) Sp1: a. Wo warst du am 14. Oktober 2005 um fünfzehn Uhr?
    Sp2: b. Keine Ahnung!
    Sp1: c. Dann sag mir wenigstens, ob du am 14. Oktober 2005 in München warst.

Sp1 wählt hier einen Frageinhalt, der seinem Handlungsziel auch in etwa entspricht. Er hofft durch diese Veränderung die FRAGE für Sp2 leichter beantwortbar zu machen. Sp1 kann natürlich das PASSEN auch AKZEPTIEREN wie in (44)c.

(44) Sp1: a. Wo warst du am 14. Oktober 2005 um fünfzehn Uhr?
    Sp2: b. Keine Ahnung!
    Sp1: c. OK, wenn du dich nicht mehr erinnern kannst, kann man nichts machen.

7.1.2.3 Reaktionen auf ANTWORT-VERWEIGERN

Beim ANTWORT-VERWEIGERN (45)b. kann Sp1 neben AKZEPTIEREN (45)c. und NACHHAKEN (45)d. auch noch HINTERFRAGEN (45)e.

(45) Sp1: a. Was hast du für eine Note in deiner Mathe-Klausur?
    Sp2: b. Das sag ich dir nicht.
    Sp1: c. OK, dann behalte es halt für dich.
         d. Aber mir als deinem besten Freund kannst es doch sagen.
         e. Warum willst du das denn nicht sagen?

Bei ZURÜCKWEISEN und AUSWEICHEN kann Sp1 ebenfalls im 3. Zug AKZEPTIEREN und sein Handlungsziel aufgeben, oder er kann durch NACHHAKEN auf seinem Handlungsziel beharren.

7.1.2.4 Reaktionen auf GEGENFRAGE

Äußert Sp2 im zweiten Zug auf eine initiale FRAGE von Sp1 eine GEGENFRAGE, so kann Sp1 im dritten Zug entweder auf der Beantwortung seiner ersten FRAGE bestehen, also den Zug des NACHHAKENS machen wie in (46)c., oder sich auf die GEGENFRAGE von Sp2 einlassen und darauf eine ANTWORT GEBEN wie in (46)d. Er kann aber auch mit einer der anderen Optionen zur Entgegnung auf eine FRAGE reagieren wie in (46)e.

(46) Sp1: a. Was hast du für eine Note in deiner Mathe-Klausur? (initiale FRAGE)
    Sp2: b. Was hast du denn für eine Note? (GEGENFRAGE)
    Sp1: c. Sage mir zuerst, was du hast. (NACHHAKEN)
         d. Ich habe eine 3. (ANTWORT auf GEGENFRAGE)
         e. Das sag ich dir nicht. (ANTWORT-VERWEIGERN auf GEGENFRAGE)

7.1.2.5 Reaktionen auf KLÄRUNGSFRAGEN

Auf eine KLÄRUNGSFRAGE (RÜCKFRAGE, NACHFRAGE, HINTERFRAGE) kann Sp1 im dritten Zug entweder positiv mit ANTWORT-GEBEN reagieren und die gewünschten Erläuterungen, Ergänzungen, Begründungen und Erklärungen liefern wie in (47)c. oder negative Rektionen wie in (48)c.

(47) Sp1: a. Leiden Sie unter Zyklothymie? (initiale FRAGE)
   Sp2: b. Zyklothymie? Was soll das denn sein? (RÜCKFRAGE)
   Sp1: c. Na, so ein ständiges Auf und Ab von Hochstimmung und Niedergeschlagenheit. (ANTWORT auf RÜCKFRAGE)

(48) Sp1: a. Wo waren Sie am 14. Oktober 2005? (initiale FRAGE)
   Sp2: b. Warum wollen Sie das denn wissen? (HINTERFRAGEN)
   Sp1: c. Ich stelle hier die Fragen, (ZURÜCKWEISEN des HINTERFRAGENS)
   also: Wo waren Sie am 14. Oktober 2005? (NACHHAKEN)

Die obigen Beispiele zeigen die Vorteile der expliziten terminologischen Fassung der verschiedenen Fragetypen in der Sequenz, wie sie Yang (2003) vorgeschlagen hat. Während man sich mit den umgangssprachlichen Lexemen ‚Gegenfrage', ‚Nachfrage' oder ‚zurückfragen' sowohl auf (46)b. als auch auf (47)b. und (48)b. beziehen kann, weil die Gebrauchsweise dieser Lexeme in dieser Hinsicht nicht differenziert ist, können die innerhalb einer Theorie der Sequenzmuster beschriebenen metasprachlichen Ausdrücke NACHFRAGEN, RÜCKFRAGEN, HINTERFRAGEN und GEGENFRAGEN die genauen Unterschiede der Funktionen und der Sequenzpositionen der einzelnen Fragetypen erfassen.

7.2 VORSCHLAGEN – auf einen VORSCHLAG reagieren

Als zweites Beispiel für die Beschreibung von Sprechaktsequenzen sollen der VORSCHLAG und die verschiedenen Reaktionsmöglichkeiten auf VORSCHLÄGE zu reagieren behandelt werden. Die Darstellung orientiert sich an Fritz (1982: 224–268).[2] Einen VOR-

---

[2] Methodisch bestehen Unterschiede zu der hier gewählten Darstellung. Während hier in Anschluss an Kapitel 5 davon ausgegangen wird, dass zum richtigen und aufrichtigen Vollzug eines Sprechakts bestimmte Bedingungen gelten müssen, beschreibt Fritz (1982: 231) die VORSCHLÄGE dadurch, dass er angibt, worauf sich ein Sprecher festlegt, wenn er einen VORSCHLAG macht. Er schreibt: „Wenn A den Vorschlag macht zu x-en, hat er sich auf (F1) – (F4) festgelegt. (F1) A hält x-en für eine Möglichkeit das praktische Problem zu lösen. (F2) A glaubt, dass A und B x-en können. (F3) A bewertet die Möglichkeit zu x-en als gut. (F4) A ist bereit zu x-en." Weiterhin werden hier im Gegensatz zu Fritz die Äußerungsformen für die Reaktionszüge nach den semantischen Mustern (vgl. Kap. 5) erfasst. Es handelt sich also im folgenden Kapitel 7.3 nicht um ein direktes Referat von Fritz (1982), sondern um eine Adaption seiner Ergebnisse.

SCHLAG MACHEN wird hier verstanden als einen PROBLEMLÖSUNGS-VOR-SCHLAG (PL- VORSCHLAG im Sinne von Kap. 4) äußern.

Als Beispiel soll wieder die Situation gewählt werden, die schon in Kapitel 4 zur Einführung der PL-VORSCHLÄGE gedient hat. Ein Ehepaar kommt nachts von einer Party zurück. Als sie die Türe ihres Einfamilienhauses aufschließen wollen, stellen sie fest, dass beide ihren Schlüssel vergessen haben. Als einer der möglichen VORSCHLÄGE zur Lösung des gemeinsamen Problems wurde in Kapitel 4 folgende Äußerung angegeben:

(49) Sp1: Wir könnten/sollten das Kellerfenster einschlagen und so in das Haus einsteigen.

Statt (49) könnte man auch die Formulierungsvariante (50) wählen, bei der der VORSCHLAG ('Präferenzhinweis') gemacht wird, indem man eine bestimmte Handlungsweise positiv bewertet.

(50) Sp1: Ich fände am besten, wir schlagen das Kellerfester ein und steigen so in das Haus ein.

Auf einen solchen PL-VORSCHLAG kann man reagieren durch ZUSTIMMEN, ZUSTIMMUNG OFFEN HALTEN, ABLEHNEN und VORSCHLAG PROBLEMATISIEREN.

7.2.1 ZUSTIMMEN

Die erste Möglichkeit, auf einen VORSCHLAG zu reagieren, besteht darin, dass man ihm ZUSTIMMT. Hier handelt es sich also um einen ‚positiven Bescheid'; Sp2 entspricht dem von Sp1 eingebrachten Handlungsziel, das darin besteht, gemeinsam die Handlung X auszuführen.

Man kann jetzt dem VORSCHLAG zum X-en ZUSTIMMEN, indem man

– sagt, dass die Ausführung von X das Problem löst (vgl. (51))
– sagt, dass der VORSCHLAG zu X-en positiv ist (vgl. (52))
– sagt, dass man bereit ist zu X-en (vgl. (53))

Nach diesen semantischen Mustern können ZUSTIMMUNGEN zu dem VORSCHLAG (49) bzw. (50) wie folgt aussehen.

(51) Sp2: a. Ja, das kann/wird unser Problem lösen.
          b. Damit können wir uns retten.
          c. Damit können wir unserer Schwierigkeit beikommen.

(52) Sp2: a. Das ist/wäre gut.
          b. Das finde ich ganz prima.
          c. Das ist eine super Idee/die beste Lösung.
          d. Das ist ein erstklassiger/vorzüglicher Vorschlag.
          e. Gute Idee. (Vgl. Fritz (1982: 252f.)

(53) Sp2: a. Das machen wir.
b. Dazu bin ich bereit.
c. Da mach ich mit.
d. Da bin ich dabei.
e. Darauf würde ich mich wohl einlassen.
f. OK, ich schlag das Fenster ein und du steigst runter. (Vgl. Fritz (1982: 253))

Wird der initiale VORSCHLAG gemacht, indem Sp1 eine Bewertung einer Handlungsmöglichkeit ausspricht wie in (50), so kann Sp2 dem VORSCHLAG auch ZUSTIMMEN, indem man dieser Bewertung beipflichtet wie in (54).

(54) Sp2: a. Ich auch.
b. (Ja), das finde ich auch am besten.
c. Stimmt!
d. Da hast du Recht.
e. Richtig!
f. Das seh' ich auch so. (Vgl. Fritz (1982: 253))

Eine weitere Möglichkeit, einem VORSCHLAG ZUZUSTIMMEN, besteht natürlich auch darin, dass man eine explizit-performative Äußerungsform (,explizit-performative Reaktion', vgl. Kap. 2.1) wählt wie in (55).

(55) Sp2: a. (Ja), dem stimme ich zu.
b. Da kann ich (nur) zustimmen.

7.2.2 ZUSTIMMUNG OFFEN HALTEN

Will man einen VORSCHLAG nicht vorbehaltlos ZUSTIMMEN, ihn aber auch nicht grundsätzlich ABLEHNEN, so kann man sich nach Fritz (1982: 255) die ZUSTIMMUNG OFFEN HALTEN, indem man Äußerungen wie (56) macht.

(56) Sp2: a. Das wäre (zumindest) eine Möglichkeit.
b. Das könnte man (eventuell) machen.
c. Prinzipiell wäre das nicht ausgeschlossen.
d. Durchführbar wäre das.
e. Das kann man sich überlegen. (Vgl. Fritz (1982: 255))

Mit solchen Äußerungen legt sich Sp2 also nicht darauf fest, gemeinsam mit Sp1 zu X-en; er drückt aber aus, dass er, wenn in den folgenden Zügen keine besseren VORSCHLÄGE vorgebracht werden, bereit ist, nochmals auf den VORSCHLAG zurückzukommen. Hier wird deutlich, dass die Sequenz ‚VORSCHLAGEN – auf den VORSCHLAG reagieren' in der Regel nicht nach zwei Zügen abgeschlossen ist, sondern dass sie in den Zusammenhang von Planungsgesprächen gehört.[3] In solchen Planungsinteraktionen werden häufig verschiedene VORSCHLÄGE eingebracht und diskutiert, bis schließlich der am besten geeignete VORSCHLAG realisiert wird.

7.2.3 ABLEHNEN

Ist Sp2 nicht bereit, die von Sp1 im ersten Zug vorgeschlagene Handlung X mit Sp1 auszuführen, so wird er den VORSCHLAG ABLEHNEN. Auch hier gibt es wieder (wie beim ZUSTIMMEN) verschiedene Optionen, die sich aus den konstitutiven Aspekten der Handlungssituation ableiten lassen. Man kann jetzt den VORSCHLAG zum X-en ABLEHNEN, indem man

– sagt, dass die Ausführung von X das Problem nicht löst (vgl. (57))
– sagt, dass Sp1 und Sp2 nicht X-en können (vgl. (58))
– sagt, dass X-en nicht gut/wünschenswert ist (vgl. (59))
– sagt, dass man nicht bereit ist zu X-en (vgl. (60))[4]

(57) Sp2: a. Das hilft uns doch gar nicht.
        b. Das bringt doch nichts.
        c. Das löst doch unser Problem nicht.
        d. Das führt zu nichts.
        e. Das hilft uns nicht weiter.

(58) Sp2: a. Das können wir nicht machen/schaffen/hinkriegen.
        b. Das geht nicht.
        c. Das schaffen wir nicht.
        d. Das kann/wird uns nicht gelingen.
        e. Das kriegen wir nicht hin.
        f. Das übersteigt unsere Fähigkeiten.

(59) Sp2: a. Das ist nicht gut.
        b. Das finde ich blöde/doof/nicht so gut.
        c. Das ist doch Quatsch/Blödsinn.
        d. Das ist keine gute Idee.
        e. Das ist doch eine blöde Idee.

(60) Sp2: a. Da mach ich nicht mit.
        b. Das mach ich nicht mit.

---

[3] Fritz (1982: 224) spricht von der ‚dialogischen Kommunikationsform' ‚Gemeinsam Planen'.
[4] Nach Fritz (1982: 255–259) kann man einen VORSCHLAG ABLEHNEN, indem man „die Bereitschaft verweigert zu x-en" (S. 256); „ihn nicht für durchführbar erklärt" (S. 257); „die Möglichkeit zu x-en negativ bewertet" (S. 257); „einen Grund angibt, weshalb man nicht x-en kann oder will" (S. 258).

c. Das ist mit mir nicht zu machen!
d. Auf mich kannst du dabei nicht zählen.
e. Also, meine Unterstützung hast du dabei nicht.

Daneben können ABLEHNUNGEN auch wieder explizit-performativ formuliert werden wie in (61). Weiterhin kann man auch Ausdrücke wie in (62) verwenden, in denen man seine Einstellung zu dem VORSCHLAG zum Ausdruck bringt (vgl. Fritz (1982: 257)).

(61) Sp2: a. Das lehne ich (rundweg) ab.
b. Das muss ich ablehnen.
c. Das stößt bei mir auf völlige Ablehnung.
d. Diesem Vorschlag stehe ich ablehnend gegenüber.

(62) Sp2: a. Da bin ich dagegen.
b. Da bin ich nicht für (zu haben).

Auf eine ABLEHNUNG von Sp2 folgt oft als dritter Zug von Sp1 ein HINTERFRAGEN (vgl. oben Kap. 7.1.1.1.7), d.h. Sp1 FRAGT nach einer Begründung für die ABLEHNUNG. Im ‚Idealfall', von dem hier zunächst theoretisch ausgegangen werden soll, haben wir dann eine vier-zügige Sequenz wie in (63):

(63) Sp1: Ich schlage vor, dass wir das Kellerfenster einschlagen und so in das Haus einsteigen.
Sp2: Das geht nicht/schaffen wir nicht.
Sp1: Warum denn nicht?
Sp2: Das Fenster ist viel zu klein. Da kann sich keiner von uns durchzwängen.

Wenn Sp2 voraussieht, dass Sp1 seine ABLEHNUNG HINTERFRAGT, wie es häufig der Fall ist, kann er diesem Zug zuvorkommen und an seine ABLEHNUNG gleich eine BEGRÜNDUNG anschließen. Fritz (1982: 266f.) spricht hier davon, dass Sp2 einen ‚Mehrfachzug' macht, d.h. Sp2 realisiert in seinem Redebeitrag gleichzeitig zwei Züge des VORSCHLAG-ENTGEGNUNGS-Musters. ‚Mehrfachzüge' kann man wie folgt erklären: Nach der abstrakten Systematik der Zugabfolge folgt auf einen initialen VORSCHLAG als mögliche Reaktion im zweiten Zug eine ABLEHNUNG. Eine BEGRÜNDUNG hat ihren Platz im 4. Zug als positive Reaktion auf ein HINTERFRAGEN im dritten Zug. In realen Gesprächsverläufen kann Sp2 aber aus strategischen Gründen den 2. und den 4. Zug in einem Redebeitrag zusammen realisieren. Er verhindert dadurch, dass Sp1 mit einem HINTERFRAGEN (d.h. mit einer FRAGE nach einer BEGRÜNDUNG) überhaupt erst zu Wort kommt.[5]

---

[5] Das Muster der Zugabfolge ‚VORSCHLAG – auf den VORSCHLAG reagieren' stellt ein abstraktes System dar. Es beschreibt die Regeln der dialogischen Kompetenz der Sprecher. Im Sprachgebrauch verwenden die Sprecher dieses System in Abhängigkeit von der Situation. Mehrfachzüge sind Phänomene des Sprachgebrauchs. Sie lassen sich am besten auf dem Hintergrund des Regelsystems erklären.

Beispiele für solche Mehrfachzüge sind in (64)a.–e. zusammengestellt. Je nach Typ der ABLEHNUNG variiert die angeschlossene Begründung.

(64) Sp1: Ich schlage vor, dass wir das Kellerfenster einschlagen und so in das Haus einsteigen.
    Sp2: a. Das hilft uns doch nicht; die Kellertür ist von außen abgeschlossen.
          b. Das geht nicht; das Fenster ist viel zu klein. Da kann sich keiner von uns durchzwängen.
          c. Das ist nicht gut. Das macht viel zu viel Lärm.
          d. Da bin ich dagegen. Es ist viel zu teuer, dann nachher das Fenster reparieren zu lassen.
          e. Das muss ich ablehnen. Das ist viel zu aufwendig und mühsam.

7.2.4 VORSCHLAG PROBLEMATISIEREN

Eine weitere Möglichkeit, auf einen VORSCHLAG zu reagieren, besteht darin, auf Probleme bei der Realisierung des VORSCHLAGS aufmerksam zu machen. Man LEHNT den VORSCHLAG nicht rundheraus AB, sondern verweist auf eventuelle Schwierigkeiten, die nach Ansicht von Sp2 zu bedenken sind. Fritz (1982: 259–266) unterscheidet zwischen ZWEIFEL ÄUSSERN, BEDENKEN ÄUSSERN und einen EINWAND MACHEN.

7.2.4.1 ZWEIFEL ÄUSSERN

Beim ZWEIFEL ÄUSSERN kann Sp2 ähnlich wie beim ABLEHNEN verschiedene Aspekte des VORSCHLAGS thematisieren. Sp2 kann

– bezweifeln, ob die Ausführung von X das Problem löst (vgl. (65)a.)
– bezweifeln, ob Sp1 und Sp2 X-en können (vgl. (65)b.)
– bezweifeln, ob X-en gut/wünschenswert ist (vgl. (65)c.) (Vgl. Fritz (1982: 261))

(65) Sp1: Ich schlage vor, dass wir das Kellerfenster einschlagen und so in das Haus einsteigen.
    Sp2: a. Ich bezweifle, dass uns das weiter hilft.
          b. Ich bezweifle, ob wir das überhaupt hinkriegen.
          c. Ich hab' da so meine Zweifel, ob das gut ist.

Ähnlich wie beim ABLEHNEN kann Sp2 einen Mehrfachzug machen und in seinem Redebeitrag schon eine Begründung für seinen Zweifel formulieren wie z.B. in (66).

(66) Sp2: Ich bezweifle, ob wir das hinkriegen; das Fenster könnte viel zu eng sein.

7.2.4.2 BEDENKEN ÄUSSERN

Beim BEDENKEN ÄUSSERN weist Sp2 auf bestimmte Bedingungen und Konsequenzen der Ausführung des VORSCHLAGS hin, die möglicherweise eintreten und so gegen den VORSCHLAG sprechen könnten (vgl. Fritz (1982: 263)). Auf den VORSCHLAG (101) könnte Sp2 etwa folgende BEDENKEN (67)a.–d. vorbringen.

(67) Sp1: Ich schlage vor, dass wir das Kellerfenster einschlagen und so in das Haus einsteigen.
    Sp2: a. Aber wenn die Polizei kommt und uns für Einbrecher hält?
           b. Aber wenn sich einer von uns dabei verletzt?
           c. Aber dann könnten ja in der Nacht auch Diebe durchs offene Kellerfenster einsteigen.
           d. Aber wenn wir nichts Geeignetes finden, womit wir das Fenster einschlagen können?

Sp1 kann dann in seinem dritten Zug die BEDENKEN von Sp2 ZERSTREUEN, indem er z.B. nachweist, dass das Eintreten der genannten Ereignisse höchst unwahrscheinlich ist, oder darstellt, wie man das angesprochene Problem lösen kann (vgl. Fritz (1982: 263)).

7.2.4.3 EINWAND MACHEN

Beim BEDENKEN ÄUSSERN bringt Sp2 Aspekte vor, die potenziell die Ausführung des VORSCHLAGS unmöglich machen oder erschweren könnten; beim EINWAND MACHEN nennt Sp2 Faktoren oder Ereignisse, die konkret gegen den VORSCHLAG sprechen. Einen EINWAND MACHEN rückt damit in die Nähe des ABLEHNENS. Die Unterschiede lassen sich jedoch bei allen Übergängen, auf die Fritz (1982: 264) hinweist, doch klar benennen. Bei einer ABLEHNUNG bringt Sp2 zum Ausdruck, dass er nicht X-en will. Er nennt dafür unter Umständen einen Grund, der gegen das X-en spricht und so seine ABLEHNUNG begründet. Er kann aber auch einfach ABLEHNEN, indem er sagen, dass er nicht X-en will.

Beim EINWAND MACHEN steht Sp2 der Ausführung des VORSCHLAGS prinzipiell offen gegenüber, vorausgesetzt, dass der EINWAND im dritten Zug von Sp1 entkräftet wird. Das Ziel eines EINWANDS ist also nicht primär, einen VORSCHLAG abzuschmettern, sondern Sp1 auf bestimmte Faktoren aufmerksam zu machen, die aus der Sicht von Sp2 gegen den VORSCHLAG sprechen. Durch zusätzliche Informationen oder alternative Deutungen der Problemsituation kann es Sp1 unter Umständen gelingen nachzuweisen, dass der EINWAND von Sp2 nicht stichhaltig ist. Sp2 kann im vierten Zug diese ENTKRÄFTUNG dann AKZEPTIEREN und so dem VORSCHLAG ZUSTIMMEN. Er kann aber auch weitere Gründe vorbringen, die gegen den VORSCHLAG sprechen.

Macht Sp1 in der oben vorausgesetzten Beispielsituation statt vorzuschlagen *Wir könnten das Kellerfenster einschlagen und so in das Haus einsteigen* den VORSCHLAG (68)a., so kann er den EINWAND (68)b. von Sp2 durch eine Äußerung wie (68)c. aus dem Wege räumen. In (68)d. AKZEPTIERT Sp2 die ENTKRÄFTUNG seines EINWANDS und STIMMT dem initialen VORSCHLAG ZU.

(68) Sp1: a. Wir könnten Karl anrufen. Der hat doch einen Schlüssel von uns.
 Sp2: b. Ja aber wir haben Karls Nummer doch gar nicht.
 Sp1: c. Doch, ich habe seine Nummer auf dem Handy gespeichert.
 Sp2: d. Ja wenn das so ist, sollten wir das machen.

7.2.5 Weitere Reaktionsmöglichkeiten im zweiten Zug.

Damit sind die von Fritz (1982) erfassten Möglichkeiten im zweiten Zug dargestellt. Aus methodischen Gründen klammert Fritz (1982) GEGENVORSCHLÄGE und ‚nichtspezifische Reaktionen' (Franke (1990: 20)) aus. Diese Züge sollen hier jedoch der Vollständigkeit wegen aufgeführt werden.

Sp2 kann auf einen initialen VORSCHLAG von Sp2, statt mit einer der oben beschriebenen Formen des zweiten Zugs zu reagieren, auch selbst einen VORSCHLAG machen. Sp2 geht also nicht auf den VORSCHLAG V1 von Sp1 ein, sondern startet selbst eine Initiative, indem er einen eigenen VORSCHLAG V2 in das Gespräch einbringt. In der Gesprächssituation sind also dann zwei VORSCHLÄGE zu verhandeln. Auf einen GEGENVORSCHLAG kann Sp1 nun wiederum reagieren, indem er ihn ABLEHNT, ihm ZUSTIMMT, ihn PROBLEMATISIERT usw. Mit solchen Zügen lässt er sich dann auf die von Sp2 initiierte VORSCHLAGS-Sequenz ein. Er kann aber auch an seinem VORSCHLAG V1 festhalten und fordern, dass Sp2 sich zunächst zu V1 äußert.

(69) Sp1: a. Ich schlage vor, dass wir das Kellerfenster einschlagen und so ins Haus einsteigen. (VORSCHLAG V1)
 Sp2: b. Ich finde, wir sollten lieber Karl anrufen. Der hat doch einen Schlüssel von uns. (GEGENVORSCHLAG V2)
 Sp1: c. Ja aber wir haben Karls Nummer doch gar nicht. (EINWAND gegen V2)
 d. Wir sollten erst mal das mit dem Kellerfenster versuchen. (INSISTIEREN auf V1)

Reagiert Sp1 auf (69)b. mit (69)c., so lässt er sich auf den GEGENVORSCHLAG V2 von Sp2 ein, indem er einen EINWAND dagegen vorbringt. Entgegnet Sp1 auf (69)b. aber mit (69)d., so besteht er auf seinem initialen VORSCHLAG V1 und nimmt den GEGENVORSCHLAG V2 inhaltlich gar nicht auf.

GEGENVORSCHLÄGE eröffnen das gleiche Entgegnungspotential wie VORSCHLÄGE im ersten Zug. Sie unterscheiden sich von initialen VORSCHLÄGEN aber hinsichtlich der Äußerungsformen. GEGENVORSCHLÄGE werden häufig mit Formulierungen wie (70)a.–d. vollzogen, in denen auf den ersten VORSCHLAG Bezug genommen wird und der GEGENVORSCHLAG als überlegen (*besser, einfacher, leichter*) charakterisiert wird.

(70) Sp2: a. Da fände ich es besser zu X-en.
b. Ich meine, wir sollten (stattdessen) lieber X-en.
c. Lass uns stattdessen doch X-en.
d. Leichter/Einfacher wäre es da doch, wenn wir X-en.

Als weitere zweite Züge auf VORSCHLÄGE können nicht-spezifische Reaktionen wie ZURÜCKWEISEN und KLÄRUNGSFRAGE gewählt werden. Sie sind insofern ‚nicht-spezifisch', da sie nicht nur nach VORSCHLÄGEN vorkommen können, sondern als Entgegnung auf jeden Sprechakt im ersten Zug passen.

Einen VORSCHLAG kann man z.B. dadurch ZURÜCKWEISEN, dass man behauptet, dass Sp1 seinen VORSCHLAG nicht ernst gemeint hat, d.h. gegen die Aufrichtigkeitsbedingung verstoßen hat.

(71) Sp1: Ich schlage vor, dass wir das Kellerfenster einschlagen und so in das Haus einsteigen.
Sp2: a. Das meinst du doch (selbst) nicht ernst.
b. Du willst dich wohl über mich lustig machen.
c. Das ist jetzt keine Situation für Scherze.

Darüber hinaus kann Sp2 natürlich immer auch erst eine KLÄRUNGSFRAGE stellen. Ist diese beantwortet, wird Sp2 in einer für VORSCHLÄGE typischen und relevanten Weise reagieren müssen.

(72) Sp1: Ich schlage vor, dass wir das Kellerfenster einschlagen und so in das Haus einsteigen.
Sp2: An welches Kellerfenster denkst du denn da? Das an der Vorderseite oder das zum Garten hin?

In (72) stellt Sp2 eine RÜCKFRAGE, weil ihm die Referenz des Ausdrucks *das Kellerfenster* nicht klar ist.

7.2.6 Zusammenfassendes Schaubild

Die Zugmöglichkeiten, mit denen Sp2 im zweiten Zug auf einen initialen VORSCHLAG reagieren kann, lassen sich im Schaubild (73) darstellen.

(73) Sp1 im 1. Zug   Sp2 im 2. Zug

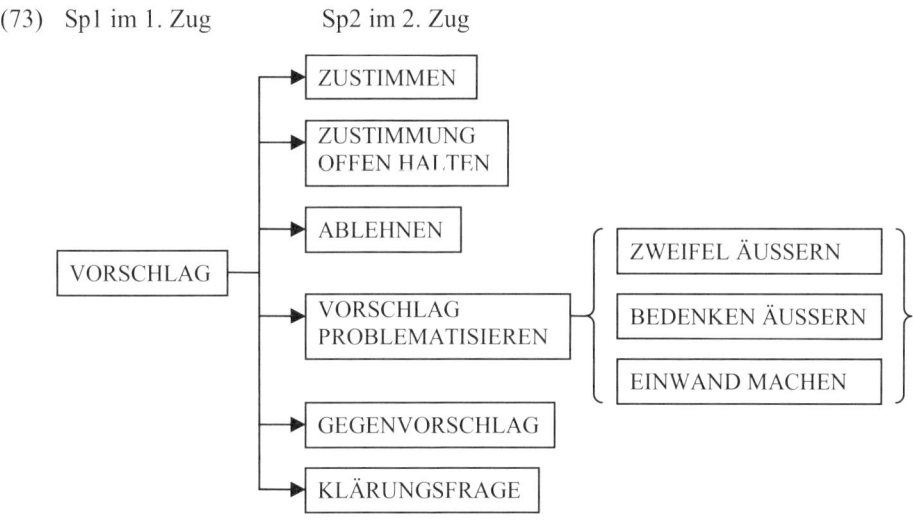

7.3 Verallgemeinerte Darstellung der Sprechaktsequenzen nach Franke (1990)

Yang (2003) und Fritz (1982) haben die Entgegnungsmöglichkeiten auf einen bestimmten initialen Sprechakt dargestellt. In ähnlicher Weise könnte man nun für alle Sprechakte im Einzelnen untersuchen, welche Reaktionstypen jeweils möglich sind. So gibt es z.B. analoge Analysen für die VORWURF-ENTGEGNUNGS-Kommunikation (Fritz/Hundsnurscher (1975), Muckenhaupt (1978)), für Reaktionen auf eine initiale AUFFORDERUNG (Hindelang (1980), Hundsnurscher (1981), Franke (1983)), für BEHAUPTEN–WIDERSPRECHEN (Beasley (1981)) oder für ANBIETEN–,auf ein ANGEBOT reagieren' (Hundsnurscher (2001).

Diese Einzeluntersuchungen sind für sich sehr aufschlussreich und insbesondere auch dann angebracht, wenn man auch die Äußerungsformen der einzelnen Züge erfassen will. Einen höheren Grad an Verallgemeinerung und damit an wissenschaftlicher Aussagekraft hat jedoch eine Theorie, die für alle Sprechaktsequenzen gültig ist. In einer solchen allgemeinen Theorie der Sprechaktsequenzen sind die oben genannten Sprechaktsequenzen dann als spezifische Einzelausprägungen eines allgemeinen Musters charakterisierbar. Sie unterscheiden sich durch die jeweilige illokutionäre Qualität des initialen Sprechakts.

Eine solche Theorie hat Franke (1990) skizziert. Sie soll im Folgenden vorgestellt werden.

7.3.1 Der zweite Zug

Den ersten Zug nennt Franke (1990: 14f.) ‚initialer Sprechakt' oder ‚initiales Handlungsmuster' (Abk. ISA). Mit dem ISA bringt Sp1 sein Handlungsziel HZ in die Kommunikation ein.

Geht Sp2 in seinem zweiten Zug in irgendeiner Weise auf ISA ein, so vollzieht er nach Franke (1990: 15 f.) einen ‚reaktiven Sprechakt'; übergeht er aber den initialen Sprechakt ISA und startet selbst seine eigene kommunikative Initiative, indem er ein eigenes Handlungsziel HZ' verfolgt, so spricht Franke von einem ‚gegen-initiativen Sprechakt' (GISA). Gegen-initiative Sprechakte haben wir schon in den vorherigen Abschnitten kennen gelernt. Es waren dies die GEGENFRAGE und der GEGENVORSCHLAG. Eine GEGENFRAGE wird als zweiter Zug auf eine initiale FRAGE gestellt; ein GEGENVORSCHLAG erfolgt auf einen initialen VORSCHLAG. In ähnlicher Weise kann man auf eine BEHAUPTUNG mit einer GEGENBEHAUPTUNG reagieren, auf einen VORWURF mit einem GEGENVORWURF, auf ein ANGEBOT mit einem GEGENANGEBOT, auf eine DROHUNG mit einer GEGENDROHUNG usw.[6]

Bei den ‚reaktiven Sprechakten' unterscheidet Franke (1990: 18f.) zwischen ‚spezifischen' und ‚nicht-spezifischen' Reaktionstypen. Die ‚spezifischen' Reaktionstypen unterscheiden sich von den ‚nicht-spezifischen' dadurch, dass sich Sp2 bei einer spezifischen Reaktion hinsichtlich des Handlungsziels von Sp1 festlegt; Sp2 gibt entweder einen ‚positiven Bescheid' (PB), d.h. er bringt zum Ausdruck, dass er gewillt ist, dem Handlungsziel von Sp1 zu entsprechen, oder er signalisiert durch einen ‚negativen Bescheid' (NB), dass er dazu nicht bereit ist.[7] Mit einer ‚nicht-spezifischen' Reaktion legt sich Sp2 im zweiten Zug noch nicht fest, ob er dem Handlungsziel von Sp1 entsprechen will oder nicht. Er hält sich die Entscheidung erst noch offen. Franke (1990. 19f.) unterscheidet bei den ‚nicht-spezifischen' Reaktionstypen ‚entscheidungsvorbereitende' und ‚entscheidungsumgehende' Züge. Mit einem ‚entscheidungsvorbereitenden' Zug bringt Sp2 Aspekte ins Gespräch ein, die nach seiner Meinung erst geklärt werden müssen, bevor er entscheiden kann, ob er einen ‚positiven' oder ‚negativen Bescheid' abgeben will. Zu den ‚entscheidungsvorbereitenden' Zügen gehören:

(i) Sprechakte, die oben (vgl. Schaubild (38)) bei Yang (2003) als KLÄRUNGSFRAGEN bezeichnet wurden, also RÜCKFRAGEN, NACHFRAGEN und HINTERFRAGEN

(ii) problematisierende Sprechakte, wie wir sie oben (vgl. Schaubild (73)) bei Fritz (1982) gesehen haben. Bei einem initialen VORSCHLAG waren das ZWEIFEL ÄUSSERN, BEDENKEN ÄUSSERN, EINWAND MACHEN. In problematisierenden Zügen dieser Art nennt Sp2 ganz allgemein etwas, das aus seiner Perspektive dagegen spricht, einen ‚positiven Bescheid' zu geben.

Unter den ‚entscheidungsumgehenden' Zügen fasst Franke (1990: 19) solche Reaktionsweisen zusammen, durch die Sp2 zu erkennen gibt, dass er sich auf das von Sp1 initiierte Handlungsspiel gar nicht einlassen will; er nimmt, bildlich gesprochen, den ihm zugespielten Ball nicht an. Einerseits kann er den initialen Zug von Sp1 ZURÜCKWEISEN, d.h. er kann sagen, dass der initiale Sprechakt von Sp1 fehlerhaft ausgeführt ist, oder er kann

---

[6] Vgl. dazu auch Frilling/König (1993).
[7] Zu der Unterscheidung ‚positiver Bescheid' vs. ‚negativer Bescheid' siehe Hundsnurscher (1976), (1980), (1994), (1997).

AUSWEICHEN, d.h. versuchen, Sp1 von seinem kommunikativen Ziel abzulenken, den Zug von Sp1 einfach übergehen oder durch Äußerungen wie (74) die Reaktion auf den ersten Zug verzögern.

(74) Sp2: a. Darüber kann ich mal nachdenken.
b. Dazu werde ich mich später äußern.
c. Sprech' mich darauf doch morgen noch mal an.

Vergleicht man dieses allgemeine System des 2. Zuges von Franke (1990) mit dem Schaubild (38), das die Reaktionen auf FRAGEN nach Yang (2003) darstellt, so sieht man, dass die bei Yang (2003) unterschiedenen Reaktionstypen ZURÜCKWEISEN und AUSWEICHEN bei Franke (1990) unter dem Begriff ,entscheidungsumgehende' Züge zusammengefasst werden.[8]

Die Unterscheidungen Frankes lassen sich in dem folgenden Schaubild (75) zusammenfassend darstellen:[9]

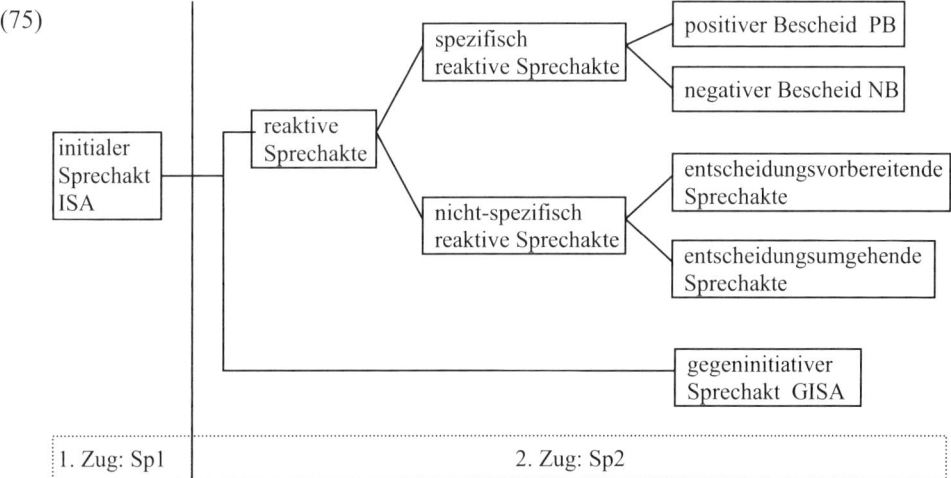

(75)

7.3.2 Der dritte Zug

Für den zweiten Zug haben wir oben fünf Reaktionstypen unterschieden: positiver Bescheid, negativer Bescheid, entscheidungsvorbereitende Sprechakte, entscheidungsumgehende Sprechakte und gegeninitiative Sprechakte.

---

[8] Die Züge, die Fritz (1982) als ZUSTIMMUNG OFFEN HALTEN bezeichnet hat, wären bei Franke (1990) zu den ,entscheidungsumgehenden Sprechakten' zu rechnen.
[9] Vgl. Franke (1990: 21).

7.3.2.1 Dritte Züge auf einen positiven Bescheid

Gibt Sp1 einen positiven Bescheid, so hat Sp2 sein kommunikatives Ziel erreicht. Die Handlungssequenz ist damit nach Franke (1990) abgeschlossen.

Nach Yang (2003) sind Minimalsequenzen immer dreizügig. Als dritter Zug schließt sich nach einem positiven Bescheid ein AKZEPTIEREN[10] an. Je nach initialem Sprechakt können solche dreizügigen Sequenzen z.B. wie folgt aussehen:

	Sp1: ISA	Sp2: 2. Zug	Sp1: 3. Zug
FRAGE:	*Wer wurde zum Klassensprecher gewählt?*	*Peter.*	*Ah, ja.*
VORSCHLAG:	*Lass uns heute in die Disko gehen!*	*Das finde ich auch toll!*	*Prima!*
BITTE:	*Kann ich mal kurz dein Handy benützen?*	*Gerne!*	*Super!*
WARNUNG:	*Vorsicht, das Eis ist dünn!*	*OK, ich geh nicht drauf.*	*Gut!*
BEHAUPTUNG:	*Handke ist der wichtigste Dichter der Gegenwart.*	*Ja, da geb' ich dir völlig Recht.*	*Ne?*

Das Aussprechen eines DANKES als Reaktion auf eine BITTE rechnet Yang (2003) zu den honorifizierenden Zügen. Sie gehören nicht zum zentralen Teil (Minimalsequenzen) der BITTE-Interaktion, sondern zu deren Nachfeld. Die Minimalsequenzen haben oft ein Vor- und ein Nachfeld.[11] Folgendes Beispiel (76) kann das erläutern.

(76)	Sp1:	*Kann ich dich mal um etwas bitten?*	BITTE um ERLAUBNIS	Vorfeldinteraktion
	Sp2:	*Na klar!*	positiver Bescheid	
	Sp1:	*Darf ich mal kurz dein Handy benützen?*	BITTE	zentrale Minimal-sequenz
	Sp2:	*Gerne!*	positiver Bescheid	
	Sp1:	*Super!*	AKZEPTIEREN (GEWÄHREN-ANNEHMEN)	
	Sp2:	(gibt Sp1 das Handy.)	praktische Handlung	
	Sp1:	*Vielen Dank.*	DANKEN	Nachfeldinteraktion

---

[10] Als AKZEPTIEREN werden alle Reaktionen auf positive Bescheide im dritten Zug bezeichnet. Je nach initialem Zug kann man entsprechende Untermuster bilden. ANTWORT–AKZEPTIEREN (bei FRAGE–ANTWORT-Sequenzen), ZUSTIMMUNG–AKZEPTIEREN (bei VORSCHLAG–ZUSTIMMUNGS-Sequenzen), GEWÄHRUNG–ANNEHMEN (bei BITTE–GEWÄHRUNGS-Sequenzen), ABSICHTSERKLÄRUNG–AKZEPTIEREN (bei BITTE–ABSICHTSERKLÄRUNGS-Sequenzen), ZUSTIMMUNG–QUITTIEREN (bei BEHAUPTUNG–ZUSTIMMUNGS-Sequenzen). Bei initialer BEHAUPTUNG wird das AKZEPTIEREN allerdings oft nicht realisiert oder nur durch eine Geste (Kopfnicken) ausgedrückt.

[11] Zu den Begriffen ‚Vorfeld' und ‚Nachfeld' vgl. Franke (1990: 108–113).

7.3.2.2 Dritte Züge auf entscheidungsvorbereitende Sprechakte

Äußert Sp2 einen entscheidungsvorbereitenden Sprechakt wie RÜCKFRAGE, NACHFRAGE, EINWAND MACHEN, BEDENKEN ÄUSSERN etc., muss Sp1 im dritten Zug auf diese Sprechakte eingehen, d.h. er muss die RÜCKFRAGE beantworten, den EINWAND entkräften oder etwas sagen um die Bedenken von Sp2 zu zerstreuen. In diesen Fällen eröffnet Sp2 sozusagen einen neuen ‚Subdialog' innerhalb der Interaktion (vgl. Hindelang: (1995)), der erst abgearbeitet werden muss, bevor ein abschließender positiver oder negativer Bescheid von Sp2 gegeben werden kann.

7.3.2.3 Dritte Züge auf negative Reaktionen

Franke (1990) fasst entscheidungsumgehende Sprechakte, gegeninitiative Sprechakte und den negativen Bescheid unter dem Begriff ‚negative Reaktion' zusammen. Gemeinsam haben diese Züge, dass Sp2 damit signalisiert, dass er dem Handlungsziel von Sp1 negativ gegenübersteht. Sp2 gibt einen expliziten negativen Bescheid, bringt selbst sein eigenes Handlungsziel ein oder versucht auszuweichen. Auf diese Gruppe von ‚negativen Reaktionen' gibt es nach Franke (1990: 27–32) im dritten Zug nun drei Reaktionstypen. Es sind dies:

- retraktive[12] Sprechhandlungen (RETSA)
- revidierende Sprechhandlungen (REVSA)
- reinitiative Sprechhandlungen (REISA)

(i) Retraktive Sprechhandlung (RETSA)

Von retraktiven Sprechhandlungen spricht Franke (1990: 28f.), wenn Sp1 im dritten Zug sein Handlungsziel HZ völlig aufgibt, bzw. seinen initialen Sprechakt zurückzieht.[13] Sp1 akzeptiert also die negative Reaktion von Sp2. Der dritte Zug in folgenden Sequenzen ist jeweils ein retraktiver Sprechakt (RETSA):

(77) Sp1: a. Kannst du mir bis nächste Woche mit 100 Euro aushelfen? (BITTE)
    Sp2: b. Nee, dir leihe ich kein Geld. (NB)
    Sp1: c. OK, dann halt nicht. (RETSA)

(78) Sp1: a. Lass uns heute Abend in die Disko gehen! (VORSCHLAG)
    Sp2: b. Lass uns lieber ins Kino gehen! (GISA)
    Sp1: c. Meinetwegen. (RETSA)

---

[12] Der Begriff ist von lat. ‚retrahere' = ‚zurückziehen' abgeleitet.
[13] Im Gegensatz zu Franke, der von ‚resignierenden' und ‚retraktiven' Sprechakten spricht, bezeichnet Yang (2003) die Reaktion, bei der Sp1 im dritten Zug nach einem negativen Bescheid von Sp2 sein Handlungsziel aufgibt – wie bei einem positiven Bescheid – als AKZEPTIEREN.

(79) Sp1: a. Lass uns heute Abend in die Disko gehen! (VORSCHLAG)
   Sp2: b. Das ist doch nicht dein Ernst! (ZURÜCKWEISUNG)
   Sp1: c. OK, Schwamm drüber! (RETSA)

(80) Sp1: a. Melden Sie sich um 15 Uhr auf der Schreibstube! (BEFEHL)
   Sp2: b. Ich bin Ihr Vorgesetzter, Sie haben mir nichts zu befehlen. (ZURÜCK-WEISEN)
   Sp1: c. Oh, tut mir Leid. Das hab ich nicht gewusst. (RETSA)

Bei den retraktiven Sprechhandlungen unterscheidet Franke (1990: 28) nochmals zwischen resignierenden und revozierenden[14] Sprechakten. Bei den resignierenden bringt Sp1 zum Ausdruck, dass er nach der negativen Reaktion nicht mehr bestrebt ist, sein Handlungsziel weiter zu verfolgen; er gibt auf. (77)c. und (78)c. sind Beispiele für ‚resignierende' Züge.

Von revozierenden Sprechakten spricht Franke, wenn der zweite Zug von Sp2 eine ZURÜCKWEISUNG war, also eine Äußerung, mit der Sp2 impliziert hat, dass der initiale Sprechakt ISA nicht den für diese sprachliche Handlung gültigen Handlungsbedingungen entsprochen hat. Wenn Sp1 das einsieht, kann er seinen Sprechakt revozieren, d.h. zurückrufen wie in (79)c. oder (80)c. In (79) WEIST Sp2 den initialen VORSCHLAG ZURÜCK, da er glaubt, dass die Aufrichtigkeitsbedingung (‚Sp1 will mit Sp2 X-en') nicht erfüllt war. Bei (80) ist die Einleitungsbedingung für BEFEHLEN (‚Sp1 ist militärischer Vorgesetzter von Sp2') nicht erfüllt. Sp2 WEIST den initialen Sprechakt von Sp1 deshalb ZURÜCK.

(ii) Revidierende Sprechhandlungen (REVSA)

Eine zweite Möglichkeit der Entgegnung auf eine negative Reaktion von Sp2 besteht darin, dass Sp1 sein ursprüngliches Handlungsziel HZ modifiziert. Er verändert also HZ zu HZ' in der Hoffnung, HZ' leichter durchsetzen zu können als HZ. Solche Reaktionstypen bezeichnet Franke (1990) als ‚revidierende Sprechakte' (REVSA). In den folgenden Sequenzen ist der dritte Zug von Sp1 jeweils ein Beispiel für einen revidierenden Sprechakt.

(81) Sp1: a. Kannst du mir bis nächste Woche mit 100 Euro aushelfen? (BITTE)
   Sp2: b. Nee, dir leihe ich kein Geld. (NB)
   Sp1: c. Aber könntest du mir nicht wenigstens 10 Euro leihen? (REVSA)

(82) Sp1: a. Kannst du mir bis nächste Woche mit 100 Euro aushelfen? (BITTE)
   Sp2: b. Nee, dir leihe ich kein Geld. (NB)
   Sp1: c. Wenn du mir das Geld leihst, formatiere ich dir auch deine Examensarbeit. (REVSA)

(83) Sp1: a. Lass uns heute Abend in die Disko gehen! (VORSCHLAG)
   Sp2: b. Lass uns lieber ins Kino gehen! (GISA)
   Sp1: c. OK. Lass uns erst ins Kino gehen, und dann noch zwei Stunden in die Disko. (REVSA)

---

[14] Der Begriff ist von lat. ‚revocare' = ‚zurückrufen' abgeleitet.

(84) Sp1: a. Die Parkinson-Krankheit ist jetzt heilbar! (BEHAUPTUNG)
    Sp2: b. Nein, das stimmt nicht. (NB)
    Sp1: c. Aber zumindest eine große Linderung der Leiden ist doch schon möglich! (REVSA)

In (81)c. revidiert Sp1 sein in der initialen BITTE (ISA) vorgetragenes Handlungsziel dadurch, dass er die Größe der BITTE verringert, d.h. er bittet einfach um weniger Geld. In (82)c. wählt Sp1 einen anderen Weg, seine BITTE für Sp2 leichter akzeptierbar zu machen. Er macht Sp2 ein ANGEBOT für den Fall, dass Sp2 seine BITTE erfüllt. In (81)a. war das Handlungsziel HZ ‚100 Euro bekommen'; dieses Ziel HZ verändert Sp1 in (81)c. zu dem revidierten Handlungsziel HZ* ‚10 Euro bekommen'. In (82) war das Handlungsziel HZ ebenfalls ‚100 Euro bekommen'. Im revidierenden Sprechakt präsentiert Sp1 jetzt das Handlungsziel HZ* ‚100 Euro bekommen und dafür eine Examensarbeit formatieren', dessen Erzielung für ihn natürlich weniger günstig wäre als das ursprünglich angestrebte Ziel HZ.

(83)a. ist ein VORSCHLAG. Sp2 reagiert darauf mit einem GEGENVORSCHLAG (GISA). Sp1 revidiert nun seinen initialen VORSCHLAG und damit sein zuerst angestrebtes Handlungsziel, indem er in (83)c. einen Kompromissvorschlag macht.

In (84) ist ISA eine BEHAUPTUNG. Das Handlungsziel von Sp1 besteht darin, dass Sp2 seiner BEHAUPTUNG zustimmt. Sp2 WIDERSPRICHT dieser BEHAUPTUNG. Sp1 versucht nun durch einen revidierenden Sprechakt doch noch die Zustimmung von Sp2 zu erhalten, indem er den Anspruch seiner BEHAUPTUNG einschränkt.

Die Beispiele zeigen, dass der Begriff ‚revidierender Sprechakt' für eine ganze Reihe unterschiedlicher Sprechhandlungen im dritten Zug gebraucht werden kann, deren gemeinsames Merkmal darin besteht, dass Sp1 nach einer negativen Reaktion von Sp2 sein ursprüngliches Handlungsziel zurücksteckt, um so vielleicht doch noch einen positiven Bescheid von Sp2 zu erhalten.

(iii) Reinitiative Sprechhandlungen (REISA)

Die dritte Gruppe von Sprechakten, mit denen Sp1 auf einen negativen Bescheid, einen entscheidungsumgehenden Sprechakt oder einen gegeninitiativen Sprechakt reagieren kann, nennt Franke (1990: 31) ‚reinitiative Sprechakte' (REISA). Bei einem reinitiativen Sprechakt beharrt Sp1 nach einer ABLEHNUNG auf seinem initialen Handlungsziel HZ. Er kann das tun, indem er den initialen Sprechakt einfach so wiederholt, wie er ihn im ersten Zug geäußert hat, oder aber – was meistens der Fall ist – indem er zusätzliche sprachliche Indikatoren verwendet, die den Nachdruck der Äußerung erhöhen wie in (85)a. (*doch bitte bitte*). In (85)b. und (85)c. sind weitere Varianten zur Realisierung eines reinitiativen Sprechakts aufgeführt. In (85)b. appelliert Sp1 an die Beziehung zwischen Sp1 und Sp2. In (85)c. betont Sp1 die Dringlichkeit der Angelegenheit und weist auf die möglichen Folgen hin, die eine ABLEHNUNG für ihn hat.[15]

---

[15] Hier handelt es sich um einen ‚Mehrfachzug'.

(85) Sp1: Leih mir bis nächste Woche 100 Euro! (BITTE)
Sp2: Nee, dir leihe ich kein Geld. (NB)
Sp1: a. Ach leih mir doch bitte bitte das Geld! (REISA)
   b. Aber ich bin doch dein bester Freund und habe dir auch schon oft geholfen. (REISA)
   c. Es ist ganz dringend, wenn du mir das Geld nicht leihst, verlier ich meinen Job. (REISA)

In (86) reagiert Sp2 auf den initialen Sprechakt von Sp1 mit einem Gegenvorschlag. Sp1 beharrt auf seinem Handlungsziel, indem er behauptet, dass die Ausführung seines Vorschlags mehr Spaß macht, d.h. zu einem besseren Ergebnis führt. In (87) wiederholt Sp1 nach einem Widerspruch von Sp2 seine BEHAUPTUNG mit einem zusätzlichen Intensivierungsindikator (*ganz bestimmt*).

(86) Sp1: Lass uns heute Abend in die Disko gehen! (VORSCHLAG)
Sp2: Lass uns lieber ins Kino gehen! (GISA)
Sp1: Ich finde Disko macht viel mehr Spaß. (REISA)

(87) Sp1: Die Parkinson-Krankheit ist jetzt heilbar! (BEHAUPTUNG)
Sp2: Nein, das stimmt nicht. (NB)
Sp1: Doch, ganz bestimmt, ich habe gelesen, dass die Krankheit jetzt therapierbar ist. (REISA)

7.3.3 INSISTIEREN und seine Untermuster

Die Zugabfolge (88) bezeichnet Franke (1990: 42–47) als Sequenzmuster INSISTIEREN.

(88) Sp1: 1. Zug   Sp2: 2. Zug   Sp1: 3. Zug
    | ISA |——————| negative Reaktion |——————| reinitiativer Sprechakt (REISA) |

INSISTIEREN ist nach Franke (1990) also nicht mit dem reinitiativen Sprechakt gleichzusetzen.[16] INSISTIEREN ist vielmehr ein gemeinsam vom Sp1 und Sp2 ausgeführtes Muster. Je nachdem, mit welchem initialen Sprechakt die INSISTIEREN-Sequenz beginnt, unterscheidet Franke nun einzelne Untermuster des INSISTIERENS. In der folgenden Tabelle (89) sind die einzelnen Untermuster dargestellt (vgl. Franke (1990: 50)).

---

[16] In der Forschung wird jedoch verschiedentlich ‚Insistieren' auch für den 3. Zug gebraucht. (Apeltauer (1979), Hundsnurscher (1981)). Schecker (1986: 241) schlägt (wie Franke (1990)) vor, „Insistieren als Bezeichnung des betreffenden Sequenztyps insgesamt zu verwenden."

(89)	ISA	Untermuster des INSISTIERENS
	FRAGE	INTERROGIEREN[17]
	BITTE	FLEHEN
	nicht bindende AUFFORDERUNG (RATSCHLAG, VORSCHLAG), WARNUNG	DRÄNGEN
	bindende AUFFORDERUNG (GEBOT, BEFEHL, WEISUNG etc.)	NÖTIGEN
	BEHAUPTUNG mit objektivem Geltungsanspruch	BEKRÄFTIGEN
	BEHAUPTUNG, bei der es um die subjektive Glaubwürdigkeit geht	BETEUERN

In (85)–(87) haben wir bereits Beispiele für INSISTIEREN kennen gelernt. (85) gehört nach dieser Einteilung der Untermuster zum FLEHEN. (86) ist eine Realisierung des Untermusters DRÄNGEN; (87) wäre dem Untermuster BEKRÄFTIGEN zuzuordnen. Als Beispiel für das BETEUERN kann die folgende Sequenz (90) gelten:

(90) Sp1: Ihre Kurzgeschichte fand ich sehr lustig! (BEHAUPTUNG)
     Sp2: Ach, das sagen Sie doch nur, um mir zu schmeicheln. (ZURÜCKWEISUNG)
     Sp1: Doch, ganz bestimmt, ich habe sogar mehrmals laut gelacht. (REISA)

AUFGABEN KAPITEL 7

7.1   Benennen Sie die Reaktionszüge auf FRAGEN in den folgenden Beispielen! (Die Reaktionszüge sind **fett** gedruckt.)

   (1) Wenn dann wirklich ein Treffen zustande kommt, muß leeres Gerede verdecken, daß man (sich) nichts zu sagen hat und sogar auf die Frage hin: „Was ist in deinem Kopf?" nur zurückfragen kann: „**Was ist denn in deinem Kopf?**" [TAZ-HAMBURG, 02.03.1995, „**Was ist in deinem Kopf?**"] (Yang 2003: 262)

   (2) Wieviel den tschetschenischen Entführern von Peter Zollinger für die Freilassung ihres Opfers bezahlt wurde, bleibt einstweilen das Geheimnis seiner Familie. Wann immer an der gestrigen Pressekonferenz in Zürich eine Frage zu diesem Thema an Zollinger oder an seine Schwester Karin gerichtet wurde, ergriff Anwalt Manuel Liatowitsch sofort selber das Wort: „**Kein Kommentar.**" [Züricher Tagesanzeiger, 24.06.1998]

---

[17] Yang (2003) bezeichnet den ‚reinitiativen Sprechakt' bei einer initialen FRAGE als NACHHAKEN. Siehe oben Kap. 7.1.2.

(3) Er kam zum großen Bären Mischa und fragte ihn: „Weißt du vielleicht, wo es Weihnachtskekse gibt?" **„Nein, ich weiß es leider auch nicht!"** [Vorarlberger Nachrichten, 22.12.2000]

(4) „Jetzt aber nichts mehr über die elektrischen Ladungen, wir sind ja nicht hier, um über Quarkladungen zu sprechen." **„Was ist eine Quarkladung?"** fragte Alice neugierig, immer darauf bedacht, soviel wie möglich abzuklären. [Gilmore: Alice im Quantenland. 1995, S.190] (Yang 2003: 187)

(5) „Ich bin Trixi auf dem Weg zum Walpurgis-Hexenbesen-Rennen!" „Und ich dachte, Du bist eine Sternschnuppe und habe mir gleich was gewünscht", murmelte der Junge enttäuscht. „Dann bist Du Leo, aber wer ist Yvonne?", fragte Trixi neugierig. **„Geht dich nichts an"**, brummelte Leo, ... [Mannheimer Morgen, 26.04.2003]

(6) „Na, Walter, Du gehst doch nächste Woche in Rente. Was hast Du Dir denn als erstes vorgenommen?" „Also, die ersten vier Wochen werde ich nur im Schaukelstuhl sitzen." **„Und dann?"** „Dann werde ich ganz langsam anfangen zu schaukeln." [Mannheimer Morgen, 31.03.1989, Unterhaltung (MK)] (Yang 2003: 240)

(7) Sp1: Was ist das amtliche Kennzeichen Ihres Kraftfahrzeugs?
Sp2: **Warum wollen Sie das denn von mir wissen?**

(8) [Rapha]: Lars, was mich echt interessieren würde: Wo gibts eigentlich die hübscheren Frauen – in Hamburg oder Kopenhagen?
Jacobsen: **Rapha, das weißt du doch selbst am besten!** [Hamburger Morgenpost, 14.09.2005]

(9) CZ: Wann wird es denn einen Mac mit Intel-Prozessor geben?
Tevanian: **Ich habe keine Ahnung.**
[COMPUTER ZEITUNG, 05.06.1997, S. 2]

(10) C: ja, ob sie bei Alessandro zurückrufen kann ...
B: **bei wem?**
C: Alessandro
B: Alessandro, alles klar.[18]

(11) Sp1: Mit wem hast du da gerade telefoniert?
Sp2: **Mit jemandem, der mit mir sprechen wollte.**

*7.2 Formulieren Sie für die Äußerung (1) Reaktionszüge nach den folgenden Mustern: HINTERFRAGEN, ANTWORT-VERWEIGERUNG, FRAGE-ZURÜCKWEISEN, GEGENFRAGE, PASSEN, RÜCKFRAGE.

(1) Wer war denn der schicke junge Mann, der dir gestern auf dem Ball die Rose überreicht hat?

---

[18] Rost-Roth (2006: 262); die Transkription des Beispiels wurde in normale Orthographie übertragen.

7.3 Betrachten Sie folgenden Ausschnitt aus einem Planungsgespräch. Benennen Sie die Züge von Sp1 und Sp2!

(1) Sp1: Lass uns doch mal über unseren Sommerurlaub sprechen!
(2) Sp2: Gute Idee!
(3) Sp1: Wir können ja dabei eine schöne Flasche Wein trinken.
(4) Sp2: Ach nee, ich hab' keine Lust auf Wein am Nachmittag.
(5) Sp1: OK. Dann eben nicht.
(6) Sp2: Also, ich denke, wir sollten wieder ans Meer fahren.
(7) Sp1: Ich schlage vor, wir sollten was Kreatives machen, z.B. einen Aquarellkurs in der Toskana.
(8) Sp2: Kommt nicht in Frage – ich brauche einfach Sonne, Wind und Meer.
(9) Sp1: Wir könnten ja auch in einen Ferienclub am Meer gehen.
(10) Sp2: Was verstehst du denn unter ‚Ferienclub'?
(11) Sp1: Na so was wie Club Méditerrané oder Robinson-Club.
(12) Sp2: Also, das können wir uns doch gar nicht leisten.
(13) Sp1: Doch, das ist nicht so teuer wie man denkt! Und ich würde dich zu allen Extras einladen.
(14) Sp2: OK, darüber lässt sich reden.

*7.4 Herr und Frau Hübelkötter möchten in Urlaub fahren. Ihren Kater Mohrle können sie aber nicht mitnehmen. Sie überlegen sich, wie sie dieses Problem lösen könnten. Herr Hübelkötter macht den VORSCHLAG (1)

(1) Sp1: Wir könnten Onkel Alfred fragen, ob er so lange Mohrle nehmen kann.

Geben Sie Äußerungsformen für folgende Reaktionszüge an: ABLEHNUNG, ZUSTIMMUNG, EINWAND MACHEN, BEDENKEN ÄUSSERN, GEGENVORSCHLAG, ZUSTIMMUNG OFFEN HALTEN.

7.5 Benennen Sie die Reaktionszüge (2)a.–d. und (4)a.–d. in den folgenden Sequenzen nach der Terminologie von Franke (1990)!

(1) Sp1: Lass uns heute doch mal schön zum Essen ausgehen!
(2) Sp2: a. Und wenn du das Essen wieder nicht verträgst?
     b. Lass uns lieber zu Hause was Schönes kochen!
     c. Prima Idee!
     d. Wohin willst du denn gehen?
(3) Sp1: Könntest du mich morgen zum Bahnhof fahren?
(4) Sp2: a. Wie kommst du denn darauf, dass ich das kann?
     b. Nein, keine Lust.
     c. Wann willst du denn gefahren werden?
     d. Mal sehen!

7.6. Benennen Sie die 3. Züge (3)a.–d. und (6)a.–d. in den folgenden Sequenzen nach der Terminologie von Franke (1990)!

(1) Sp1: Könntest du mir übers Wochenende dein Auto leihen?
(2) Sp2: Nein, kommt nicht in Frage.
(3) Sp1: a. Aber könnte ich es nicht vielleicht wenigstens am Samstag für 2 Stunden haben?
b. OK, dann frag ich eben mal Peter, ob der sein Auto entbehren kann.
c. Ach bitte, sei doch nicht so. Ich hab dir auch schon oft aus der Patsche geholfen.
d. Ich lad' dich auch zu einem schönen Essen ein, wenn du mir dein Auto gibst.
(4) Sp1: Lass uns doch heute eine kleine Wanderung machen?
(5) Sp2: Nö, keine Lust.
(6) Sp1: a. Ach komm, stell dich nicht so an!
b. Na gut, wenn du nicht willst.
c. Aber wenigstens einen kleinen Spaziergang an der frischen Luft sollten wir machen.
d. Doch, ich glaube es wäre gut, wenn wir mal wieder wandern würden.

7.7 Benennen Sie die Untermuster des INSISTIERENS, die in den Beispielen (1)–(5) realisiert sind.

(1) a. Sp1: Die Region von Tokio hat heute mehr als 34 Millionen Einwohner!
b. Sp2: Das dürfte doch stark übertrieben sein.
c. Sp1: Doch, ganz bestimmt!
(2) a. Sp1: Wo warst du denn letzte Nacht?
b. Sp2: Das bleibt mein Geheimnis.
c. Sp1: Aber mir als deiner besten Freundin kannst du es doch sagen!
(3) a. Sp1: Ich träume jeder Nacht von dir, Irene!
b. Sp2: Ach, erzähl keine Geschichten!
c. Sp1: Doch, das musst du mir glauben!
(4) a. Sp1 zu seinem Chef: Bitte nehmen Sie meine Kündigung zurück!
b. Chef zu Sp1: Das ist leider aufgrund der Auftragslage nicht möglich.
c. Sp1 zu seinem Chef: Ach, machen Sie doch bitte eine Ausnahme!
(5) a. Sp1: Du solltest mal mit Jogging anfangen!
b. Sp2: Nee, keine Lust.
c. Sp1: Doch, das würde dir bestimmt gut tun!

7.8 Beschreiben Sie den in dem folgenden Text wiedergegebenen Dialog mit den Begriffen von Franke (1990) und Yang (2003).
Sp2 bietet Sp1 ein Körbchen mit Zettelchen für ein Orakelspiel an.

(a) „Welches raten Sie mir denn zu nehmen?" fragte ich mit innerer Bewegung; allein gleichmütig erwiderte sie: (b) „Ich darf mich nicht dareinmischen, wenn das Orakel wirken soll!" (c) „Soll ich dieses nehmen?" (d) „Ich weiß nicht!" (e) „Oder dieses?" (f) „Ich sage nichts, weder ja noch nein!" (g) „So nehm ich dieses und bedanke mich schönstens!" rief ich, indem ich das Papierchen öffnete und Dortchen rasch das Körbchen zurückzog. [Keller: Der grüne Heinrich [Zweite Fassung], S. 1211–1212. Digitale Bibliothek] (Yang (2003: 278))

8. Lösungen zu den Aufgaben

LÖSUNGEN ZU DEN AUFGABEN KAP. 1

L 1.1
L 1.1.1

	illokutionärer Akt isoliert	illokutionärer Akt im unmittelbaren Sequenzzusammenhang	illokutionärer Akt im Textzusammenhang
(1a)	Angebot	Begründung für (1a)	
(1b)	Vermutung		
(2)	Frage	Nachfrage bezgl. (1a)	Bezweifeln (der Aufrichtigkeit) von (1a)
(3)	-	Antwort auf (2)	Bestätigung von (1a)
(4)	Frage		Beharren auf dem Bezweifeln v. (1a)
(5)	-	Zurückweisung v. (4)	
(6a)	-	Zurückweisung v. (5)	
(6b)	Frage		Insistieren auf (4); Beharren auf dem Bezweifeln von (1a)
(7)	Behauptung		(vorgezogene) Begründung von (9) bzw. (11)
(8)	-	-	Ablehnung (einer antizipierten Bitte), vgl. (9), (11)
(9)	Bitte		
(10)	-	Ablehnung v. (9)	Insistieren auf (8)
(11)	Bitte		Insistieren auf (9); Präzisieren von (7) bzw. (9); Antwort auf (4)
(12a)	Aufforderung		
(12b)	Aufforderung		
(12c)	Verbot		Abblocken des Gesprächs; Verbot des weiteren Insistierens auf (9) bzw. (11); endgültiges Ablehnen von (9); Insistieren auf (8) bzw. (10).

Eine Zuordnung von einzelnen Äußerungen zu illokutionären Akten kann nur als erster propädeutischer Schritt gerechtfertigt werden. Eine explizite theoretisch fundierte Analyse von Dialogen kann nur auf dem Hintergrund einer entfalteten Beschreibung einzelner Sequenz- bzw. Dialogmuster geleistet werden.

L 1.2
L 1.2.1

sich widersetzen, mitteilen, auffordern, abraten, sprechen, jd. zu etwas drängen, Anweisung geben, jmdm. etwas zusichern, beschreiben.

Ordnungskriterien könnten sein:
i) Sequenzabhängigkeit:
> sequenzabhängig: *sich widersetzen, jd. zu etwas drängen, (jmdm. etwas zusichern)*
> nicht sequenzabhängig: *mitteilen, auffordern, abraten, sprechen, Anweisung geben, beschreiben*

ii) Illokutionäre Ähnlichkeit:
> auffordernde Sprechakte: *auffordern, abraten, jd. zu etwas drängen, Anweisung geben*
> informierende Sprechakte: *mitteilen, beschreiben*

iii) Formale Kriterien:
> Verbausdruck: *sich widersetzen, mitteilen, auffordern, abraten, sprechen, jd. zu etwas drängen, jmdm. etwas zusichern, beschreiben*
> nominaler Ausdruck: *Anweisung geben*

L 1.2.2
Als Wiedergabe eines phatischen Aktes könnte man das wörtliche Zitat am Ende des Textes betrachten, da die Äußerung von General Taylor wörtlich zitiert wird. Im zweiten Satz des Texts wird nur der rhetische Akt der Äußerung des vietnamesischen Generals wiedergegeben, nicht jedoch die genaue Form, die seine Mitteilung hatte.

L 1.2.3
Man kann die Tatsache, dass McCone dem CIA-Büro ein Telegramm geschickt hat, als perlokutionären Effekt der Mitteilung des vietnamesischen Generals auffassen. Direkter ist der Zusammenhang zwischen der Nachricht, dass Diem ermordet wurde und den dadurch bei Kennedy ausgelösten emotionalen perlokutionären Effekten (aufspringen, durchs Zimmer eilen, einen verzweifelten Gesichtsausdruck zeigen). In beiden Fällen ist davon auszugehen, dass der erzielte perlokutionäre Effekt vom ‚Sprecher' nicht beabsichtigt war.

L 1.3
Beleidigen gehört zu den wenigen Verben, mit denen man sich sowohl auf einen perlokutionären, als auch auf einen illokutionären Akt beziehen kann. Man könnte also sagen, *beleidigen* sei in dieser Hinsicht polysem, d.h. mehrdeutig. Es ist deshalb sinnvoll, zwischen *beleidigen*$_{perl}$ und *beleidigen*$_{ill}$ zu unterscheiden. *beleidigen*$_{perl}$ ist gleichbedeutend mit *kränken*.

(i) Ich habe zu ihr gesagt: *Du siehst aus wie deine Schwester*. Daraufhin war sie gekränkt /beleidigt.
(ii) Baron von Wullnow beleidigte seine Rivalen, indem er sagte *Sie ehrloser Schuft*, aber der junge Offizier war überhaupt nicht gekränkt.

Mit (i) berichtet ein Sprecher über einen perlokutionären Effekt, der sich bei einer bestimmten Äußerung eingestellt hat, die er gemacht hat. Man kann jedoch nicht davon ausgehen, dass *Du siehst aus wie deine Schwester*-sagen konventionellerweise im Deutschen als Beleidigung gilt.

Mit *beleidigen*_ill bezieht man sich auf sprachliche Handlungen, die mit Äußerungsformen vollzogen werden, die im Deutschen konventionellerweise als Beleidigung gelten. Wenn Baron von Wullnow in (ii) *Sie ehrloser Schuft* äußert, dann hat er nach den sozialen Regeln des 19. Jahrhunderts seinen Hörer Sp2 beleidigt, unabhängig davon, ob sich bei Sp2 ein irgendwie gearteter perlokutionärer Effekt einstellt oder nicht.

Den illokutionären Akt der Beleidigung kann man vollziehen, indem man seinen Hörer mit bestimmten Schimpfwörtern (*blöde Sau*) oder diffamierenden Bezeichnungen (*Naziverbrecher*) belegt. Im Zweifelsfall haben die Gerichte zu entscheiden, ob eine bestimmte Äußerungsform als Beleidigung gilt oder nicht.

L 1.4

Habermas (1981: 396) verwendet den Begriff ‚perlokutionär' bzw. ‚perlokutionärer Effekt' abweichend von der bei Austin (1962) vorgeschlagenen und hier übernommenen Bedeutung.

Für das Eintreten eines perlokutionären Effekts ist es zunächst unerheblich, ob Sp1 den Effekt intendiert oder nicht, bzw. ob Sp1 Sp2 darüber im Unklaren lässt oder nicht, ob ein bestimmter perlokutionärer Effekt von ihm intendiert war oder nicht. Perlokutionäre Effekte kann man hinsichtlich ihrer Qualität und Intentionalität wie folgt klassifizieren:

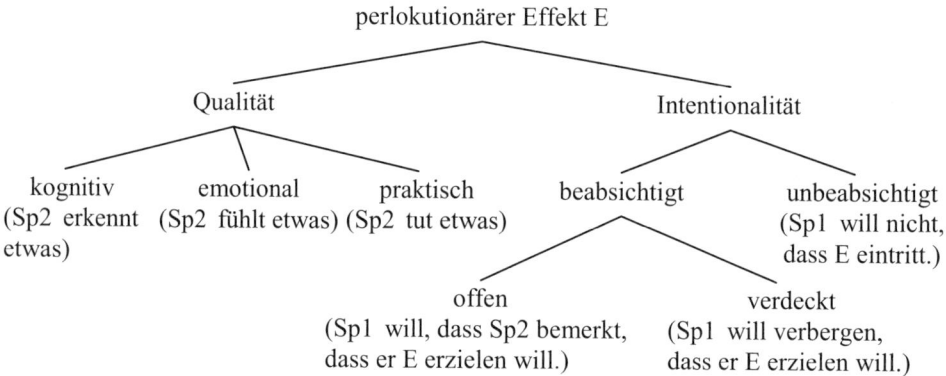

LÖSUNGEN ZU DEN AUFGABEN KAP. 2

L 2.1

Charakteristisch für ein performatives Verb ist, dass man, indem man sagt: *Ich X-e* schon ge-X-t hat. Verben wie *hüpfen* oder *kämpfen* sind nicht performativ. Indem ich sage: *Ich hüpfe* hüpfe ich noch nicht. Der Vorwurf von Sp1 impliziert, dass die gegnerische Fraktion glaubt, bereits dadurch zu kämpfen, dass sie Sätze wie (i) äußert.

(i) Wir kämpfen für die Verbesserung der Lage der Studenten.

Sp1 sagt also, es sei nicht genug, zu sagen *wir kämpfen ...*, man müsse auch wirklich kämpfen.

L 2.2
L 2.2.1
(i) Performativer Satz:
   (a) Ich empfehle Ihnen, den roten zu nehmen. (Indikativ)
   (b) Ich würde Ihnen empfehlen, den roten zu nehmen. (Konj.II)
   (c) Ich möchte Ihnen empfehlen, den roten zu nehmen. (modalisiert-performativ)
   (d) Darf ich Ihnen empfehlen, den roten zu nehmen. (interrogativ-performativ. Modalverb im Indikativ)
   (e) Dürfte ich Ihnen empfehlen, den roten zu nehmen. (interrogativ-performativ. Modalverb im Konj.II)
(ii) Performative Einstufung:
   (a) Wenn ich eine Empfehlung aussprechen darf: Nehmen Sie doch den roten.
   (b) Ich würde Ihnen folgende Empfehlung geben: Nehmen Sie doch den roten, (und wenn Sie es sich innerhalb der nächsten Wochen anders überlegen, können Sie ihn ja noch umtauschen.)

L 2.2.2
Sp1: Ich glaube, ich nehme den roten.
Sp2: Das würde ich auch empfehlen. Er steht Ihnen wirklich sehr gut!

L 2.3
Zu (1) Durch die Beschreibung des nicht-verbalen Verhaltens bringt BILD indirekt eine Stellungnahme zu der Äußerung von Schmidt in die Redewiedergabe ein. Es wird impliziert, dass es Schmidt mit seiner Äußerung nicht ernst ist. Jemand, der mit den Händen in den Hosentaschen dasteht, nimmt eine lässige Haltung ein. BILD konfrontiert also die verbale Botschaft ‚es wurde zuviel bagatellisiert' mit der Botschaft des Körperausdrucks ‚ich bin lässig und inaktiv' und unterstellt Schmidt so, dass er der Sache nicht die gebührende Bedeutung beimisst (vgl. Hoppenkamps (1977: 87)). Durch die Wiedergabe von *das hätte nicht bagatellisiert werden sollen* durch *was nicht hätte sein dürfen* tritt eine Doppeldeutigkeit in der Redewiedergabe auf, da sich die von BILD gewählte Formulierung sowohl durch (i) als auch durch (ii) paraphrasieren lässt.

   (i) ... es hätte nicht geschehen dürfen, dass Dinge verharmlost und bagatellisiert werden.
   (ii) ... manches, das nicht hätte geschehen dürfen, wurde verharmlost und bagatellisiert.

Zu (2) Die Verwendung von *durfte* ist keine adäquate Wiedergabe der Formulierung von *das hätte nicht bagatellisiert werden sollen*, „da so suggeriert wird, dass es jemanden (die Regierung!) gab, der die Verharmlosung duldete" (Hoppenkamps

(1977: 87)). Durch die Verwendung des SB-Ausdrucks *einräumen* wird unterstellt, Schmidt habe durch seine Äußerungen etwas zugegeben oder zu einem Vorwurf Stellung genommen. Durch eine solche Redewiedergabe wird (A) als Zugeständnis eigenen Versagens oder gar als Schuldbekenntnis hingestellt.

Zu (3) In (A) lässt Schmidt durch die passivische Formulierung offen, wer bagatellisiert und verharmlost hat. Durch eine Redewiedergabe wie (3) wird (A), stärker noch als in (2), so interpretiert, als habe Schmidt von eigenen Versäumnissen und Irrtümern gesprochen, oder als sei er zumindest dafür verantwortlich; eingestehen kann man nämlich, wie (i)–(iii) zeigen, nur Dinge, für die man verantwortlich ist.

(i)   Peter gestand seine Irrtümer und Versäumnisse ein.
(ii) ?Peter gestand die Irrtümer und Versäumnisse seiner Frau ein.
(iii) *Peter gestand die Irrtümer und Versäumnisse des Milchmanns ein.

Zu (4) Hier erscheint die Redewiedergabe von (A) eingebunden in die Wiedergabe anderer Äußerungen, die alle Entschlossenheit zum harten Durchgreifen zum Ausdruck bringen. Aus (4) geht hervor, dass der Verfasser diese Absicht negativ bewertet; dies geht aus der Verwendung von Verben wie *sich (nicht) zieren, prophezeien, entdecken* hervor, die alle eine deutliche Distanz zu den Äußerungen von Schmidt signalisieren.

L 2.4 (i) kann sowohl die Äußerung (ii) als auch eine Äußerung wie (iii) wiedergeben.

(ii) Karin: Ich will einmal einen Inder heiraten(; die sind so herzlich und gefühlvoll).
(iii) Karin: Ich will Gopal Singh heiraten(, den ich letztes Jahr in Kaschmir kennen gelernt habe).

(i) kann als Wiedergabe von (iii) dienen, weil der Sprecher Sp1 bei seiner Redewiedergabe frei wählen kann, mit welchem sprachlichen Ausdruck er auf die Person referieren will, die Karin zu heiraten gedenkt.

L 2.5
Bei (ii) präsupponiert Charly, dass die von Ede geäußerte Proposition wahr ist. Eine Bewertung der Äußerung (i) wird nicht vorgenommen.

Bei (iii) wird keine Präsupposition hinsichtlich des Wahrheitswerts von p gemacht. Manche Sprecher gebrauchen *behaupten* jedoch so, dass präsupponiert wird, dass Kalle den Einbruch nicht begangen hat. Eine Bewertung der Äußerung (i) durch Charly findet nicht statt.

Bei (iv) präsupponiert Charly durch den Gebrauch von *verpfeifen*, dass Kalle den Einbruch gemacht hat. Außerdem bewertet er die Handlung von Ede als negativ. Sie verstößt gegen die Ganovenehre.

Bei (v) wird präsupponiert, dass Kalle den Einbruch nicht gemacht hat. Die Äußerung (i) wird negativ bewertet.

LÖSUNGEN ZU DEN AUFGABEN KAP. 3

L 3.1
L 3.1.1
Die Klasse der exerzitiven Äußerungen umfasst neben den Direktiva auch einen großen Teil von Sprechakten, die Searle zu den Deklarationen rechnen würde. Von direktiven Sprechhandlungen Searles fehlt bei den exerzitiven nur *fragen*. Austin führt *fragen* unter den expositiven Äußerungen auf.

Während bei Searles Definition der Direktiva das wichtigste Kriterium darin besteht, dass der Sprecher will, dass der Hörer etwas tut, stellt Austin die Ausübung von Macht und Einfluss durch den Sprecher bei seiner Definition in den Vordergrund. Dadurch umfasst die Klasse der exerzitiven Äußerungen auch viele Sprechakte, die ein Sprecher in Ausübung einer institutionellen Entscheidungsbefugnis vollzieht.

L 3.1.2
Den Direktiva bei Searle lassen sich folgende exerzitive Äußerungen zuordnen: (1)–(7), (9)–(11), (21)–(23), (36)–(38), (55)–(63), (66). Zu den Deklarationen bei Searle gehören folgende exerzitive Äußerungen: (14)–(16), (18)–(20), (24)–(35), (65), (67)–(73), (75), (78). Es bleiben noch eine ganze Reihe von Ausdrücken, die nicht ohne weiteres zugeordnet werden können. (40)–(44) sind bewertende Sprechakte. Sie lassen sich in Searles Klassen schwer unterbringen. Sie können weder den repräsentativen noch den expressiven Sprechakten problemlos zugeordnet werden. Es wäre deshalb zu erwägen, ob man nicht eine eigene Klasse für bewertende Sprechakte ansetzen muss.[1] Einige der Ausdrücke beziehen sich auf die Diskussionspraxis in Gremien und Institutionen. Zu nennen wären: (39), (45)–(47), (51)–(54).

Verben wie *beschließen* oder *entscheiden* gehören nicht zu den sprechaktbezeichnenden Ausdrücken. Sie können jedoch benutzt werden, um Entscheidungen oder Beschlüsse mitzuteilen.

(i)   Ich entscheide mich gegen den Bau des Atomkraftwerkes in Kilchberg.

Äußert Sp1 (i) bei einer Abstimmung, so gilt (i) zwar als Votum gegen den Bau eines Atomkraftwerkes in Kilchberg; (i) sollte aber nicht als explizit-performative Äußerung betrachtet werden, da sich für etwas entscheiden kein Sprechakt ist.

Weitere Problemfälle wie (48), (74), (76) können hier nicht im Detail diskutiert werden. Es muss hier angemerkt werden, dass die Taxonomien von Searle und Austin nur bedingt vergleichbar sind, da Austin performative Verben klassifiziert, während sich Searles Taxonomie auf illokutionäre Akte bezieht.

---

[1]   Vgl. Hindelang (1978a).

L 3.2

Der illokutionäre Zweck von direktiven Sprechakten besteht darin, den Hörer dazu zu bewegen, eine Handlung X auszuführen. Für den Sprechakt des ERLAUBENS gilt das jedoch nicht. Es ist nicht so, dass der Sprecher Sp1, der die ERLAUBNIS gibt, den Adressaten Sp2 zum X-en bewegen will; es ist vielmehr so, dass der Adressat Sp2, der um ERLAUBNIS BITTET, X-en will. Der illokutionäre Zweck besteht beim ERLAUBEN also darin, dass sich Sp1 verpflichtet, nichts dagegen zu unternehmen, wenn Sp2 X-t. Damit wären die Erlaubnisse eher den Kommissiva zuzurechnen. Die psychische Einstellung bei Direktiva besteht darin, dass Sp1 will, dass Sp2 X-t. Auch das gilt bei ERLAUBNISSEN nicht. Es wäre passender zu sagen, dass Sp1 duldet, dass Sp2 X-t. Auch das weist auf ERLAUBEN als ein Kommissiv hin. Sp1 beabsichtigt nichts zu unternehmen, wenn Sp2 X-t. Das Kriterium der Wort-Welt-Entsprechung zur Zuordnung der ERLAUBNISSE zu den Direktiva wäre erfüllt. Die Tatsachen sollen sich nach den Worten richten. Da diese Richtung aber sowohl für die Direktiva als auch für Kommissiva gilt, ist eine Klassifizierung des ERLAUBENS als Kommissiv vorzuziehen. Zur Analyse von ERLAUBNISSEN als kommissive Sprechakte vgl. auch Rolf (1993: 226–229), (1997: 170f.) und Graffe (1990: 66; 223–241)).

LÖSUNGEN ZU DEN AUFGABEN KAP. 4

L 4.1
L 4.1.1
(a) Eine AUFFORDERUNG zum X-en von einem Sprecher Sp1 an seinen Hörer Sp2 ist ein RATSCHLAG, wenn die folgenden Bedingungen B1 … B4 gegeben sind:
B1: Sp2 hat ein praktisches Problem T.
B2: Sp1 hat kein unmittelbares persönliches Interesse an der Lösung von T.
B3: Sp1 glaubt, dass X-en die beste Lösung für T darstellt bzw., dass X-en ein optimaler Beitrag zur Lösung von T ist.
B4: Es bleibt Sp2 überlassen, ob er die Aufforderung befolgt oder nicht.

(b) Eine Aufforderung zum X-en von einem Sprecher Sp1 an seinen Hörer Sp2 ist eine SYMMETRISCHE BITTE, wenn die folgenden Bedingungen B1 … B4 gegeben sind:
B1: Sp1 hat ein direktes und persönliches Interesse daran, dass Sp2 X-t.
B2: Sp2 hat kein persönliches Interesse an der Ausführung von X oder dem entsprechenden Handlungsergebnis.
B3: Sp2 ist nicht verpflichtet zu X-en; Sp1 verfügt über keine Sanktionsmöglichkeiten, mit denen er seiner Aufforderung Nachdruck verleihen könnte.
B4: Aufgrund der Rollenbeziehung zwischen Sp1 und Sp2 wäre es denkbar, dass sich auch Sp2 in einer analogen Situation mit einer Aufforderung zum X-en an Sp1 wendet.

L 4.2
(1) VORSCHLAG
(2) SYMMETRISCHE BITTE
(3) BEFEHL
(4) RATSCHLAG
(5) ANORDNUNG
(6) AUFTRAG
(7) BEFEHL
(8) SYMMETRISCHE BITTE
(9) ASYMMETRISCHE BITTE
(10) VORSCHLAG

L 4.3
L 4.3.1
Die Beispiele (1), (6) und (7) zielen auf einen RATSCHLAG ab. Man könnte sie deshalb als RATFRAGEN bezeichnen. Nach der oben vorgeschlagenen Unterteilung der RATSCHLÄGE kann man sagen, dass Sp1 Sp2 mit (1) nach einem RAT fragt, während er ihn in (6) und (7) auffordert, ihm eine EMPFEHLUNG bzw. einen TIP zu geben.
(3) und (5) sind Fragen, bei denen Sp1 als Antworten VORSCHLÄGE erwartet. Dabei wäre die Antwort auf (3) als ANREGUNG einzustufen, während (5) eher in Situationen geäußert wird, die einen PL-VORSCHLAG erfordern.
  (2) und (4) gehören in den Kontext einer bereits laufenden Kooperation von Sp1 und Sp2. Die Antwort, die Sp2 Sp1 gibt, entspricht im Wesentlichen den Aufforderungen des Typs ANWEISUNGEN. (2) und (4) könnte man deshalb als ANWEISUNGS-FRAGEN bezeichnen.
L 4.3.2
Im Gegensatz zu (1)–(7) geht es bei (8)–(11) nicht um die Lösung eines praktischen Problems. Fragen wie (8)–(11) entspringen vielmehr einem teilnehmenden Interesse an der Person des Adressaten bzw. dem Wunsch, eine kommunikative Beziehung zu Sp2 herzustellen oder aufrechtzuerhalten. Fragen dieser Art könnte man als ANTEILNEHMENDE FRAGEN klassifizieren.

L 4.4.1 – L 4.4.3
T e x t b e z o g e n e SB-Ausdrücke für Repräsentativa sind u.a. *erzählen, schildern, berichten, beweisen, argumentieren, etw. darstellen, etw. darlegen, eine Erklärung für etw. geben* usw.
  S e q u e n z a b h ä n g i g sind u.a. *zustimmen, bestätigen, widersprechen, bezweifeln, anzweifeln, einwenden, dementieren, etw. richtig stellen, berichtigen, eine Behauptung zurückweisen* usw.
  „S glaubt, dass p wahr ist" gilt als Handlungsbedingung für Sprechakte, auf die man sich mit den folgenden Verben beziehen kann: *behaupten, feststellen, informieren, benachrichtigen, bemerken, dass; jemanden davon unterrichten, dass; eine Aussage machen, eine Bemerkung machen* usw.

„S glaubt, dass p wahrscheinlich oder möglicherweise wahr ist": *vermuten, annehmen, mutmaßen, prognostizieren, vorhersagen, prophezeien, weissagen, die Hypothese aufstellen, dass; etwas deuten als, etwas interpretieren als, schätzen* usw.

L 4.4.4
Innerhalb der ersten Gruppe könnte man drei Sprechhandlungsmuster ansetzen; und zwar BEHAUPTEN, INFORMIEREN und FESTSTELLEN.

BEHAUPTEN: Sp1 äußert die Proposition p mit einem Wahrheitsanspruch, d.h. er gibt Sp2 zu verstehen, dass er die Wahrheit von p in einer Diskussion zu verteidigen bereit ist. Sp1 legt sich durch eine BEHAUPTUNG also auf eine bestimmte Position fest. Er rechnet damit, dass Sp2 widerspricht oder den Wahrheitsanspruch unterstützt. Da man mit ähnlicher Intention auch Bewertungen äußern kann, die weder wahr noch falsch sein können, muss festgelegt werden, dass bei BEHAUPTUNGEN die Frage, ob p wahr ist oder falsch, prinzipiell klärbar sein muss.

INFORMIEREN: Beim INFORMIEREN ist charakteristisch, dass die Wahrheit von p im entsprechenden Interaktionszusammenhang überhaupt nicht problematisch ist, d.h. Sp2 unterstellt, dass p wahr ist, und Sp1 glaubt, dass Sp2 darauf vertraut, dass p der Wahrheit entspricht. Beim INFORMIEREN geht es primär um die Weitergabe von Wissen und nicht um die Überprüfung von Wahrheitsansprüchen. Sp1 macht Sp2 Wissen über Fakten zugänglich, das Sp2 nicht hat, und von dem Sp1 annimmt, dass sich Sp2 dafür interessiert. Mit Verben wie *jemanden von etwas unterrichten, informieren, mitteilen, benachrichtigen* usw. bezieht man sich auf Informationshandlungen.[2]

FESTSTELLEN: Durch eine FESTSTELLUNG weist Sp1 auf eine Tatsache hin, die sowohl für Sp1 als auch für Sp2 ohnehin evident ist wie z.B. (i), oder er formuliert das Ergebnis eines für Sp1 und Sp2 gleichermaßen nachvollziehbaren Überprüfungsprozesses wie in (ii).

(i) [Sp1 und Sp2 treten aus der Haustür. Es regnet.] Sp1: Oh, es regnet.
(ii) Ich stelle fest, drei Abgeordnete haben sich der Stimme enthalten.

FESTSTELLUNGEN kann man also, wenn sie richtig sind, sinnvollerweise nicht widersprechen, da sich das Phänomen, das die Richtigkeit der FESTSTELLUNGEN belegt, im unmittelbaren Wahrnehmungsbereich von Sp1 und Sp2 befindet.

LÖSUNGEN ZU DEN AUFGABEN KAP. 5

L 5.1
Semantische Untermuster für Kompetenzfrage (KF):

---

[2] Eine ausführliche Darstellung der sprachlichen Informationshandlungen findet sich in Rolf (1983).

(KF 1) [fragen, ob Sp2 X-en kann]
(KF 2) [fragen, ob ge-X-t werden kann]
(KF 3) [fragen, ob Sp2 p realisieren kann]
(KF 4) [fragen, ob p realisiert werden kann]

Exemplarische Äußerungsformen:

(KF 1) $\begin{Bmatrix} \text{a. Können} \\ \text{b. Könnten} \end{Bmatrix}$ Sie (mir) diesen Brief so schnell wie möglich abschreiben?

  c. ?Würden Sie mir diesen Brief so schnell wie möglich abschreiben können?

(KF 2) $\begin{Bmatrix} \text{a. Kann} \\ \text{b. Könnte} \end{Bmatrix}$ dieser Brief so schnell wie möglich abgeschrieben werden?

$\begin{Bmatrix} \text{c. Kann} \\ \text{d. Könnte} \end{Bmatrix}$ man (mir) diesen Brief so schnell wie möglich abschreiben?

(KF 3) $\begin{Bmatrix} \text{a. Können} \\ \text{b. Könnten} \end{Bmatrix}$ Sie dafür sorgen, dass mir dieser Brief so schnell wie möglich abgeschrieben vorliegt?

(KF 4) $\begin{Bmatrix} \text{a. Kann} \\ \text{b. Könnte} \end{Bmatrix}$ man dafür sorgen, dass mir dieser Brief so schnell wie möglich abgeschrieben vorliegt?

L 5.2

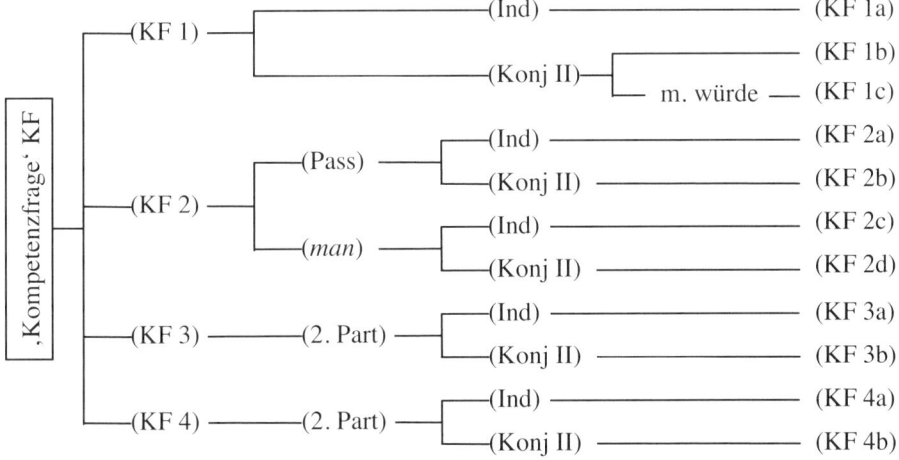

L 5.4
[fragen, ob Sp2 X-en will]
[fragen, ob Sp2 nicht X-en will]
[fragen, ob Sp2 nicht glaubt, dass X-en positiv wäre]
[fragen, ob Sp2 X-en negativ bewertet]
[fragen, wie Sp2 X-en bewertet]

LÖSUNGEN ZU DEN AUFGABEN KAP. 6

L 6.1
In Searle (1971) wird sowohl ‚literal' als auch ‚sincere' mit ‚aufrichtig' übersetzt. Dadurch wird die Unterscheidung zwischen nicht-wörtlich gemeinten Versprechen wie (i) und unaufrichtigen Versprechen verwischt, mit denen S H täuschen will.

(i) Ich verspreche dir: Für jede Träne, die du heute um mich weinst, bekommst du tausend Küsse, wenn wir wieder vereint sind.

L 6.2
(i) entspricht nicht der Bedingung des propositionalen Gehalts, dass S einen zukünftigen Akt A von H prädiziert; dadurch werden auch andere Bedingungen wie z.B. die Einleitungsbedingungen gegenstandslos.

(ii) widerspricht – unter normalen Umständen – der zweiten Einleitungsbedingung.

(iii) ist zum Vollzug eines Versprechens ungeeignet, da S in dem mit ‚aber' eingeleiteten zweiten Teil der Äußerungsform eine Absicht zum Ausdruck bringt, die mit der Ausführung des Versprechens und damit mit der Aufrichtigkeitsbedingung unvereinbar ist.

(iv) dürfte deshalb ein unsinniges Versprechen sein, weil man voraussetzen kann, dass es dem Adressaten völlig gleichgültig ist, ob Sp1 das Wort *Goldfisch* gebraucht oder nicht. (iv) verstößt deshalb gegen die erste Einleitungsbedingung.

L 6.3
Indem S ausdrückt, dass p, prädiziert er

(i) einen vergangenen Akt A von H.
(ii) einen zukünftigen Akt A von H.
(iii) einen vergangenen Akt A von H.
(iv) einen zukünftigen Akt oder eine zukünftige Verhaltensweise A einer dritten Person P.

L 6.5
Vgl. Searle (1969: 66f; 1971: 102, 104).

Regeltyp	WARNEN	FRAGEN
Regel des propositionalen Gehalts	Zukünftiges Ereignis oder zukünftiger Zustand E	Jede Position p oder propositionale Funktion *p[3]

---

[3] Fragen wie (i) oder (ii) enthalten keine Propositionen, sondern propositionale Funktionen, da der Referenzakt unvollständig ist.
(i) Wer hat den Käse zum Bahnhof gerollt?
(ii) Wem hat Arno den Käse geschenkt?
Durch W-Fragen (Ergänzungsfragen) werden Informationen eingeholt, die es dem Sprecher erlauben, propositionale Funktionen zu Propositionen zu ergänzen.

Einleitungsregeln	(i) S hat Grund zu glauben, dass E eintreten wird und nicht in Hs Interesse ist.	(i) S verfügt nicht bereits über die Information, die die Antwort erbringen soll.[4]
	(ii) Es ist weder für S noch für H offensichtlich, dass E eintreten wird.	(ii) S hat Grund zu glauben, dass H diese Information nicht von selbst zu dem von S gewünschten Zeitpunkt liefern wird.
Regel der Aufrichtigkeit	S glaubt, dass E nicht in Hs Interesse ist.	S wünscht diese Information.
Wesentliche Regel	Gilt als eine Versicherung des Inhalts, dass E nicht in Hs Interesse ist.	Gilt als Versuch, H die gewünschte Information zu entlocken.
	Vgl. (Searle (1969: 67); (Searle (1971: 104)	Vgl. Searle (1969: 66); Searle (1971: 103); Klinke (1976: 128f).

L 6.7 a.

T:
$$\left\{\begin{array}{l}\vdots\\\text{Ich erlaube dir das X-en.}\\\text{Ich habe nichts dagegen, wenn du X-t.}\\\text{Meinetwegen kannst du X-en.}\\\text{Du darfst X-en.}\\\text{Ich will nichts dagegen sagen, wenn du X-t.}\\\vdots\end{array}\right\}$$

B1: Es besteht die Norm N, nach der für H X-en nicht zulässig ist.
B2: Das Übertreten von N wird mit der Sanktionshandlung Z bestraft.
B3: S ist in Bezug auf N Autorität für H.
B4: S hat Grund zu glauben, dass H gerne X-en würde.
B5: Es ist weder für S noch für H offensichtlich, dass N in der bestehenden Situation ohnehin aufgehoben ist.
B6: S beabsichtigt, H nicht mit Z zu bestrafen bzw. die Bestrafung zu veranlassen, wenn H X-t.

Gilt als: Verpflichtung, H nicht mit Z zu bestrafen, wenn H X-t.

Bei ERLAUBEN sind zwei Untermuster zu unterscheiden:

– AUSNAHMEERLAUBNIS (N bleibt grundsätzlich bestehen)
– NORMAUFHEBUNG (N wird grundsätzlich aufgehoben).

Die obige Beschreibung bezieht sich auf eine AUSNAHMEERLAUBNIS.

---

[4] D.h. Sp1 kennt bei Ja/Nein-Fragen den Wahrheitswert der Proposition p nicht. Bei W-Fragen fehlt S die Information zur Vervollständigung von *p.

Man beachte, dass ERLAUBEN durch die hier vorgeschlagene Analyse den kommissiven Sprechakten zuzuordnen wäre. Nach Searle (1980b) ist ERLAUBEN ein direktiver Sprechakt.

L 6.8
(i) ist keine Äußerungsform, mit der man ein VERSPRECHEN vollziehen kann; (i) muss als Realisierungsform für eine DROHUNG angesehen werden. Das Verb *drohen* kann in der Regel nicht performativ gebraucht werden, wie (ii) zeigt; das gleiche gilt auch für den performativen Gebrauch von *bedrohen* wie in (iii).

(ii) *Ich drohe dir mit einer Tracht Prügel.
(iii) ?Ich bedrohe dich (hiermit) mit einer Stunde Arrest.

Das performative Verb *versprechen* ist hier geeignet, weil, wie Searle (1971: 90) formuliert, „‚Ich verspreche' und ‚Ich verspreche hiermit' in der englischen (und analog in der deutschen) Sprache zu den Indikatoren der illokutionären Rolle gehören, die am stärksten eine Verbindlichkeit zum Ausdruck bringen."

L 6.9

	primäre Illokution	sekundäre Illokution
(i)	BEHAUPTUNG	FRAGE
(ii)	KLAGE/BEHAUPTUNG	FRAGE
(iv)	TADEL	FRAGE
(iv)	DANK	BEHAUPTUNG
(v)	FRAGE	BEHAUPTUNG

L 6.10
Searle (1980a: 139) formuliert die Generalisierungen für ‚Befolgungsfestlegung' und ‚Befolgungsfrage' wie folgt: „S kann einen indirekten direktiven Sprechakt vollziehen, indem er entweder fragt, ob, oder feststellt, dass die Bedingung des propositionalen Gehalts erfüllt ist."

L 6.11
Der Dialog Valentins mit der Verkäuferin gehört zu den Verkaufsgesprächen. Der ‚anerkannte Zweck' einer Verkaufsinteraktion ist es, dass ein Verkäufer Sp1 einem Käufer Sp2 bei der Auswahl behilflich ist und im Falle eines Kaufes Sp2 die gewünschte Ware aushändigt und den Preis dafür in Empfang nimmt.

Valentin verstößt mit seinen Gesprächsbeiträgen vor allem gegen die Gesprächsmaxime ‚Sei relevant'. Wie der Titel des Dialogs sagt, spielt sich die Interaktion in einem Hutladen ab, d.h. alle Waren, die Sp1 anzubieten hat, sind Hüte. Insofern beachtete Valentin schon bei der Antwort (2) die Relevanzmaxime nicht. Deutlicher wird die Missachtung dieser Maxime in (4). Als kooperativer Beitrag zu einem Verkaufsgespräch wäre von Sp2 nun eine Aussage zu erwarten, die aus der Menge aller Hüte die Teilmenge ausgrenzt, für die sich Sp2 als Käufer interessiert. Durch (4) wird das aber nicht erreicht, denn die Eigenschaft ‚ist zum Aufsetzen geeignet' trifft auf alle Hüte zu.

Mit (5) macht die Verkäuferin Valentin auf den Verstoß aufmerksam, indem sie darauf hinweist, dass man die Benutzung von Hüten immer als *aufsetzen* bezeichnet. (5) lässt sich als (i) paraphrasieren.

(i) a. Man muss immer sagen ‚einen Hut aufsetzen'.
    b. und darf nicht sagen ‚einen Hut anziehen'.

Valentin versteht *den muss man immer aufsetzen* nicht wie in (ia) paraphrasiert, sondern als (ii).

(ii) Man muss immer Hüte aufsetzen.

Der so verstandenen Äußerung (5) hält er entgegen, dass es eine Norm gibt, nach der das Tragen von Hüten in Kirchen nicht erlaubt ist, und dass (ii) deshalb nicht aufrechterhalten werden kann. Diese Argumentation ist natürlich dem ‚anerkannten Zweck' von Verkaufsgesprächen in keiner Weise dienlich.

In (9) gibt die Verkäuferin Valentin zu verstehen, dass er durch (8) seinen Kaufwunsch nicht näher eingegrenzt hat. Valentin interpretiert (9) als Ablehnung eines Kaufwunsches und unterstellt der Verkäuferin, sie habe (8) im Sinne (iii) missverstanden.

(iii) Ich hätte gerne einen gebrauchten Hut.

Mit der Äußerung von (10) versucht er also ein von ihm angenommenes Missverständnis von (8) zu korrigieren. Das gleiche Muster wiederholt sich in (12)–(14). Das Verhalten von Valentin kann man einmal so interpretieren, dass er sich einen Scherz mit der Verkäuferin erlaubt, indem er bewusst nicht mit ihr kooperiert.

Als zweite Deutungsmöglichkeit bietet sich an, dass Valentin glaubt, er verhalte sich kommunikativ adäquat. Dazu muss man entweder unterstellen, dass er die Gesprächsmaxime ‚Sei relevant' nicht kennt, oder dass er annimmt, das, was er sagt, entspräche dieser Forderung.[5]

Ein Teil des Vergnügens, das man beim Lesen der Texte von Karl Valentin empfindet, beruht gerade darauf, dass man nicht weiß, ob die Figur Valentin selbst blöde ist, oder ob sie die anderen für blöde hält.[6]

---

[5] Vgl. zur Beschreibung dieses Textes auch Heringer (1978: 102f).
[6] Es dürfte sich wohl von selbst verstehen, dass der hier vorgelegte Lösungsvorschlag für die Aufgabe 6.11 keine Analyse des Textausschnittes im Sinne einer literaturwissenschaftlichen Interpretation ist.

LÖSUNGEN ZU DEN AUFGABEN KAP. 7

L 7.1
(1) GEGENFRAGE   (2) ANTWORT-VERWEIGERUNG
(3) PASSEN   (4) RÜCKFRAGE
(5) FRAGE-ZURÜCKWEISEN   (6) NACHFRAGE
(7) HINTERFRAGE   (8) FRAGE-ZURÜCKWEISEN
(9) PASSEN   (10) RÜCKFRAGE
(11) AUSWEICHENDE ANTWORT

L 7.3
(1) VORSCHLAG V1
(2) AKZEPTIEREN von V1
(3) VORSCHLAG V2
(4) ABLEHNEN von V2
(5) AKZEPTIEREN der ABLEHNUNG von V2
(6) VORSCHLAG V3
(7) GEGENVORSCHLAG V4
(8) ABLEHNEN von V4
(9) VORSCHLAG V5
(10) RÜCKFRAGE
(11) ANTWORT auf die RÜCKFRAGE
(12) EINWAND gegen V5
(13) EINWAND gegen V5 ZERSTREUEN/ANGEBOT MACHEN
(14) ZUSTIMMUNG OFFEN HALTEN

L 7.5
(2) a. entscheidungsvorbereitender Sprechakt
    b. gegeninitiativer Sprechakt
    c. positiver Bescheid
    d. entscheidungsvorbereitender Sprechakt

(4) a. entscheidungsumgehender Sprechakt
    b. negativer Bescheid
    c. entscheidungsvorbereitender Sprechakt
    d. entscheidungsumgehender Sprechakt

L 7.6
(3) a. revidierender Sprechakt
    b. resignierender Sprechakt
    c. reinitiativer Sprechakt
    d. revidierender Sprechakt

(6) a. reinitiativer Sprechakt
    b. resignierender Sprechakt
    c. revidierender Sprechakt
    d. reinitiativer Sprechakt

L 7.7
(1) BEKRÄFTIGEN (2) INTERROGIEREN (3) BETEUERN
(4) FLEHEN   (5) DRÄNGEN

L 7.8
Die Äußerung (a) von Sp1 kann als eine RATFRAGE bezeichnet werden. Nach Franke (1990) stellt sie den initialen Sprechakt ISA der Sprechaktsequenz dar.
Die Äußerung (b) ist nach Franke (1990) ein negativer Bescheid. Yang (2003: 278) analysiert (b) als ZURÜCKWESUNG. Sp1 macht deutlich, dass der Zug von Sp1 in der gegebenen Situation eines Orakelspiels nicht statthaft ist.

Die Äußerung (c) stellt nach Franke (1990) einen reinitiativen Sprechakt dar. Sp1 wiederholt trotz einer vorherigen negativen Reaktion seine RATFRAGE. Die Sequenz (a)–(b)–(c) ist nach Franke eine Realisierung des Sequenzmusters INSISTIEREN. Da der initiale Sprechakt eine FRAGE ist, handelt es sich um das Untermuster des INTERROGIERENS. Nach Yang (2003) ist (c) als NACHHAKEN zu beschreiben.

(d) ist nach Yang (2003) ein PASSEN. In (e) äußert Sp1 einen weiteren reinitiativen Sprechakt; er bleibt bei der Verfolgung seines Handlungsziels und besteht darauf, von Sp2 einen RAT hinsichtlich des Orakelzettels zu bekommen. (f) ist nach Yang eine ANTWORT VERWEIGERUNG. Mit der Äußerung (g) vollzieht Sp1 nach Franke einen resignativen Sprechakt. Er gibt sein Handlungsziel auf, von Sp2 einen Hinweis bei der Auswahl des Orakelzettels zu bekommen.[7]

---

[7] Vgl. zur Beschreibung der Sequenz Yang (2003: 278).

9. Literatur

Adamzik, Kirsten (1984): Sprachliches Handeln und sozialer Kontakt. Zur Integration der Kategorie ‚Beziehungsaspekt' in eine sprechhandlungstheoretische Beschreibung des Deutschen. – Tübingen: Narr.
Altmann, Hans (1987): „Zur Problematik der Konstitution von Satzmodi als Formtypen". In: Jörg Meibauer (Hg.): Satzmodus zwischen Grammatik und Pragmatik. – Tübingen: Niemeyer. 22–56.
Apeltauer, Ernst (1978): Elemente und Verlaufsformen von Streitgesprächen. Diss. Universität Münster.
– (1979): „Insistieren". In: Willy Vandeweghe, Marc van de Velde (Hgg.): Bedeutung, Sprechakte und Texte. Akten des 13. Linguistischen Kolloquiums, Gent 1978. Bd.I. – Tübingen: Niemeyer. 147–157.
Austin, John Langshaw (1962): How to do things with words. – Oxford: Calderon Press.
– (1972): Zur Theorie der Sprechakte (How to do things with Words). – Stuttgart: Reclam. – Übersetzung von Austin (1962).
Ballmer, Thomas T. (1979): „Probleme der Klassifikation von Sprechakten". In: Günther Grewendorf (Hg.): Sprechakttheorie und Semantik. – Frankfurt a.M.: Suhrkamp. 247–274.
Beasley, Gregg (1981): „Grundzüge eines Interaktionsmodells für dialogisches Argumentieren". In: Götz Hindelang, Werner Zillig (Hgg.): Sprache: Verstehen und Handeln. Akten des 15. Linguistischen Kolloquiums Münster 1980. Bd. 2. – Tübingen: Niemeyer. 249–258.
Bergmann, Jörg R. (1994): „Ethnomethodologische Konversationsanalyse". In: Gerd Fritz, Franz Hundsnurscher (Hgg.): Handbuch der Dialoganalyse. – Tübingen: Niemeyer. 3–16.
Brünner, Gisela (1991): „Redewiedergabe in Gesprächen". In: Deutsche Sprache 19, 1–15.
Deppermann, Arnulf (2001): Gespräche analysieren. Eine Einführung. 2. Auflage. – Opladen: Leske + Budrich.
DUDEN (2005): Die Grammatik. 7. Aufl. – Mannheim etc.: Dudenverlag.
Eyer, Peter (1987): Perlokution. – Tübingen: Niemeyer.
Franke, Wilhelm (1981): „Über nichtspezifische reaktive Sprechakte". In: Götz Hindelang, Werner Zillig (Hgg.): Sprache: Verstehen und Handeln. Akten des 15. Linguistischen Kolloquiums, Münster 1980, Bd. 2. – Tübingen: Niemeyer. 237–248.
– (1983): Insistieren. Eine linguistische Analyse. – Göppingen: Kümmerle.
– (1990): Elementare Dialogstrukturen. – Tübingen: Niemeyer.
Frege, Gottlob (1892): Über Sinn und Bedeutung. In: Zeitschrift für Philosophie und philosophische Kritik, NF 100, 25–50.
Frilling, Sabine, König, Peter-Paul (1993): „Gegenvorwürfe, Gegenfragen, Gegenvorschläge". Überlegungen zum sequentiellen Status von Echosprechakten. In: Elisabeth Feldbusch, Reiner Pogarell, Cornelia Weiß (Hgg.): Neuere Fragen der Linguistik. Akten des 25. linguistischen Kolloquiums. Paderborn 1990. – Tübingen: Niemeyer. 23–31.
Fritz, Gerd (1978): „Rezension von Cole, Peter. & Morgan, Jerry L. (eds.) (1975): Speech acts. New York etc.". In: Zeitschrift für germanistische Linguistik, 6.3, 370–378.
– (1982): Kohärenz. Grundfragen der linguistischen Kommunikationsanalyse. – Tübingen: Narr.
Fritz, Gerd, Hundsnurscher, Franz (1975): „Sprechaktsequenzen. Überlegungen zur Vorwurf/Rechtfertigungs-Interaktion". In: Der Deutschunterricht 27, 81–103.
Gauthier, David P. (1963): Practical reasoning. The structure and foundations of prudential and moral arguments and their exemplification in discourse. – Oxford: Clarendon Press.
Graffe, Jürgen (1990). Sich festlegen und verpflichten. Die Untertypen kommissiver Sprechakte und ihre sprachlichen Realisierungsformen. – Münster, New York: Waxmann.

Grewendorf, Günther (1979a): „Haben explizit performative Äußerungen einen Wahrheitswert?". In: Günther Grewendorf (Hg.): Sprechakttheorie und Semantik. – Frankfurt a.M.: Suhrkamp. 175–196.
- (1979b): „Explizit performative Äußerungen und Feststellungen". In: Günther Grewendorf (Hg.): Sprechakttheorie und Semantik. – Frankfurt a.M.: Suhrkamp. 197–216.
- (2002): „How performatives don't work". In: Günther Grewendorf, Georg Meggle (eds.): Speech acts, mind, and social reality. Discussions with John R. Searle. – Dordrecht: Kluwer. 25–39.
Grice, H. Paul (1957): „Meaning". In: The Philosophical Review 64, 377–388.
- (1975): „Logic and conversation. In: P. Cole, J. L. Morgan (eds.): Speech acts". – New York etc.: Academic Press. 41–58.
- (1980): „Logik und Gesprächsanalyse". In: Paul Kußmaul (Hg.): Sprechakttheorie. Ein Reader. – Wiesbaden: Athenaion. 109–126. – Übersetzung von Grice (1975).
Gülich, Elisabeth (1978): „Redewiedergabe im Französischen. Beschreibungsmöglichkeiten im Rahmen einer Sprechakttheorie". In: Reinhard Meyer-Hermann (Hg.): Sprechen – Handeln – Interaktion. – Tübingen: Niemeyer. 49–101.
Günthner, Susanne (1997): „Direkte und indirekte Rede in Alltagsgesprächen. Zur Interaktion von Syntax und Prosodie in der Redewiedergabe". In: Peter Schlobinski (Hg.): Zur Syntax des gesprochenen Deutsch. – Opladen: Westdt. Verlag. 227–262.
- (2002): „Stimmenvielfalt im Diskurs: Formen der Stilisierung und Ästhetisierung in der Redewiedergabe". In: Gesprächsforschung. Online Zeitschrift zur verbalen Interaktion 3, 59–80.
Habermas, Jürgen (1971): „Vorbereitende Bemerkungen zu einer Theorie der kommunikativen Kompetenz". In: Jürgen Habermas, Niklas Luhmann (Hgg.): Theorie der Gesellschaft oder Sozialtechnologie – Was leistet die Systemforschung? – Frankfurt a.M.: Suhrkamp. 101–141.
- (1981): Theorie des kommunikativen Handelns. Bd. 1. – Frankfurt a.M.: Suhrkamp.
Harnish, Robert M. (2007): „Performative utterances: Seven puzzles". In: Lodz Papers in Pragmatics 3, 3–21.
Harras, Gisela (2001): „Performativität, Sprechakte, Sprechaktverben". In: Gisela Harras (Hg.): Kommunikationsverben: Konzeptuelle Ordnung und semantische Repräsentation. – Tübingen: Narr. 11–32.
Harras, Gisela (2004): Handlungssprache und Sprechhandlung. Eine Einführung in die theoretischen Grundlagen. 2. Auflage. – Berlin, New York: Walter de Gruyter.
Harras, Gisela et. al. (2007): Handbuch deutscher Kommunikationsverben: Teil 2: Lexikalische Strukturen. – Berlin, New York: Walter de Gruyter.
Heringer, Hans Jürgen (1974): Praktische Semantik. – Stuttgart: Klett.
- (1978): Wort für Wort. Interpretation und Grammatik. – Stuttgart: Klett-Cotta.
Hindelang, Götz (1977): „Jemanden um Rat fragen". In: Zeitschrift für germanistische Linguistik 5.1, 34–44.
- (1978): Auffordern. Die Untertypen des Aufforderns und ihre sprachlichen Realisierungsformen. – Göppingen: Kümmerle.
- (1978a): „Skizze einer Sprechhandlungstaxonomie". In: Münstersches Logbuch zur Linguistik 2, 20–67.
- (1980): „Argumentatives Ablehnen". In: Wolfgang Kühlwein, Albert Raasch (Hgg.): Sprache und Verstehen. Kongreßberichte der 10. Jahrestagung der Gesellschaft für Angewandte Linguistik, Mainz 1979. – Tübingen: Narr. 58–68.
- (1981): „Zur Klassifizierung der Fragehandlungen". In: Götz Hindelang, Werner Zillig (Hgg.): Sprache: Verstehen und Handeln. Akten des 15. Linguistischen Kolloquiums, Münster 1980, Bd. 2. – Tübingen: Niemeyer. 215–226.
- (1994): „Sprechakttheoretische Dialoganalyse". In: Gerd Fritz, Franz Hundsnurscher (Hgg.): Handbuch der Dialoganalyse. – Tübingen: Niemeyer. 95 – 112.

- (1995): „Frageklassifikation und Dialoganalyse". In: Götz Hindelang, Eckard Rolf, Werner Zillig (Hgg.): Der Gebrauch der Sprache. Festschrift für Franz Hundsnurscher zum 60. Geburtstag. – Münster: Lit. 177–196.
- (1998): „Die deontischen Sprechaktverben im Deutschen". In: Lexikology 4. 2, 307–356.
- (2005): „Deontische Sprechaktverben im Deutschen und Englischen". In: D. Alan Cruse, Franz Hundsnurscher, Michael Job, Peter Rolf Lutzeier (Hgg.): Lexikologie – Lexicology. Ein internationales Handbuch zur Natur und Struktur von Wörtern und Wortschätzen. Bd. 2. – Berlin, New York. Walter de Gruyter. 1570–1577.

Ho, Hock Lai (2006): „What does a verdict do? A speech act analysis of giving a verdict". In: International commentary on evidence 4.2, 1–26.

Hoppenkamps, Hermann (1977): Information oder Manipulation? Untersuchungen zur Zeitungsberichterstattung über eine Debatte des Deutschen Bundestages. – Tübingen: Niemeyer.

Hundsnurscher, Franz (1975). „Semantik der Fragen". In: Zeitschrift für germanistische Linguistik 3.1, 1–14.
- (1976): „Versprechungen". In: Helmut Rücker, Kurt Otto Seidel (Hgg.): ‚Sagen mit Sinne'. Festschrift für Marie-Luise Dittrich zum 65. Geburtstag. – Göppingen: Kümmerle. 435–455.
- (1981): „On insisting". In: Herman Parret, Marina Sbisá, Jef Verschueren (eds.): Possibilities and limitations of pragmatics. Proceedings of the conference on pragmatics, Urbino 1979. – Amsterdam. Benjamins. 343–357.
- (1994): „Dialog-Typologie". In: Gerd Fritz, Franz Hundsnurscher (Hgg.): Handbuch der Dialoganalyse. – Tübingen: Niemeyer. 203–238.
- (1997): „Der definite positive Bescheid". In: Thomas Birkmann, Heinz Klingenberg, Damaris Nübling, Elke Ronneberger-Sibold (Hgg.): Vergleichende germanische Philologie und Skandinavistik. Festschrift für Otmar Werner. – Tübingen: Niemeyer. 129–141.
- (2001): „The grammar of bargaining". In: Edda Weigand, Marcelo Dascal (eds.): Negotiation and power in dialogic interaction. – Amsterdam: Benjamins. 77–90.

Karabalić, Vladimir (1994): Ohne Worte Dinge tun. Zu einer Theorie nonverbaler kommunikativer Akte. – Göppingen: Kümmerle.

Kaufmann, Gerhard (1976): Die indirekte Rede und mit ihr konkurrierende Formen der Redeerwähnung. München: Hueber.

Kehrein, Rolrand (2002): Prosodie und Emotion. – Tübingen: Niemeyer.

Klinke, Wolfgang (1976): „‚Wie heißt die Antwort auf diese Frage?' – Zum Status von Fragen und Antworten in einer Sprechakttheorie". In: Heinrich Weber, Harald Weydt (Hgg.): Sprachtheorie und Pragmatik. Akten des 10. Linguistischen Kolloquiums, Tübingen 1975, Bd. 1. – Tübingen: Niemeyer. 123–132.

Kohl, Matthias, Kranz Bettina (1992): „Untermuster globaler Typen illokutionärer Akte". In: Münstersches Logbuch Linguistik 2, 1–44.

Kurzon, Dennis (1986): It is Hereby Performed…: Explorations in Legal Speech Acts. – Amsterdam etc: Benjamins.

Luge, Elisabeth (1991): „Perlokutionäre Effekte". In: Zeitschrift für germanistische Linguistik 19, 71–86.

Marten-Cleef, Susanne (1991): Gefühle ausdrücken. Die expressiven Sprechakte. – Göppingen: Kümmerle.

Martinich, Aloysius (2002): „On the proper treatment of performatives". In: Günther Grewendorf, Georg Meggle (Hgg.): Speech acts, mind, and social reality. Discussions with John R. Searle. – Dordrecht: Kluwer. 93–104.

Meggle, Georg (Hg.) (1979): Handlung, Kommunikation, Bedeutung. – Frankfurt a.M.: Suhrkamp.

Meggle, Georg, Ulkan, Maria (1979): „Kennst du das Land, wo die Zitronen blühn? (Zur Searles Kritik an Grice)". In: Papiere zur Linguistik 20-1, 75–87.

Muckenhaupt, Manfred (1978): Lernziel: Sprachliches Handeln. Beispiele für einen kommunikativen Sprachunterricht in der Sekundarstufe I. – München: Ehrenwirth.

Näf, Anton (1984): „Satzarten und Äußerungsarten im Deutschen. Vorschläge zur Begriffsfassung und Terminologie". In: Zeitschrift für germanistische Linguistik 12, 21–44.
Naumann, Bernd (1995): „Perlokution als Gegenstand von Sprechakttheorie und/oder Gesprächsanalyse?" In: Götz Hindelang, Eckard Rolf, Werner Zillig (Hgg.): Der Gebrauch der Sprache. Festschrift für Franz Hundsnurscher zum 60. Geburtstag. – Münster: Lit. 273–284.
Rolf, Eckard (1978): „Über Searles Grice Kritik". In: Münstersches Logbuch zur Linguistik 2, 17–30.
– (1982): „Perlokutionäre Akte und perlokutionäre Effekte". In: Klaus Detering, Jürgen Schmidt-Radefeld, Wolfgang Sucharowski (Hgg.): Sprache erkenennen und verstehen. Akten des 16. Linguistischen Kolloquiums Kiel. 1981, Bd. 2. – Tübingen: Niemeyer. 263–271.
– (1983): Sprachliche Informationshandlungen. – Göppingen: Kümmerle.
– (1993): Die Funktionen der Gebrauchstextsorten. – Berlin, New York: Walter de Gruyter.
– (1994): Sagen und Meinen. Paul Grices Theorie der Konversations-Implikaturen. Opladen: Westdt. Verlag.
– (1997): Illokutionäre Kräfte. Grundbegriff der Illokutionslogik. Opladen: Westdt. Verlag.
– (2009): Der andere Austin. Zur Rekonstruktion/Dekonstruktion performativer Äußerungen – von Searle über Derrida zu Cavell und darüber hinaus. – Bielefeld: transcript.
Rolland, Maria Theresia (1969): Zur Inhaltsbestimmung der Sprachverben. Diss. Universität Bonn.
Rost-Roth, Martina (2006): Nachfragen. Formen und Funktionen äußerungsbezogener Interrogationen. – Berlin, New York: Walter de Gruyter.
Sander, Thorsten (2003): „Expressive (Rede-)Handlungen". In: Divinatio. Studia culturologica series 18, 7–34.
Savigny, Eike von. (1974): Die Philosophie der normalen Sprache. – Frankfurt a.M.: Suhrkamp.
Schecker, Michael (1986): „‚Insistieren' als Typus strategischer Kommunikation". In: Franz Hundsnurscher, Edda Weigand (Hgg.): Dialoganalyse I. – Tübingen: Niemeyer. 241–247.
Searle, J.R. (1976): „A classification of illocutionary acts". In: Language in Society 5, 1–23.
Searle, John R. (1969): Speech acts. – Cambridge: Cambridge University Press.
– (1971): Sprechakte. – Frankfurt a.M.: Suhrkamp – Übersetzung von Searle (1969).
– (1975): „Indirect speech acts". In: P. Cole, J. L. Morgan, (eds.): Speech acts. – New York etc.: Academic Press. 59–82.
– (1980a): „Indirekte Sprechakte". In: Paul Kußmaul (Hg.): Sprechakttheorie. Ein Reader. – Wiesbaden: Athenaion. 127–150. – Übersetzung von Searle (1975).
– (1980b): „Eine Klassifikation der Illokutionsakte". In: Paul Kußmaul (Hg.): Sprechakttheorie. Ein Reader. – Wiesbaden: Athenaion. 82–108. – Übersetzung von Searle (1975).
– (1989): „How performatives work". In: Linguistics and Philosophy 12, 535–558.
Searle, John R., Vanderveken, Daniel (1985): Foundations of illocutionary logic. – Cambridge etc.: Cambridge Univ. Press.
Selting, Margret (1995): Prosodie im Gespräch. Aspekte einer interaktionalen Phonologie der Konversation. – Tübingen: Niemeyer.
Staffeldt, Sven (2007): Perlokutionäre Kräfte. Lexikalisierte Wirkungen sprachlicher Äußerungen im Deutschen. – Frankfurt a. M.: Lang.
Verschueren, Jef (1985): What people say they do with words. Prolegomena to an emipircal-conceptual approach to linguistic action. – Norwood: Ablex Publishing Corporation.
Wagner, Klaus R. (2001): Pragmatik der deutschen Sprache. – Frankfurt a.M.: Lang.
Wichter, Sigurd (1985): „Überlegungen zu einer Handlungspartitur". In: Kopenhagener Beiträge zur Germanistischen Linguistik 23, 54–80.
Wierzbicke, Anna (1987): English speech act verbs. A semantic dictionary. – Sydney etc.: Academic Press.
Wittgenstein, Ludwig (1969): Philosophische Untersuchungen. In: Schriften 1. – Frankfurt a.M.: Suhrkamp.
Wunderlich, Dieter (1972): „Redeerwähnung". In: Utz Maas, Dieter Wunderlich,: Pragmatik und sprachliches Handeln. – Frankfurt a.M.: Athenäum. 161–188.

- (1976): Studien zur Sprechakttheorie. – Frankfurt a.M: Suhrkamp.
Yang, Young-Sook (2003): Aspekte des Fragens. Frageäußerungen, Fragesequenzen, Frageverben. – Tübingen: Niemeyer.
Zillig, Werner (1982): Bewerten. Sprechakttypen der bewertenden Rede. – Tübingen: Niemeyer.
- (1982a): „Emotionen als perlokutionäre Effekte". In: Grazer Linguistische Studien 17/18, 317–349.

10. Register

Das Register enthält die linguistischen Fachbegriffe, die im Text oder in den Aufgaben behandelten Sprechakte und semantischen Muster sowie einige wichtige Sprechaktverben. Die Sprechakte sind durch Versalienschreibweise (z.B. BEFEHLEN) gekennzeichnet. Die Sprechaktverben erscheinen kursiv (z.B. *befehlen*).

ABLEHNEN 113–115, 117, 118, 121, 148
ABLEHNUNG 116–118, 127, 131
ABLENKENDE REAKTION 105, 106
Adressatenpräferenz 58, 59, 61, 64
Akt
    Äußerungsakt 7, 8, 10–15, 17, 19, 21, 68, 91
    lokutionärer 17, 21, 25, 136
    illokutionärer (= Illokutionsakt) 8–17, 19–22, 25, 34–36, 42, 43, 45, 53, 68, 73, 83, 84, 91, 92, 94, 95, 97, 134, 135, 139
        primärer Illokutionsakt 91, 92
        sekundärer Illokutionsakt 91, 92
    perlokutionärer 11–13, 15, 17, 19, 20–22, 25, 35, 135
    phatischer 17–19, 21, 22, 32, 135
    phonetischer 17, 21, 32
    Prädikationsakt 19–21
    propositionaler 19–21
    rhetischer 17–22, 135
AKZEPTIEREN 109, 111, 118, 124, 125, 148
Andeutung 17, 81, 95
ANGEBOT 100, 121, 122, 127, 148
ANLEITUNG 56, 58, 59, 65
ANORDNUNG 55, 56, 141
ANREGUNG 62, 65, 82, 141
Anspielung 95, 96
ANTWORT AKZEPTIEREN 110, 124
ANTWORT KRITISIEREN 110
ANTWORT VERWEIGERUNG 103, 148, 149
ANTWORT-GEBEN 102, 108, 109, 112
    Reaktionen auf ANTWORT-GEBEN 110

ANTWORT-VERWEIGERN 102, 108, 109, 110, 111, 130
    Reaktionen auf ANTWORT-VERWEIGERN 111
ANWEISUNG 58, 61, 62, 65, 94, 141
Aufforderung 50, 53, 54, 57, 86, 92, 98, 134
AUFFORDERUNG 57, 73, 121, 129, 140
    bindende 54, 55–57, 58
    nicht-bindende 54, 58, 59, 61, 62, 65
Aufrichtigkeitsbedingung 87, 88, 89, 94, 120, 126, 144
AUFTRAG 55, 141
AUSNAHMEERLAUBNIS *Siehe* ERLAUBEN
Äußerungsform 15–17, 19, 24, 28, 38, 53, 64, Kap. 5, 91
    funktional äquivalente 68, 69, 83
AUSWEICHEN 102, 105, 109, 110, 111, 123
AUSWEICHENDE ANTWORT 105, 148
BEDENKEN ÄUSSERN 117, 118, 121, 122, 125
Bedeutung 19, 88, 91
Bedingung 83, 84, 86
    allgemeine 84
    Bedeutungsbedingung 91
    Bedingung des propositionalen Gehalts 85, 89
    spezielle 84, 88
    vorbereitende (*Siehe auch* Vorbereitungsbedingung, Einleitungsbedingung) 85
    wesentliche 87, 88
BEFEHL 38, 55, 56, 58, 73, 74, 103, 104, 126, 129, 141
    DESPOTISCHER BEFEHL 57, 58

BEFEHL VERWEIGERN 103
BEFEHL ZURÜCKWEISEN 103
befehlen 38, 42, 44, 49, 52
Befolgungsbewertung 79
Befolgungsfestlegung 73, 78, 79, 98, 146
Befolgungsfrage 73, 79, 98, 146
BEGRÜNDUNGSFRAGEN *Siehe* FRAGE
BEHAUPTEN 142
behaupten 41, 42, 44
BEHAUPTUNG 100, 101, 122, 124, 127–129, 142, 146
BEKRÄFTIGEN 129, 149
beleidigen 22, 135, 136
Bescheid
    negativer 99, 103, 122, 123, 125, 127, 148
    positiver 99, 102, 113, 122–124, 127, 148
BESCHWEREN SICH 99
BESTÄTIGEN 109, 110
BETEUERN 129, 149
Bewertung des Sprechakts 34, 35, 40, 41, 138
BITTE 42, 59, 62, 63, 65, 74, 91, 94, 99, 100, 124–129, 141
    ASYMMETRISCHE 63, 65, 74
    SYMMETRISCHE 63–65, 74, 140
bitten 37, 42, 44, 52
BÜRGEN FÜR 97
DANKEN 97, 124
Deklaration 43, 44, 46–48, 51, 139
deontische Frage 73, 74
deontischer Hinweis 73, 75–77, 95
direction of fit 44
Direktiva 43–45, 48, Kap. 4, 139, 140
DRÄNGEN 129, 149
DROHUNG 94, 122
Drohung 11, 14, 16, 37, 50, 85
Ebene der grammatischen Differenzierung 71
Ebene der semantischen Differenzierung 71
Ebene der Sprechhandlungsmuster 71
Eingabe- und Ausgabe-Bedingung 84
Einleitungsbedingung (*Siehe auch* Vorbereitungsbedingung,

vorbereitende Bedingung) 85, 86, 89, 90, 94, 97, 98, 102, 104, 126, 144
Einleitungsregel 86, 89, 145
EINWAND MACHEN 117, 118, 122, 125, 131
EMPFEHLUNG 60, 61, 141
ENTKRÄFTUNG 118, 119
entscheidungsumgehender Sprechakt *Siehe* Sprechakt
entscheidungsumgehender Zug *Siehe* Zug
entscheidungsvorbereitender Sprechakt *Siehe* Sprechakt
entscheidungsvorbereitender Zug *Siehe* Zug
Entsprechungsrichtung 44–47
Ergänzungsfragen 144
ERLAUBEN 97, 140, 145, 146
    AUSNAHMEERLAUBNIS 145
ERPRESSUNG 56, 57
exerzitive Äußerung 49, 50, 139
explizit-performativ 116
    explizit-performative Äußerung 25, 26, 31, 39, 48, 73, 85, 139
    explizit-performative Reaktion 26, 30
    explizit-perfromativ gebrauchte Verben 16
expositive Äußerung 49, 139
Expressiva 43–46, 48
Familienähnlichkeit 43, 83
FESTSTELLEN 142
FLEHEN 129, 149
FORDERUNG 55, 56, 58
Frage 53, 66, 91–94
FRAGE 91, 94, 97, Kap. 7.1, 124, 129, 144
    ANTEILNEHMENDE 141
    BEGRÜNDUNGSFRAGE 66
    GEGENFRAGE 101, 106, 109–111, 122, 130, 148
        Reaktionen auf GEGENFRAGE 111
    HINTERFRAGEN 106, 108, 109, 111, 112, 116, 122, 130, 148
    INFORMATIONS-FRAGE 110
    KLÄRUNGSFRAGE 102, 106–108, 110, 120, 122

Reaktionen auf
    KLÄRUNGSFRAGE 112
NACHFRAGE 106–109, 122, 125,
    148
NACHHAKEN 109–112, 149
PRÜFUNGS-FRAGE 97
RATFRAGE 69–72, 141, 149
RÜCKFRAGE 106, 107, 109, 112,
    120, 122, 125, 130, 148
Fragebedeutung 94, 95
Fragehandlung 66, 95
FRAGE MODIFIZIEREN 110
Fragesatz 94, 95, 101
FRAGE-ZURÜCKWEISEN 110, 130,
    148
FRAGE-ZURÜCKWEISUNG 104
GEBOT 55, 56, 77
GEGENANGEBOT 122
GEGENBEHAUPTUNG 122
GEGENFRAGE Siehe FRAGE
gegen-initiativer Sprechakt Siehe
    Sprechakt
GEGENVORSCHLAG 119, 121, 122,
    127, 131, 148
GEGENVORWURF 122
Gesprächsmaxime 146, 147
GISA (Abk. gegen-initiativer Sprechakt)
    121, 123, 125–128
GRATULIEREN 97
Handlungsbedingung 9, 10, 15, 16, 37,
    38, 53, 54, 57, 65, 66, 83, 94, 126,
    141
HINTERFRAGEN Siehe FRAGE
illocutionary point 44
ILLOK 10, 13, 14, 68 (Abk.
    illokutionärer Akt)
illokutionäre Indikatoren 16, 20, 29, 36
illokutionäre Rolle 15, 16, 20, 29, 35,
    146
illokutionärer Zweck 44, 45, 48, 50, 53,
    87, 90, 99, 140
Illokutionsindikator 16, 44, 84, 89
Illokutionszweck (= illokutionärer
    Zweck) 44, 45, 92
imperative Handlungszuweisung 73, 80
implizit-performative Äußerung 25, 29
indem-Relation 10, 13, 14

Indikator der illokutionären Rolle (=
    Illokutionsindikator) 16, 146
indirekter Sprechakte Siehe Sprechakt
INFORMATIONS-FRAGE Siehe
    FRAGE
INFORMIEREN 97, 142
INSISTIEREN 119, 128, 129, 132, 149
Insistieren 128, 134
Interpretationsakt 93
INTERROGIEREN 129, 149
ISA (Abk. initialer Sprechakt) 121–124,
    126–129, 149
KLÄRUNGSFRAGE Siehe FRAGE
Kommandoausdruck 73, 81
Kommissiva 43–45, 48, 140
kommissive Äußerungen 49
Kompetenzfrage 73, 82, 95, 142, 143
Kompetenzhinweis 73, 80
konduktive Äußerung 49
Konversationsmaxime 86, 87
kooperative Gesprächsführung 92
LOBEN 90
Mehrfachzug 116, 117, 127
Minimalsequenz 124
Modalverb 27, 28, 77, 137
modaler Infinitiv 77
MODIFIZIEREN der FRAGE Siehe
    FRAGE MODIFIZIEREN
Muster
    semantisches Muster 71, 72, Kap 5.2,
        95, 98, 113
Nachfeld 124
NACHFRAGE Siehe FRAGE
NACHHAKEN Siehe FRAGE
negative Reaktion 100, 125, 126, 128
NORMAUFHEBUNG 145
NÖTIGUNG 57
NÖTIGEN 57, 129
PASSEN 102–104, 108–111, 130, 148,
    149
    Reaktionen auf PASSEN 110
performative Äußerung 26, 47, 48
performative Einstufung 26, 28–30, 137
performative Handlungszuweisung 73,
    74, 80
performative Verwendung 25
performativer Gebrauch 25

performative Reaktion 39
performativer Satz 26–28, 137
performativer Vorspann 26
performatives Verb 14, 25–28, 31, 39, 89, 94, 136, 139, 146
PERLOK (Abk. perlokutionärer Akt) 13, 14
perlokutionärer Effekt 11, 12, 14, 17, 22, 23, 135, 136
Phonetik 8
phonetischer Akt *Siehe* Akt, phonetischer
Planungsgespräch 61, 115, 131
PL-VORSCHLAG (Abk. PROBLEMLÖSUNGS-VORSCHLAG) *Siehe* VORSCHLAG
positiver Bescheid *Siehe* Bescheid, positiver
Prädikationsakt *Siehe* Akt, Prädikationsakt
prädizieren 20, 84, 85, 89, 92, 144
Präferenz
   beidseitige 58, 61, 62, 65
Präferenzfrage 73, 78, 82, 95
Präferenzhinweis 73, 82, 113
präsupponieren 20, 34, 46, 138
Präsupposition 34, 41, 138
PROBLEMLÖSUNGS-VORSCHLAG *Siehe* PL-VORSCHLAG
propositionale Funktion 144
propositionaler Gehalt 27–30, 44, 46, 85, 89, 92, 97, 144, 146
Proposition 20, 28, 30, 32, 35, 45, 46, 84, 85, 89, 94, 138, 142
PRÜFUNGS-FRAGE *Siehe* FRAGE
psychische Einstellung 44–47, 140
psychological state 44
RAT 60, 65, 149
RATFRAGE *Siehe* FRAGE
RATSCHLAG 56, 58, 59, 65, 69, 129, 140, 141
Reaktion
   nicht-spezifische 119, 120, 122
   spezifische 122
Reaktionszug 10, 100, 101, 112, 129–131
Redeerwähnung 31

Redewiedergabe 31, 33, 35–37, 40, 86, 137
   direkte 32, 34, 40
   indirekte 32, 33
reference 18, 19
Referenz 18, 19, 32, 107, 120
Referenzakt 20, 21, 144
referieren auf 20, 32, 34, 138
referierender Gebrauch 29, 31
Regel
   Regel der Aufrichtigkeit 145
   Regel des propositionalen Gehalts 89, 144
   wesentliche 145
REISA (Abk. reinitiativer Sprechakt) 125, 127–129
Repräsentativa 43–45, 47, 48, 66, 141
Repräsentativdeklaration 47
RETSA (Abk. retraktiver Sprechakt) 125, 126
REVSA (Abk. revidierender Sprechakt) 125–127
RÜCKFRAGE *Siehe* FRAGE
SB-Ausdruck (Abk. sprechaktbezeichnender Ausdruck) 24–26, 29–31, 33–39, 52–54, 66, 67, 138, 141
   referierend gebraucht Kap. 2.2
   als Name für Sprechhandlungsmuster Kap. 2.3
sekundäre Illokution 92, 93, 146
sekundäre Illokutionsakt *Siehe* Akt
sense 18, 19
Sequenz von Schlussfolgerungen 92
Sequenzmuster 112, 128, 149
Sprechakt (= Sprechhandlung)
   Sprechakt bei Austin und Searle 20
   entscheidungsumgehender 123, 125, 127, 148
   entscheidungsvorbereitender 123, 125, 148
   gegen-initiativer 122
   indirekter Kap. 6.2
   initialer 21, 99–102, 108, 121–128, 149
   reaktiver 122, 123
   reinitiativer 125, 127, 128, 148, 149
   resignierender 125, 126, 148, 149

retraktiver 125, 126
revidierender 125–127, 148, 149
revozierender 126
sequenzabhängiger 9, 66, Kap. 7, 135, 141
Sprechaktsequenztheorie 101
Sprecherpräferenz 58, 59, 62, 65
Sprechhandlung *Siehe* Sprechakt
sprechhandlungsbezeichnende Ausdrücke *Siehe* SB-Ausdrücke
Sprechhandlungsmuster 36–39, 42, 43, 53, 70, 83, 84, 142
Sprechhandlungstheorie (= Sprechakttheorie) 1–4, 7–9, 11, 15–17, 25, 37, 38, 65, 83, 92, 99
linguistische 15, 69
Syntax 7, 8, 29, 100
System der grammatischen Unterscheidungen 76
TIPP 60, 65
Untermuster
semantische 72, 75, 77, 78, 80, 82, 142
Untermuster des INSISTIERENS 128, 129, 132
Untermuster von Sprechhandlungsmustern 60, 65, 145
V1-Satz 27, 28, 69, 70, 72
V2-Satz 27, 28, 69, 70
verdiktive Äußerung 49
versprechen 16, 26, 37, 44, 84, 89, 146
Versprechen 9, 16, 36, 37, 83–89, 96, 144
VERSPRECHEN 48, 84, 89, 97, 146
VERZEIHEN 97
VERZEIHUNG 97

Vorbereitungsbedingung (*Siehe auch* vorbereitende Bedingung, Einleitungsbedingung) 92, 98
VORSCHLAG 56, 58, 61, 62, 107, Kap. 7.2, 122, 124–129, 131, 141, 148
PL-VORSCHLAG (Abk. PROBLEMLÖSUNGS-VORSCHLAG) 62, 113
VORWERFEN 97
VORWURF 68, 100, 121, 122
Warnen/WARNEN 49, 86, 97, 144
WEISUNG 55, 65, Kap. 5.2, 91, 94, 95, 129
Äußerungsform für WEISUNGEN Kap. 5.2
WIDERSPRECHEN 121
Wortfeld 39
Zug
dritter 99, 101, 107, 108, 110–112, 116, 118, 123–127
entscheidungsumgehender 122, 123
entscheidungsvorbereitender 100, 122
erster 99, 103, 108, 110, 115, 120, 121, 123, 127
reaktiver 101
zweiter 99, 101, 102, 107, 108, 110, 111, 116, 119–123, 126
ZURÜCKWEISEN 48, 102, 108–112, 120, 122, 123, 126
ZURÜCKWEISUNG 48, 103, 104, 126, 129
ZUSTIMMEN 113–115, 118, 121
ZUSTIMMUNG 113, 121, 131
ZUSTIMMUNG OFFEN HALTEN 114, 121, 131, 148
Zweier-Sequenz 99
ZWEIFEL ÄUSSERN 117, 121, 122